本书的研究、写作和出版得到国家社会科学基金项目"仫佬族特色文化资源产业化及其保护研究"(12BMZ034)、河池学院"广西人口较少民族研究中心"、广西广播电视大学的支持和资助，特此致谢！

仫佬族特色文化资源的
保护与产业化研究

MULAOZU TESE WENHUA ZIYUAN DE
BAOHU YU CHANYEHUA YANJIU

周 鸿　苏 慧　武付华◎著

人 民 出 版 社

责任编辑：孔　欢
封面设计：周方亚
版式设计：东昌文化

图书在版编目（CIP）数据

仫佬族特色文化资源的保护与产业化研究／周鸿，苏慧，武付华　著 . —
　北京：人民出版社，2022.2
ISBN 978 - 7 - 01 - 024463 - 1

I.①仫…　Ⅱ.①周…②苏…③武…　Ⅲ.①仫佬族 - 民族文化 - 资源保护 -
研究 - 中国②仫佬族 - 民族文化 - 文化产业 - 产业发展 - 研究 - 中国
Ⅳ.① K287.5

中国版本图书馆 CIP 数据核字（2022）第 006724 号

仫佬族特色文化资源的保护与产业化研究
MULAOZU TESE WENHUA ZIYUAN DE BAOHU YU CHANYEHUA YANJIU

周　鸿　苏　慧　武付华　著

人民出版社 出版发行
（100706　北京市东城区隆福寺街 99 号）

中煤（北京）印务有限公司印刷　新华书店经销

2022 年 2 月第 1 版　2022 年 2 月北京第 1 次印刷
开本：710 毫米 ×1000 毫米 1/16　印张：17.5
字数：242 千字

ISBN 978 - 7 - 01 - 024463 - 1　定价：69.00 元

邮购地址 100706　北京市东城区隆福寺街 99 号
人民东方图书销售中心　电话（010）65250042　65289539

目　录

第三篇　仫佬族特色文化资源的保护与传承

第四篇　仫佬族特色文化资源产业化

前　言

　　特色文化是一个国家、一个民族、一个地区整个文化中最具恒久魅力的历史积淀和精魂禀赋，是民族凝聚力和创造力的重要源泉。一个民族的特色文化产业化及其保护，是这一民族文化发展中的重大问题。[①] 开发和保护地方特色文化资源，把民族文化的资源转化为财富，形成新的经济增长点，对促进地方经济社会的可持续发展具有重要意义。

　　调研显示，仫佬族具有丰富的特色文化资源，山歌、服饰、建筑、饮食等民族文化景观资源、民族文化风情资源、民族文化艺术资源丰富多样、特色鲜明。但是，这些文化的经济性与财富性还远远没有全部有效地发挥出来，所谓的"捧着金饭碗没饭吃"，究其原因主要是受到经济落后、人才缺乏、观念落后等一系列因素的制约，使得特色文化资源发掘不够，特色文化产业发展较慢，非物质文化遗产未得到应有的重视和有效保护。

　　本书系统阐释了文化资源、文化产业等基本概念，对国内外已有的文献进行了详细的综述，主要介绍和评述了政策过程理论、政府行为理论、文化资源产业化理论等相关理论；阐述了仫佬族特色文化资源的内涵，将仫佬族特色文化分为山水文化资源、民族民间文化资源和历史文化资源；从旅游文化产业、工艺文化产业、医药文化产业、民俗文化产业、体育文化产业、文学出版文化产业及娱乐休闲文化产业等方面分析了仫佬族特色文化产业的发展成就，指出了仫佬族特色文化产业发展中存在的人才匮乏、产业意识不

---

　　① 　参见周鸿：《文化特性与仫佬族文化资源开发探究》，《河池学院学报》2014 年第 1 期。

强、市场监督体制与扶持机制问题及其原因。从非遗普查、医药文化普查、文物古迹的登记注册和村寨的调查保护、资金投入、人才培养等方面肯定了仫佬族特色文化资源保护的措施及成绩，同时也认为仫佬族特色文化资源保护还处于自然状态，还没有得到有效的整合，也缺少相应的发展规划；介绍了美国、日本、韩国等国外文化产业化及保护的做法与措施，分析了我国台湾地区、湖北省恩施土家族苗族自治州、陕西省安塞区、江苏省周庄镇、山东省杨家埠等地方的特色文化产业化及保护措施；阐述了仫佬族特色文化产业化的总体思路，即确立一个基本理念，抓好三个关键环节，建立三个重要机制，抓好五个核心项目；主张仫佬族特色文化的产业化必须实施资本经营、资本转型和对外交流合作等战略；认为仫佬族特色文化资源正面临破坏、消失的严重现实，需要我们从机制、教育、资本策略及政策措施等方面入手，从根本上有效保护仫佬族特色文化资源的真实性与完整性。

本书是在研究仫佬族的国家社会科学基金项目"仫佬族特色文化资源产业化及其保护研究"（12BMZ034）的最终研究成果基础上修改而成的。通过对仫佬族特色文化产业化及其保护的实证分析，一定程度上丰富了文化产业、文化资本理论；同时，使人们全面认识仫佬族社会文化状貌，对于传承、创新和发展仫佬族传统文化，实现仫佬族经济社会文化协调发展，促进仫佬族地区和谐社会建设，有积极的现实意义，也为人口较少民族的文化建设提供了一定的理论支持。

在研究中，我们参考了国内外大量的研究成果，谨对这些文章和论著的作者表示衷心的感谢。本书的出版得到了河池学院、广西广播电视大学的大力支持，课题组成员张玉华、谢艳娟、王山、刘晓东、唐代俊、韦海燕、潘桂媚等为本书作出了很大贡献，在此一并表示感谢！

由于时间仓促，水平有限，书中一定还存在不少疏漏之处，竭诚欢迎广大读者批评指正。

2019 年 3 月

理论基础

第一篇

第一章　导论

第一节　研究背景与意义

一、研究背景

20 世纪末以来，随着世界全球化进程的加快，文化日益在综合国力竞争中发挥重要的作用，文化已经变为一种诱人的"软实力"。与此同时，西方国家纷纷看到了文化的经济属性，并认为充分开发文化的经济属性不仅可以增强国际影响力，而且可以转变国家的产业发展模式，调整产业发展结构，对于国内经济的长远发展有着积极的影响。因此，对于文化经济的运作及发展便在学术界掀起了一股研究热潮。

文化产业最早由西方国家提出，在第二次世界大战以后逐渐引起人们的关注，并向全世界扩散。与此同时，文化产业所产生的软实力效应对经济社会发展产生了巨大的影响。由此，学术界对文化产业开始了长时间的研究与论证。法兰克福学派的霍克海默和阿多诺首次提出了"文化工业"的概念。① 当前，关于文化产业的概念在国际上并没有统一的界定，各国专家学者基于本国文化理解使用着这一概念，因而被不同国家的学者称作文化工业（culture industry）、

---

① 参见［联邦德国］马克斯·霍克海默、［联邦德国］特奥多·威·阿多尔诺：《启蒙辩证法》，洪佩郁、蔺月峰译，重庆出版社 1990 年版，第 112 页。

创意产业（creative industries）、内容产业（content industries）、版权产业（copyright industries）等等。我国政府认为，文化产业包括从事文化产品生产、提供文化服务的行业。[①] 当前，我国文化产业已形成演出业、影视业、音像业、文化娱乐业、文化旅游业、网络文化业、图书报刊业、文物和艺术品业等。

纵观文化产业的发展过程，可以发现，我国文化产业首先出现在经济较为发达的地区，随后在内陆城市蔓延开来，近年有逐渐向民族地区转移的趋势。随着我国民族文化在全球影响力的日益增大，民族文化创新与发展呈现出新的活力，一些少数民族地区的人民开始自发地利用当地民族文化资源，脱贫致富，这为民族文化资源产业化奠定了基础。由于我国少数民族地区大多具有"老、少、边、穷"的特点，经济发展缓慢，文化基础设施简陋，在发展文化产业方面开发潜力大，但能力不足。加之民族地区文化产业有着自身的特色，与沿海地区文化产业存在着诸多差异。

仫佬族是中华民族大家庭中的一员，其民族文化更是中华文化的重要组成部分。仫佬族民族特色文化资源产业化及其保护，对仫佬族地区经济社会发展有着十分重要的意义。近年来，随着文化体制改革稳步推进，文化基础设施建设力度加大，文化事业不断繁荣，文化产业化与保护初见成效。如何进一步开发与保护仫佬族的特色文化资源，在保护中发展仫佬族特色文化产业，是贯彻落实党的十九大精神的一个重要举措，将为合理开发与有效保护仫佬族特色文化资源、发展和创新民族特色文化品牌，催热民族地区文化产业和文化经济的发展，推进民族地区全面小康社会及和谐社会建设产生巨大的推动作用。

二、研究意义

当前，发展文化产业已经成为我国社会经济发展的中心议题，文化产业日益成为经济社会发展的中心力量。据《国有文化企业改革发展报告（2017）》

---

① 参见《文化部关于支持和促进文化产业发展的若干意见》（文产发〔2003〕38号）。

可知，到 2016 年末，我国有 14838 家国有文化企业，同比增长 6.0%；资产总额 36937.1 亿元，同比增长 16.3%；实现营业总收入 15673.9 亿元，同比增长 11.3%；利润总额 1373.6 亿元，同比增长 4.7%。[①] 文化产业兼具文化传承和经济效益的双重效用。随着文化产业发展的不断深入，文化日益成为一种地方经济发展的方式，文化产业已经成为多数地区的名片，成为国家的"代言人"。另外，文化产业所生产的文化产品能更好地满足当代消费者的需求，文化产品体验方式多样化，可以增强不同文化间的文化认同度，促进不同文化间的交流，对于维护民族团结起到促进作用，有利于构建社会主义和谐社会。因此，文化产业对推动我国市场经济的发展与和谐社会的构建有着举足轻重的地位。

仫佬族是我国人口较少的一个南方山地民族。在历史发展长河中，该民族形成了山歌、文学、戏剧、服饰、饮食、建筑、医药等丰富多样、特色鲜明的民族文化。目前，学术界对仫佬族特色文化的研究还十分寥落，对这一民族特色文化资源及其产业发展现状、保护与发展规律等的研究还有待深入，因此，该课题具有重要的理论价值。同时，把握加强特色文化资源及其产业化研究，提出特色文化资源产业化与保护的总体思路、目标、重点、对策措施等，可以为地方政府及其职能部门提供决策参考。

第二节　文献述评

一、文化与经济关系的研究述评

本书探讨仫佬族特色文化产业化及其保护，主要是希望通过研究，提出如何合理开发与有效保护仫佬族特色文化资源、推进仫佬族经济社会建设有

---

① 参见云南省文化和旅游厅：《财政部发布国有文化企业发展报告》，http://www.whyn.gov.cn/publicity/view/44/6591，2018 年 1 月 5 日。

关建议。因此，它首先涉及的是文化与经济社会发展的相关研究。

（一）国外关于文化与经济关系的相关研究

关于文化与经济发展的关系，有几种不同的论点。一种认为文化与经济密切相关；一种认为文化与经济发展无关；还有观点承认文化对经济发展有影响，但有的学者注重文化对经济发展的促进作用，有的学者强调文化对经济发展的阻碍作用。我们经过梳理后认为，比较有代表性的主要有亚当·斯密、马克斯·韦伯、道格拉斯·诺思等人。

1. 亚当·斯密和穆勒等人的观点

古典经济学家亚当·斯密对于文化和经济的关系早有论述。[①] 亚当·斯密认为市场经济秩序需要有自爱、怜悯、自由等文化伦理和道德基础才可良性运行。除此之外，亚当·斯密还建立了自由主义经济观，强调以个人主义为基础，建立强调个人利益的人文精神。同时，亚当·斯密在阐述"经济人"理论时，认为"经济人"是当时"市民阶级"的替身，这些市民阶级本身蕴含着自由行动和利己心态的文化内涵和价值观。可以说，亚当·斯密所阐述的"经济人"是一种"经济与道德"的统一体。在此基础之上，亚当·斯密认为，市场经济只有在互助的道德观、尊重市场各个主体的基础上才可实现正常运行，也就是说，市场经济的正常运行与共享合作的伦理道德密不可分，特定的文化理念成为市场经济发展不可缺少的重要条件。

亚当·斯密除了强调市场经济中的伦理道德以外，还十分重视教育和宗教在社会经济发展中的作用。亚当·斯密指出，在商业社会中，相比富人的教育，普通大众的教育更应受到关注。同时，他还指出，有教育有知识的人要比无知识的人更加讲文明、懂礼貌，进而提出，若提升了普通大众的知识水平，对于国家的整体发展而言具有积极作用。虽然亚当·斯密没有明确指出宗教与经济发展之间的关系，但是他对宗教改革的描述体现出了市场经济

---

① 参见[英]亚当·斯密：《道德情操论》，蒋自强等译，商务印书馆1997年版，第302页。

所遵循的优胜劣汰的精神主旨。

穆勒与亚当·斯密相似，从道德和社会科学的范畴来探讨政治经济学。穆勒认为，道德和心理在国家经济的发展过程中起着重要的作用，同时，依赖于各种制度和社会关系，与人的本性有着密不可分的关系。马歇尔也注意到诸如宗教、道德等文化因素和经济动机决定着人们的行为，认为宗教改革对经济发展产生影响。[①] 由于早期的经济学家都聚焦于真实的社会和真实的人，因而，他们认为文化，包括道德、宗教、风俗习惯等因素会影响人们的经济行为，进而会影响社会的经济发展。可以说，文化与经济之间有着密不可分的关系。

2. 马克斯·韦伯、萨缪尔·亨廷顿等人的观点

马克思·韦伯在分析东西方宗教的过程中发现，新教加尔文精神是现代资本主义形成和发展的精神支柱。[②] 韦伯认为，现代资本主义精神产生于基督教和禁欲主义。他所指的新教伦理精神的核心内容是反对不劳而获，提倡勤劳致富；反对不务正业，提倡取财有道。韦伯认为资本主义之所以没在中国、印度等东方国家产生，而在西欧国家诞生的原因，便是由于新教伦理中所蕴含的光荣奉献的精神。他认为，新教伦理鼓励人们在获取财富的同时，也应该有一种光荣奉献的精神，这样便为经济发展提供了一种正当的原则和勤俭奉献的精神。与此同时，韦伯还比较了世界各大宗教的经济伦理，认为儒教伦理阻碍了中国资本主义的发展。另外，韦伯认为文化理性有着自身的独立性，在客观条件的配合下，文化和理性精神可以成为历史发展的重要推动力量。然而，在缺乏理性精神支持的情况下，即使是具有最优的制度性设计也难以有效地推动经济的长久发展，难以达到经济发展的目标。韦伯对于文化伦理与经济发展之间关系的论述，引起了学术界不同学科背景学者的广泛关注，这在一定程度上反映了文化与经济关系研究的重要意义。虽然，学

---

① 参见高波、张志鹏：《文化与经济发展：一个文献评述》，《江海学刊》2004年第1期。

② 参见［德］马克斯·韦伯：《新教伦理与资本主义精神》，彭强、黄晓京译，陕西师范大学出版社2002年版，第10页。

者们反对简单地从理论上来论述宗教对经济发展的决定性作用，但是却将人们对于经济发展的推动力量转移到了人文因素上来，开辟了研究经济发展的新视角。可以说，文化因素为发展经济提供了强有力的精神动因，同时也为经济的长远发展进行了人文价值的定位。也就是说，社会经济的发展若缺乏人文因素，最终必然走向破灭。

韦伯之后，一些学者认为，持久的文化传统影响着今天各种社会的政治和经济行为。萨缪尔·亨廷顿认为，不同民族的人们用本民族的宗教、语言、文字等文化因素来界定本民族区别于其他民族的差异。在此基础上，亨廷顿根据文化的差异性将世界划分为不同的文明区域，并认为未来世界的冲突将因文化因素而引起，并且会产生因文化差异而极易产生碰撞的"不同文化的边界地区"[①]。罗纳德·英格尔哈特和韦恩·贝克通过对"世界价值观调查"的结果描绘了"全球文化地图"，并发现文化和宗教传统、社会信任与经济发展之间存在着密切关系。[②]

3. 新制度学派的观点

新制度学派认为，人类的经济生活与动物有差异的主要原因是人类可以在特定的社会环境中和特定的约束条件下进行相关的活动。[③]这种特殊的约束条件便是人类在社会发展中所形成的非正式的和正式的制度安排。而作为人类社会的结晶——文化，凭借着自身所具有的"传导"和"渗透"的机制，可以影响制度的制定和执行。因而，新制度学派认为作为国家和民族公共物品的文化，不仅可以降低交易成本，还可以通过影响制度安排来影响经济生活。缺乏文化的影响，人类社会的正常运行便会被打乱，人与人之间的分工交易便不会正常运行。

① ［美］塞缪尔·亨廷顿：《文明的冲突与世界秩序的重建》，周琪等译，新华出版社2002年版，第4页。

② 参见［美］罗纳德·英格尔哈特、［美］韦恩·贝克：《现代化，文化变革，以及传统价值观的持久性》，《美国社会学评论》2002年第1期。

③ 参见［美］约翰·N.德勒巴克、［美］约翰·V.C.奈编：《新制度经济学前沿》，张宇燕等译，经济科学出版社2003年版，第149页。

新自由主义代表人物哈耶克认为，文化是一种由习得的行为规则构成的传统。文化的这种规则最早是在一个小群体中产生，当这个小群体为了与更大的群体相融和的时候，为了维护群体自身的可持续发展，必须不断地将内部状态与外部环境相调试进而维持自身的协调发展，因而，就会产生一些新的规则，这种更新便是群体内部对于文化的一种优胜劣汰的进化过程。[①] 哈耶克认为正是这些规则约束了人类先天的动物本性，使文明和文化的发展有了可能。在此基础上，人类社会之所以可以产生交易，主要是由于道德信念在人类社会之间不断传播的结果。可以说，文化的变迁通过道德的传播机制而实现，而文化的变迁又对经济的发展起着重要的影响。[②]

新制度主义代表人物诺斯认为制度有两种形态。[③] 一是正式制度，如法规、法律等；二是非正式制度，如习俗、文化和传统等。无论是正式制度还是非正式制度都容易受到人们的价值观和世界观的影响，而人们的主观信念又多是教义、神话传统的大杂烩。他认为，意识形态产生了只能通过伦理道德来缩小的真空，而伦理道德则影响着人们搭便车所需要的费用。诺斯认为，经济绩效受制度和意识形态两个因素共同影响。其中，意识形态是一种个人选择，个人如何看待正式制度与非正式制度对整个经济绩效的直接影响。可以说，意识形态可以减少因衡量合约而产生的交易费用。另外，诺斯认为文化作为不用知识的混合物，包含着人们行为标准的价值判定，而这种价值判定便是一种非正式的框架，文化为这个非正式的框架提供了表达讯息的工具。因而，文化不仅可以塑造正式制度，而且也对非正式制度进行改造。这对于我们准确把握文化的本质具有重要的启示意义。除此之外，诺斯对企业家决策进行了相关研究，认为企业家所想象的利润空间取决于其自身

---

① 参见［英］弗雷德里希·奥古斯特·冯·哈耶克：《通往奴役之路》，王明毅等译，中国社会科学出版社 1997 年版，第 199 页。

② 参见［英］弗雷德里希·奥古斯特·冯·哈耶克：《通往奴役之路》，王明毅等译，中国社会科学出版社 1997 年版，第 130 页。

③ 参见［美］兰斯·E.戴维斯、［美］道格拉斯·C.诺思：《制度变迁与美国经济增长》，张志华译，格致出版社 2019 年版，第 7 页。

对制度的了解，而后者有受到企业家具有的意识形态的影响。①

（二）国内关于文化与经济关系的主要观点

国内学术界关于文化与经济的关系，并无一致的看法。有些学者认为，文化是经济发展的基础，而经济又推动文化的发展和变迁。虽说文化和经济可以相互促进，相互影响，但是，文化和经济终究属于两个相对独立的系统，各自有着自身发展所需要的内在动因。可以说，文化与经济是在独立基础上相互渗透、相互制约的作用中协同发展的。②

有的学者认为，对经济发展起决定性作用的是"大文化"，也就是我们平时所说的广义上的文化，既包括教育、技术等专业的文化知识，也包括道德观念、价值观等意识形态方面的文化。③学者们认为，在"大文化"语义中，专业性文化对于经济的发展起着基础作用，是经济发展的软动力。而人生观、价值观等高层次的文化则是经济发展的舵手。④

还有的学者认为，从不同的视角看有不同的观点。从横向的视野审视文化与经济的关系就会发现，文化对经济起着决定作用。如若好好地利用文化资源便可以促进经济的快速发展，提升文化软实力，有助于增强区域综合竞争力。⑤从纵向看，经济则决定着文化的发展。一个地区的经济发展会直接影响着该地区的文化氛围，进而影响该地区的文化变迁。⑥

除此之外，还有学者认为，文化和经济是一对有着表层和深层二维关系

---

① 参见［美］兰斯·E.戴维斯、［美］道格拉斯·C.诺思：《制度变迁与美国经济增长》张志华译，格致出版社 2019 年版，第 29—31 页。

② 参见李怀亮、方英、王锦慧：《文化产业与经济增长关系的理论研究》，《经济问题》2010 年第 2 期。

③ 参见罗钢、刘象愚主编：《文化研究读本》，中国社会科学出版社 2000 年版，第 14 页。

④ 参见祁述裕：《当前文化建设的几个重点难点问题》，《行政管理改革》2013 年第 1 期。

⑤ 参见赵庆杰、孙友罡、林燕飞：《管理学视野下的经济与文化》，《乡镇企业研究》2001 年第 1 期。

⑥ 参见赵庆杰、孙友罡、林燕飞：《管理学视野下的经济与文化》，《乡镇企业研究》2001 年第 1 期。

的主体。[①] 表层关系是指文化和经济两者间显而易见的关联，显现出文化与经济的一致性。深层关系是指经济和文化两者间不能直接观察到的关联，两者间接地发生着作用。深层关系来自构成文化的人文因素的影响，也就是诺斯所称的非正式制度。[②]

综上所述，无论学者们从何种角度来阐述经济与文化之间的关联，我们都可以发现，从本质上看，经济是文化发展的基础，而文化则是经济发展的不竭动力。可以说，经济与文化间的关系呈现出相互促进、相互制约的螺旋式发展。

二、民族文化资源产业化研究述评

当前，国内外对民族文化资源产业化的研究已经初具规模，学界从不同学科的角度，运用不同的研究方法对其进行研究，并取得了大量有价值的研究成果。

（一）民族文化资源产业化的必要性研究

文化是人类社会发展过程中的产物，是人类发展的历史，是人类未来的基石。文化这一内涵十分广泛，包含的内容也十分丰富。主要可以分为物质文化与精神文化两类。但不管是物质文化还是精神文化，二者都有着内在的同一性，即二者都含有意识形态的意蕴。作为朝阳产业的文化产业，明显具有意识形态的属性，它与宗教信仰、民族习俗、文化价值观等都有着密切的联系。为此，文化产业的发展与培育不同于别的产业，在民族文化资源产业化的发展与培育这一问题上，学术界对文化资源产业化的必要性有以下看法。

---

① 参见 [美] 托马斯·麦格奈尔：《表层文化、深层文化和文化认同》，《中国社会科学报》2010 年 8 月 24 日。

② 参见 [美] 兰斯·E.戴维斯、[美] 道格拉斯·C.诺思：《制度变迁与美国经济增长》，张志华译，格致出版社 2018 年版，第 7 页。

　　有些学者们认为，对民族文化资源进行产业化开发，对于民族文化的发展会产生消极作用。[①] 他们认为，民族文化资源产业化开发将会破坏民族文化的本质，带来民族文化的商业化发展，跟随着开发者的意愿发展，而忽视了民族文化的本真，同时，对于民族文化资源进行产业化开发，将导致民族文化间的差异化减少。但是，另外一些学者们认为，民族文化资源的产业化发展，将会对民族文化资源起到积极的保护作用，可以对民族文化资源的发展产生积极的动态效应。持此种观点的学者认为，民族文化资源的产业化开发，可以有效地将市场资本和资源引入到民族文化发展和保护的队伍中，将有助于民族文化资源的长久发展。同时，还可以利用产业化的渠道整理搜集民族文化资源，将民族文化资源整合成民族文化资本，进行市场流通，带动地区经济的发展。[②] 另外，对民族文化资源进行产业化开发是转变地区经济发展模式、优化产业结构的新途径，同时可以有效地推动一二三产业的深度融合，使地区经济产业结构趋向平衡。[③] 当前，世界各国经济处于由第二产业向第三产业转型和升级的阶段，将文化资源进行产业化开发有助于地区经济转型。对于我国而言，积极地将民族文化资源进行产业化发展不但有助于壮大民族文化的影响力，同时还可以将民族文化资源转换成文化资本以提升地区竞争力，将经济发展方式由粗放型向集约型转变。[④] 同时，对民族文化资源进行产业化开发还有助于消减以往经济发展所带来的负外部性问题。[⑤] 最后，文化是经济发展的核心。文化不但可以为经济的发展提供技术支持，同时，还是经济发展的灵魂，缺乏文化的经济是空洞的。[⑥] 改革开放以来，我国经济

---

①　参见黄成华：《少数民族文化商业化开发的风险及其对策》，《创新》2016 年第 6 期。

②　参见张亚丽：《我国文化产业发展及其路径选择研究》，吉林大学博士学位论文，2014 年。

③　参见段珊：《文化产业集聚对产业结构升级的影响研究》，东华大学硕士学位论文，2016 年。

④　苏慧、周鸿：《民族文化资源产业化：模式、困境及路径选择——以广西仫佬族为例》，《陕西行政学院学报》2013 年第 4 期。

⑤　参见刘家志、朱海林：《西部民族文化资源的综合开发与产业化的思考》，《思想战线》2001 年第 5 期。

⑥　参见汤伟：《没有文化的经济是没有灵魂的经济》，《文学教育》（下）2015 年第 10 期。

取得了突飞猛进的发展，特别是近年来城镇化进程不断深入，城乡间的距离正在缩小。但是，有一点不可否认，各地城镇化和经济的发展所呈现出来的结果却是类似，各地区城镇建设雷同，特别是在民族地区，千城一面，缺乏本民族建筑特色。① 这种没有文化的经济发展将阻碍民族地区的长久发展。

（二）民族文化资源产业化的管理模式创新研究

我国学术界关于文化产业管理模式的研究大体上分为三个阶段：第一阶段为理论研究，将文化产业管理与其他类型的产业管理模式等同，将其他产业管理的模式运用到文化产业管理中来；第二阶段为国外文化产业管理模式的引入及介绍，在这一阶段我国学术界对西方国家文化产业管理模式进行介绍及分析并对我国文化产业管理模式提出经验及启示；第三阶段为国内文化产业管理模式研究，在这一阶段国内学者从不同的视角探讨我国文化产业管理的宏观管理模式及微观管理模式，将文化产业管理理论运用到实践中来，形成了一大批很有价值的研究成果。

首先，是对文化产业管理模式的理论探究。在这一阶段，大多数学者认为政府对文化产业的管理方式，如同对其他产业的管理方式一样，总体上只有两种，一种是直接管理，另一种是间接管理。属于政府直接管理的文化项目，是非营利性的文化项目，其中既包括大众性的，也包括非大众性的（例如不易为大众所接受或鉴赏的雅文化项目）。其次，政府非直接管理的文化项目总是营利性的，因为它们可以通过自身的运行获得自我增殖。但是，如同非营利性文化项目并不非要政府直接管理一样，营利性文化项目也并不排斥政府的直接管理。②

其次，是对国外文化产业管理模式的引入及探讨。在对国外文化产业管理模式的研究中，我国学者多数集中在对英国、美国、法国三个国家文化产

---

① 参见黄希玲、杨剑、李跃：《浅谈中国传统文化在建筑中的应用》，《科技创新导报》2015 年第 19 期。

② 参见黄辛猗：《论文化产业管理中的政府行为》，《社会科学》1989 年第 5 期。

业管理模式的研究。首先，英国政府对文化产业采取的是一种间接管理、分权而治的"一臂间隔"模式。这种管理模式具有"垂直"和"水平"两种分权向度。其次，美国政府采取的"无为而治"。美国政府的"无为而治"并不是无所作为，而是微观无为，宏观调控。最后，法国政府采取"文化例外"，或称中央集权制。① 法国文化部长雅克·朗提出"文化例外"的概念，明确文化产品与一般商品不同，提倡政府对文化产业特别照顾。在"文化例外"理念驱动下，法国政府不断加大文化产业投入力度。②

最后，是对于我国文化产业管理模式的研究。对于我国文化产业管理模式的研究是近几年才出现的研究内容，虽然之前在这方面有过研究但都偏重宏观，忽视微观。近年来，随着我国政府将文化大发展大繁荣作为重要工作以来，我国各个地方的文化产业的发展都呈现出不断上升的势头。目前，对于我国文化产业管理模式的研究虽然不多，但也形成了一些颇有价值的成果。在对我国"一元型"文化产业管理模式（中央集权型管理模式）研究的基础上认为，"一元型"的管理模式不利于提高文化产业的竞争力、缺乏统一的法律法规、难以建立文化产业发展所需的市场化运行机制等缺点，提出了"三元型"的文化产业管理模式，即"政府—企业—行业"三元互动的管理模式是以企业为中心，政府和非营利组织都是以企业为中心来开展活动的，为文化企业的发展服务。③ 李晓燕④ 对北京、上海、广州的文化产业管理模式进行研究后认为，北京模式是政府—市场共同规制型⑤、上海模式

① 参见王钦鸿：《论转型期文化产业发展中的政府职能》，《山东理工大学学报（社会科学版）》2006 年第 5 期。

② 参见孙志英：《文化产业发展中的政府行为研究》，《河北学刊》2006 年第 6 期。

③ 参见杨亚争：《"三元型"文化产业管理模式研究》，中国地质大学硕士学位论文，2008 年。

④ 李晓燕：《我国"北上广"地区文化产业管理模式比较研究》，上海师范大学硕士学位论文，2013 年。

⑤ 在文化产业管理过程中，运用政府和市场两个主体相结合的方式进行文化产业管理，差异体现在文化产业管理的不同阶段中，政府和市场所表现的影响力不一样。

属于市场拉动型[①]、广州模式则可概括为政府推进型[②]。另外，倪登峰对长三角地区的文化产业管理模式进行了研究并对其管理模式进行了绩效评估[③]。刘英对山东省文化产业发展现状进行了分析，提出了多元文化产业管理模式。[④] 这些研究，丰富了我国文化产业的研究内容，也为我国地方文化产业的发展提供了极大的借鉴意义。

三、文化资源产业化中的政府职能研究述评

文化资源产业化进程中的政府职能自文化产业产生以来就一直是学术界研究的热点问题。但就目前而言，在这方面的研究还缺乏针对性，多数学者的研究集中在了我国文化产业的发展现状及发展问题上，较少从政府职能的角度进行研究，忽视了政府职能这条主线。但各位专家学者对于现阶段我国文化资源产业化中的政府职能较为一致的看法就是，我国政府职能出现了错位的问题，应加以纠正。

一是认为应该明晰文化资源产业化中政府职能的基本指导原则。文化产业不同于其他产业，政府在发展文化产业的过程中应本着发展文化产业要突出中国特色、发展文化产业要遵循社会主义市场经济的基本原则、在文化产业发展中要实现社会效益和经济效益共同发展的基本指导方针。同时，也应对政府职能进行科学定位，以保证政府行为对文化产业的良性影响。[⑤]

---

① 市场是上海文化产业管理的真正主力，政府在上海文化产业的管理中起着宏观引导作用。

② 广州文化产业发展还处于起步阶段，尚不够成熟。广州的文化机构数量要少得多，而过于少的管理机构一定程度上会导致文化产业管理不到位，这迫切需要政府进一步提高文化产业管理水平，设置合理的机构，引导扶持文化产业发展。

③ 倪登峰：《我国"长三角"地区文化产业管理模式及其绩效评估》，上海师范大学硕士学位论文，2013年。

④ 刘英：《山东省文化产业管理模式研究》，山东大学硕士学位论文，2011年。

⑤ 参见齐仁庆：《文化产业发展进程中的政府职能》，《中共中央党校学报》2011年第5期。

　　二是认为应转变政府职能，优化政府服务理念。在这一方面，多数学者认为现阶段我国的政府职能已不再适应市场经济的发展，应转变政府职能，优化执政理念，充分发挥政府在文化资源产业化过程中的指导和协调作用。政府应从宏观与微观两个方面在地方文化品牌建设过程中发挥作用，做好文化品牌建设的决策者、引领者、推介者和推动者。[①]

　　三是政府在文化资源产业化进程中应有清晰的职能定位。政府职能的定位直接影响到文化资源产业化中市场与政府行为边界的划分，理论上可以对政府与市场两者进行行为边界划分，但在实际操作中两者的界限往往难以清晰把握，但是对政府职能进行清晰的确定有助于政府行为在实践操作中的运行。政府部门作为文化产业发展的主要推动力和关键性力量，应根据实际情况科学合理地制定连续性的文化产业发展战略，维护国家文化安全，培育和管理新型的文化市场主体，为文化产业的发展提供人才支撑。[②]政府既要通过强化文化事业、教育事业为文化产业的发展夯实基础，又要不断推进文化体制改革，使市场真正在文化产业资源配置中发挥基础性作用。应在为文化产业发展提供公共职能、公共服务上"有所为"，在行政对文化资源进行干预配置上"有所不为"。[③]

四、国内外文化产业政策研究述评 [④]

（一）国外文化产业政策研究述评

　　1998 年，联合国文化与发展委员会在主题为"促进发展的文化政策"会议上，正式通过了"文化政策促进发展行动计划"。此次会议掀起了各国

---

　　① 参见杨宗杰：《党委政府在区域文化品牌建设中的职能定位及作用发挥》，《理论学刊》2010 年第 4 期。

　　② 参见倪芬：《文化产业发展中的政府职能定位》，《经济论坛》2010 年第 8 期。

　　③ 张秀玉：《文化产业发展中的政府职能定位》，《中共青岛市委党校青岛行政学院学报》2012 年第 6 期。

　　④ 参见课题组成员苏慧：《广西罗城仫佬族自治县文化产业政策执行研究》，广西师范学院硕士学位论文，2014 年。

研究文化产业政策的浪潮。目前国外对文化产业政策进行研究的机构主要有美国的哈佛大学文化政策中心、芝加哥大学文化政策中心，欧盟理事会文化指导委员会，韩国文化政策研究中心、欧洲文化政策研究中心等。国外的研究主要集中在以下几点。

第一，对基本理论及概念的研究。由于各国对文化产业的理解不同，对文化产业政策的理解也就不同，英国的吉姆·麦圭根的《重新思考文化政策》①和詹姆斯·海尔布伦等著的《艺术文化经济学》②都对这两方面有所阐述。

第二，文化产业政策功能应用研究。例如，欧洲委员会出版的《文化产业与就业》，认为文化产业政策的制定是解决就业问题的有效途径。此外，在增加文化产业社会效益的同时也可以起到增加经济效益的作用。③

第三，对中国文化产业的研究。这些研究的主要目的在于帮助外国的商业机构快速打入中国市场，让外国企业对我国的文化产业有一个清晰的了解。例如，AC 尼尔森的研究报告《放眼中国市场》，对中国的文化产业例如旅游、文化娱乐、动漫、广告等进行跟踪调研，形成蓝本。④

国外对文化产业政策的研究还包括文化产业安全、文化产业政策内容、文化产业的法规政策等方面。

（二）国内文化产业政策研究述评

自 2000 年中共十五届五中全会首次在中央正式文件中提出"文化产业政策"这个概念以来，文化产业政策毫无疑问成为了中国公共政策领域最引人注目的现象之一。参与中国文化产业政策研究的主体包括大型国有文化企业、地方政府、研究人员，并相继涌现出北京大学文化产业学院、中国社会

---

① 参见［英］吉姆·麦圭根：《重新思考文化政策》，何道宽译，中国人民大学出版社2010 年版，第 46 页。

② 参见詹姆斯·海尔布伦、查尔斯·M.格雷：《艺术文化经济学》，詹正茂等译，中国人民大学出版社 2007 年版，第 4 页。

③ 参见张怡：《正确认识文化产业的功能》，《人民日报》2010 年 12 月 3 日。

④ 参见 AC 尼尔森：《放眼中国市场》，《中国广告》2006 年第 1 期。

科学院文化研究中心、江苏省文化产业研究中心等一批国家级研究机构，这些研究机构和学者发挥了前所未有的重要作用，成为我国文化产业政策研究过程中的一支重要力量。

我国研究文化产业政策的时间比较晚，成果还不是很丰富，这些研究成果主要集中在以下几个方面。

1. 文化产业政策的必要性

胡惠林在《我国文化产业政策文献研究综述（1999—2009）》一书中指出，文化产业政策的选择与制定翻开了当代中国文化政策发展史上崭新的一页，从而使得当代中国文化产业政策运动从单一的意识形态运动走向同时包括文化产业与文化事业等在内的综合多样的新文化政策运动。[①] 杨吉华在《文化产业政策研究》一文中，认为文化产业政策对文化产业发展、文化产业结构调整、市场竞争秩序、产业国际竞争力这几个方面均有重大的作用。[②] 许钢在《我国文化产业及其产业政策》一文中认为，文化产业政策的重要性在于促进文化产业的健康发育，扶持合法经营者以及限制不法经营者，文化产业政策应该称为文化产业优胜劣汰的外部条件。[③] 此外，还有张晓明[④]、张玉国、潘嘉玮、张正焉等一批学者分别从各个不同的角度阐述了文化产业政策的重要性。[⑤]

2. 中外文化产业政策对比及其对中国的启示

张慧娟在《美国文化产业政策及其对中国文化建设的启示》一文中，通过从政策的制定和执行两个角度出发，对中美两个国家的文化产业政策进行比较分析，认为我国应从完善公共文化服务体系、完善现代文化市场、促进

---

① 参见胡惠林：《我国文化产业政策文献研究综述（1999—2009）》，上海人民出版社2010年版，"序"第1页。

② 参见杨吉华：《文化产业政策研究》，中共中央党校博士学位论文，2007年。

③ 参见许钢：《我国文化产业及其产业政策》，《管理世界》1992年第6期。

④ 参见张晓明：《中国文化产业发展之历程、现状与前瞻》，《山东社会科学》2017年第10期。

⑤ 参见联合国教科文组织：《文化、贸易和全球化》（上），张玉国、朱筱林译，《中国出版》2003年第1期。

文化全方位开放这些方面进行努力。① 郭永航在《国外区域文化产业发展战略对我国的启示》一文中则分析了美国密西根州和英国伦敦的文化产业发展战略，认为在制定文化产业发展战略时，制定和推广主体应多元化，倡导全民参与文化建设，具体战略措施应详尽，要加快区域中社区文化产业的发展。② 此类文章还有王成波《中美文化产业政策比较研究》③、金禅智《韩国文化产业的发展及其对中国的启示》④ 等。

3. 地方文化产业政策研究

王亚川在《文化产业发展的若干趋势分析》一文中指出："文化产业是一个新兴产业，在其发展之初，尤其需要政府的扶持，在这一发展进程中，政府扮演什么样的角色至关重要，地方政府能否在文化产业发展的制度上进行持续的创新，决定着地方文化产业的未来前景。"⑤ 陈杰在《淮南市文化产业政策研究》一文中在对淮南市文化产业政策取得的成绩及其存在的问题及原因进行分析的基础上，提出完善淮南市文化产业政策的对策，即遵循一定的原则、制定具体而详细的对策、制定相应的保障措施。⑥ 陈英子在《吉林省文化产业政策研究》中认为，吉林省的文化产业政策需要在继续深化改革、强化市场建设、优化产业布局、强化技术联姻、鼓励精品创作、加强人才培养、改进财政和税收、加强市场监管、建立评估体系这些方面进行努力。⑦ 此类文章还有杨俊《铜陵市文化产业发展政策研究》⑧、李佳《湖南省永顺县

① 参见张慧娟：《美国文化产业政策及其对中国文化建设的启示》，中共中央党校博士学位论文，2012年。

② 参见郭永航：《政府治理创新视域下的区域文化产业发展战略——以深圳市文化产业发展为例》，武汉大学博士学位论文，2010年。

③ 参见王成波：《中美文化产业政策比较研究》，暨南大学硕士学位论文，2007年。

④ 参见金禅智：《韩国文化产业的发展及其对中国的启示》，对外经济贸易大学硕士学位论文，2006年。

⑤ 王亚川：《文化产业发展的若干趋势分析》，《北京社会科学》2006年第4期。

⑥ 参见陈杰：《淮南市文化产业政策研究》，安徽大学硕士学位论文，2010年。

⑦ 参见陈英子：《吉林省文化产业政策研究》，长春工业大学硕士学位论文，2012年。

⑧ 参见杨俊：《铜陵市文化产业发展政策研究》，安徽大学硕士学位论文，2010年。

文化产业政策法规问题研究》① 等。

4. 文化产业政策的创新

上海交通大学国家文化产业创新与发展研究基地研究员凌金铸认为，"创新是文化产业政策选择与制定的基本路径"。他在《文化产业政策创新的实践与体系》一文中指出，必须在组建大型文化企业的政策、培育和规范文化市场的政策、鼓励高科技文化产业发展的政策、促进文化产品出口的政策、支持文化产业发展的金融政策、扶持文化产业的财政税收政策、加强文化产业人才培养、加强文化产业学科建设的政策、创新文化产业产权制度、创新文化行政管理体制这十大方面入手，对文化产业政策的体系进行全方位的创新。② 此外，涉及文化产业政策创新的文章还有蔡尚伟、何鹏程的《回眸与展望：中国文化产业政策的创新演化》③，袁明旭的《论民族地区文化产业政策创新》④ 等。

综上所述，目前我国对文化产业政策的研究是不够充分的，首先，对文化产业的研究比文化产业政策的研究要多许多，从每年发表在各种期刊上的论文就看得出来，文化产业研究的文章总比文化产业政策研究的文章在数量上领先不少。其次，对文化产业政策的研究缺乏系统性，可以说这些研究是比较分散的个体，大多数研究是停留在行业性政策的研究上，例如，广播电视产业政策、电影产业政策、演出产业政策、图书出版产业政策、动漫产业政策等这些行业的研究，而基本的理论框架和文化产业政策制定的目标及绩效这些方面的研究却寥寥无几。再次，在针对地方的研究上，很多学者把研究放在了国家、省、市这些大的地方上，而针对县的研

---

① 参见李佳：《湖南省永顺县文化产业政策法规问题研究》，中央民族大学硕士学位论文，2007 年。

② 参见凌金铸：《文化产业政策创新的实践与体系》，《南京邮电大学学报（社会科学版）》2008 年第 1 期。

③ 参见蔡尚伟、何鹏程：《回眸与展望：中国文化产业政策的创新演化》，《成都大学学报（社会科学版）》2010 年第 2 期。

④ 参见袁明旭：《论民族地区文化产业政策创新》，《经济问题探索》2008 年第 8 期。

究却少之又少。

四、仫佬族特色文化研究述评

长期以来，仫佬族及其文化的研究都是我国民族研究中的薄弱环节，直到 20 世纪 80 年代后，尤其是近十年来，仫佬族特色文化的研究才取得了较丰硕的成果。这些研究主要涉及以下几个方面：一是关于仫佬族族源的研究。有学者认为仫佬族是壮族的一个支派，与僚、壮同源，是广西土著民族[1]；也有学者依据语言学、骆越民族文化特征、体质人类学及史料等方面的考察，认为仫佬族源于伶人[2]。二是关于仫佬族节庆的研究。仫佬族的节庆较多，但影响大的主要有两个节庆，即"依饭节"和"走坡节"。学者们对这两大节庆进行了较深入的研究。有的研究深入分析了"依饭节"的文化内涵，认为节庆中的傩舞仪式体现了仫佬族人祖先崇拜、生殖崇拜和农耕崇拜的文化意蕴[3]；有学者认为"依饭节"充满了宗教的色彩，主要体现在祭祀仪式中，整个仪式体现了仫佬族人对神的敬仰，对生活的祈愿，并将娱神祭祀活动转变成了人神共欢、寓教于乐的群众性活动[4]；有学者对"走坡"的历史渊源进行了探讨，认为"走坡"源于汉代，到了明代才成为仫佬族独特的民俗音乐文化，其"倚歌择偶"则源于普那路亚婚中，并分析了"走坡"的两种形式及两种歌体[5]。三是关于仫佬族民歌的研究。仫佬族民歌特色鲜明，尤其是其没有单声部的特征引起了学者们的关注。不少学者关注了仫佬族民歌的分类，有的从形式上将其分为"随口答"、"古

---

[1]　参见张介文、韩肇明：《仫佬族族源探讨》，《学术论坛》1981 年第 2 期。

[2]　参见温远涛：《仫佬族族源新探》，《广西民族研究》2010 年第 2 期。

[3]　参见莫乔雅：《仫佬族依饭节的文化内涵与当代传承》，广西师范大学硕士学位论文，2008 年。

[4]　参见黎炼：《人神共欢　娱教合一——论仫佬族依饭节的现代嬗变与演进》，《歌海》2010 年第 2 期。

[5]　参见苏沙宁：《仫佬族"走坡"习俗及其历史渊源》，《民族艺术》1997 年第 4 期。

条"歌、"烂口风"三种①；有的从句式上将其分为二句山歌、三句山歌、四句山歌等②；有的学者对仫佬族民歌的风格进行了探讨，认为它具有持续音式的衬腔织体、独特词曲结构、单一徵调的风格③；有学者深入分析了仫佬族民歌的文化特征，认为它体现了仫佬族人多层次的精神生活，即崇德尚志的民族品格、重情感恩的民族性格、质朴的自然审美观及多元的宗教信仰④。四是关于仫佬族文学的研究。仫佬族涌现了数量可观的作家群，引起了许多专家学者的关注。有学者认为仫佬族的文学作品多是悲剧，表现出"以悲为美"的文学特点，反映了仫佬族人自然条件恶劣、社会生活艰辛及爱情的悲剧，又包含了自信、勇敢、强健、乐观和成熟的悲剧精神与民族心理⑤；有的学者分析了仫佬族文学作品题材的多样性，并将其概括为"勇敢追求幸福"、"执着追求真挚爱情"、"充满反抗精神"、"注重伦理道德"及"聪明机智"五个方面的内容⑥；还有学者分析了仫佬族文学的生态美，认为仫佬族文学在意蕴优秀民族文化的同时，也意涵着民族的生态状态⑦；还有些文学评论家则分析了仫佬族作家群中潘琦⑧、鬼子⑨等代表作家的作品。五是关于仫佬族语言的研究。有学者研究了仫佬族人的语言观

①　参见潘琦：《仫佬山歌》，《中国民族》1980 年第 12 期。

②　参见过伟：《仫佬族民歌初探》，《广西师院学报》1986 年第 1 期。

③　参见樊祖荫：《广西仫佬族民歌的风格特点》，《人民音乐》1985 年第 5 期。

④　参见包玉堂：《仫佬族民歌的格式和韵律》，《河池师专学报（文科版）》1987 年第 4 期。

⑤　参见梁佛根：《仫佬族民间文学的悲剧内容和悲剧意识》，《河池师专学报》1995 年第 4 期。

⑥　参见阳崇波：《仫佬族民间文学作品中的仫佬族形象分析》，《河池学院学报》2007 年第 3 期。

⑦　参见银建军、钟纪新：《生态美学视野中的仫佬族文学》，《南方文坛》2007 年第 2 期。

⑧　参见黄伟林：《"惊奇于自己的文学之美"——论仫佬族作家潘琦的文学创作》，《民族文学研究》2004 年第 3 期。

⑨　参见韩春萍：《"苦难主题"与仫佬族文学的悲剧意识——从鬼子的"悲悯三部曲"谈起》，《当代文坛》2006 年第 3 期。

与文字观，认为仫佬族人重视自己的"仫佬语"，又乐意学习与接受其他民族语言，但不创造民族文字[①]；有学者运用比较分析法，探析了"仫佬语"的发音特点[②]；还有学者通过罗城仫佬族自治县的东门镇与黄金镇比较，分析了"仫佬语"内部在语音系统、修饰结构和现代汉语借词等方面的差异[③]。

此外，还有不少学者对仫佬族的社会组织、民间故事等进行了研究。这些研究多是"客位"视角，"主位"研究视角较少；研究方法上采用民族学与人类学的研究方法多，多学科综合研究少，定性研究较多，定量分析少；研究内容上，静态研究多，变迁性研究少，尤其是现代化背景下仫佬族的社会结构、人口流动、文化适应、婚姻家庭、经济结构等方面的研究少。因此，对仫佬族的研究亟待加强。

第三节　研究思路、方法、内容及创新点

一、研究思路

在本书的研究中，我们将在收集国内外有关文化资源产业化及其保护的文献资料的基础上，通过对仫佬族地区（主要是广西罗城仫佬族自治县）进行田野调查，了解该民族特色文化资源开发利用与保护的基本情况，并对其进行诊断，进而思考如何保护与开发该民族特色文化资源。

---

① 参见戴庆厦、张弼弘：《论仫佬族的语言观念》，《中南民族学院学报（哲学社会科学版）》1990 年第 1 期。

② 参见银云忠：《仫佬语几个音素发音异同》，《河池师专学报（社会科学版）》2001 年第 1 期。

③ 参见岳静：《黄金镇仫佬语概况》，《民族语文》2004 年第 4 期。

```
┌─────────────────────────────────────────┐
│       仫佬族特色文化资源产业化与保护研究       │
└─────────────────────────────────────────┘
            │
  ┌─────────────────────┐      ┌─────────────────────────────┐
  │  有关的理论和研究梳理    │─────▶│ 调研诊断：仫佬族特色文化的资源   │
  │ （含国内外的经验）      │      │ 性、竞争力、问题与原因分析等。   │
  └─────────────────────┘      └─────────────────────────────┘
            │                          │
  ┌───────────────────────────────────────────────────────┐
  │ 资料分析、确定仫佬族特色文化资源产业化与保护的定位与战略          │
  └───────────────────────────────────────────────────────┘
                        │
                ┌──────────────┐
                │    形成专著    │
                └──────────────┘
```

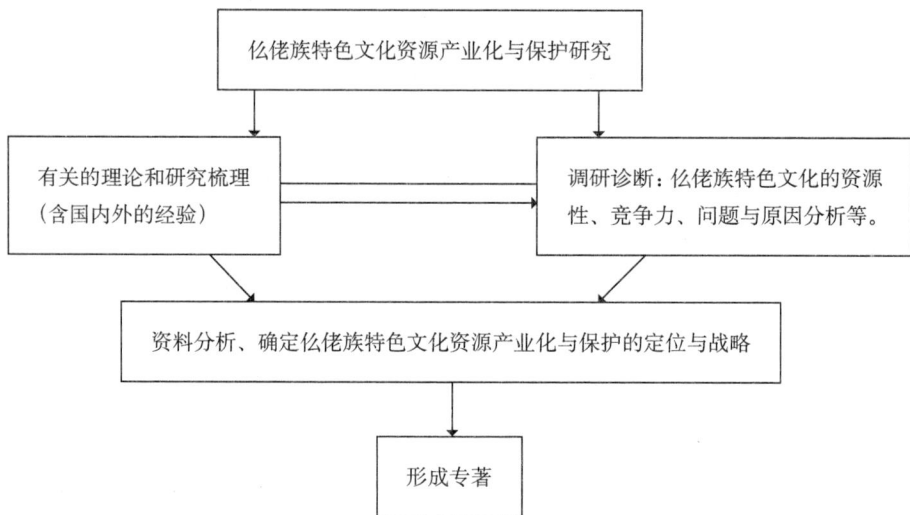

图 1-1　本书研究路线图

二、研究方法

（一）文献检索法

文献检索法是本书研究的主要方法之一。我们在研究之前通过收集大量的文献资料，对本书相关的材料进行查阅，同时对与研究相关的文化产业政策、政策过程理论、政策执行理论、政府行为理论、民族文化理论等相关理论进行研究。另外，通过在知网查阅前人所做的研究，汲取前人经验，在此基础上，开展本书的研究。

（二）定性研究法

我们对仫佬族民族文化资源产业化及其保护中的政府行为、各方行动进行"质"的方面的研究，即运用归纳与演绎、分析与综合以及抽象与概括等方法，对获得的仫佬族民族文化资源产业化的相关材料进行思维加工，去粗取精、去伪存真，揭示多元主体在文化传承、开发与利用中做法的内在规律。

（三）实践调查法

2013—2016 年，我们与当地政府相关部门进行合作，先后深入罗城仫佬族自治县内主要的仫佬族聚集村落进行走访、调研，在实地调查过程中搜集到了大量的宝贵材料，包括罗城仫佬族自治县政府对于当地文化产业发展的相关政策规划文件。在此基础上，我们通过对罗城仫佬族自治县的文化资源、文化产业状况及相关的政策文件进行分析，为本书的研究和写作提供了实践基础。

三、研究内容

本书分为四个部分共十六章。具体如下：

第一部分为理论基础篇，包括第一、二章，主要介绍本书的研究背景与意义，对已有的文献进行详细的评述，说明本书的研究方法，简介研究对象的基本情况，也就是做一些必要的基础性准备工作。同时，重点阐释了研究涉及的文化资源、文化产业等基本概念，介绍和评述了有关的理论，包括政策过程理论、政府行为理论、文化资源产业化理论等。

第二部分为特色文化资源篇，包括第三、四、五章，主要阐述了仫佬族特色文化资源的内涵是仫佬族在长期的历史发展进程中，经过适应当地的自然人文环境所形成的具有鲜明仫佬族特色的文化形态，具有民族性、稀缺性等特征。从表现形态上来看，可以分为三种类型的文化资源，即山水文化资源、民族民间文化资源和历史文化资源，同时介绍了仫佬族物质与非物质文化资源主要有哪些。

第三部分为保护与传承篇，包括第六至九章，在对仫佬族特色文化资源保护对象进行分析的基础上，从旅游文化产业、工艺文化产业、医药文化产业、民俗文化产业、体育文化产业、文学出版文化产业及娱乐休闲文化产业等角度分析了仫佬族特色文化产业的发展成就，指出了仫佬族特色文化产业发展中存在的人才匮乏、产业意识不强、市场监督体制与扶持机制问题及其原因。从非遗普查、医药文化普查、文物古迹登记注册，以及村寨的调查保护、资金投入、人才培养等方面肯定了仫佬族特色文化资源保护的措施及成绩。同时也认为仫佬族文化资源正面临被破坏、濒临消失的严重现实，需要我们从机制、教育、资本策略及政策措施等方面入手，从根本上有效保护仫佬族特色文化资源的真实性与完整性。

第四部分为产业化篇，包括第十至十六章。从产业化的战略意义、必要性、价值等方面阐释了仫佬族特色文化资源产业化的现实依据。分析仫佬族特色文化资源产业化的现状、存在的问题及制约因素。介绍了美国、日本、韩国等国外文化产业化的做法与措施，分析了我国台湾地区、湖北省恩施土家族苗族自治州、陕西省安塞区、江苏省周庄镇、山东省杨家埠等地方的特色文化产业化措施，并从中得出文化立法、文化人才培养、发挥政府作用、建设政社协同机制及文化组织创新等启示。阐述了仫佬族特色文化产业化的总体思路，即确立一个基本理念，抓好三个关键环节，建立三个重要机制，实行六种经营模式，抓好五个核心项目；认为仫佬族特色文化的产业化必须实施"仫佬族特色文化资本经营"战略，包括仫佬族特色文化资本产业链经营策略、创意化经营策略、个性化经营策略、项目化经营策略、品牌化经营策略和节庆式经营策略，同时还要实施资本转型和对外合作交流战略；提出了仫佬族特色文化资源产业化的政策建议，认为要加强政策制定的科学性、系统性及政策的执行力度，规范政府与市场的关系，加强文化市场监管力度，加强政府与社会组织之间的协作关系，加强人才与设施建设力度，完善文化产业发展环境，建设科学有效的政府机构间协调机制，加强民族文化理论研究，创新发展民族文化。

四、主要创新点

1.已有对仫佬族特色文化的研究大都是一般意义的文化或专门的民俗文

化、旅游文化等的研究，很少有系统研究该民族特色文化的文献。本书基于大量调研，系统揭示了仫佬族特色文化的内涵与特征，并将其分为三种文化类型，具有创新性。

2. 从零星的资料中整理总结了国内外特色文化发展经验，分析了其对仫佬族特色文化发展的启示，这种系统总结与分析少见。

3. 本书首次明确了仫佬族特色文化产业化的指导思想、基本原则和发展思路，重点且有针对性地提出了"仫佬族特色文化资本经营"战略。总体思路、产业化路径、保护与传承的机制与策略都区别于以往仫佬族特色文化发展的思路与对策。

第四节　社区概况

仫佬族是世居于广西、贵州的南方少数民族。2010 年第六次全国人口普查统计显示，仫佬族人口数为 216257 人。主要集中聚居在广西罗城仫佬族自治县，广西忻城、宜州、柳城、都安县及贵州省麻江、凯里、黄平等地有少数散居。为了便于研究的展开，本书研究的对象为广西罗城仫佬族自治县，不包括贵州及广西其他地区的散居地区。

罗城仫佬族自治县于 1983 年 8 月成立，是全国唯一的仫佬族聚居地，地处广西北部，全县总人口 37.61 万，其中仫佬族人口 12.47 万，占全国仫佬族人口的 57.68%。

罗城山清水秀，气候宜人。境内山峦起伏，河流纵横，林木青葱，但这里山大石多，田少地瘠，交通不是十分发达。仫佬族人民在其漫长的发展过程中，耕山造田，自耕自食，在创造物质财富的同时，也创造了自己丰富多彩的文化。

第二章 基本概念与理论基础

任何研究都需要前人理论的指导。在本书写作之前以及写作的过程中，一直注重归纳和整理相关的理论成果。

第一节 基本概念

一、文化、文化资源与特色文化资源

（一）文化的涵义及本质属性

文化到底是什么？不同学者因研究或分析视角的差异，而有不同的回答。据不完全统计，到目前为止，有一定影响的"文化"定义超过270种。不同视域对于文化的界定各不相同，我们倾向于把文化定义分为描述性定义、社会性定义、主体性定义、功能性定义、历史性定义。每一种定义类别都有其典型代表。被誉为"人类学之父"的英国学者泰勒对文化的定义是："文化，或文明，就其广泛的民族学意义来说，是包括全部的知识、信仰、艺术、道德、法律、风俗以及作为社会成员的人所掌握和接受的任何其他的才能和习惯的复合体。"[1] 在弗洛伊德看来，"所谓文化，就是有条不紊地牺

---

[1] Edward Tylor, *Primitive Culture*, John Murray, 1873, Vol. 1, p.1；[英] 爱德华·泰勒：《原始文化》，连树声译，上海文艺出版社1992年版，第1页。

牲力比多，并把它强行转移到对社会有用的活动和表现上去"①。英国功能学派的马林诺夫斯基说，文化是"一个满足人的要求的过程，为应付该环境中面临的具体、特殊的课题，而把自己置于一个更好的工具性装置"②，美国社会学家福尔森认为："文化是一切人工产物的总和，包括一切由人类发明并由人类传递后代的器物的全部，及生活的习惯。"③

文化的属性，说法也是众多。归纳起来，文化具有以下一些属性。④

1. 文化的教育性

文化在古汉语中是"人文教化"的意思，指的是文治与教化，所以《周礼》中说"观乎人文，以化成天下"。这里的"人文"指的是语言的或文字的，是"化"的基础；"化"则是关键，既是指人们的行为规范，更是指各种规范产生、认同、传递等的过程。具体而言，文化主要包含了器物、制度和观念三个方面的内容，都有教育人们认识社会、修养心性、遵守制度与规范等含义，被赋予了"教育性"内涵。

2. 文化的实践性

文化的实践性，也就在于"文化"实质上也就是"人化"，即是人类通过劳动，改造自然，使其烙上人的有意识和目的的历史印记。人作为文化的创造者和传承者，是文化整个历史活动过程的主体，文化的本质是人的实践性的本质。

3. 文化的社会性

首先，文化的产生与发展具有社会历史性，器物、制度和观念等文化内容不是某一个体的，而是社会性的，是群体或集体性的；其次，文化制约着

---

① ［美］赫伯特·马尔库塞：《爱欲与文明》，黄勇、薛民译，上海译文出版社1987年版，第18页。

② ［英］马林诺夫斯基：《在文化诞生和成长中的自由》，载庄锡昌、顾晓鸣、顾云深等编：《在文化、多维视野中的文化理论》，浙江人民出版社1987年版，第371页。

③ 转引自陈华文：《文化学概论》，上海文艺出版社2001年版，第7页。

④ 参见课题组成员周鸿：《文化特性与仫佬族文化资源开发探究》，《河池学院学报》2014年第1期。

社会成员的生产与生活方式、行为模式；任何一种文化的传承都不是个体能实现的，而需要群体共同完成。

4.文化的经济性

从本质上说，文化与经济是人类改造客观自然的两翼。文化一旦产生，就既有促进生产力的一面，又有损害生产力的一面。经济发展在某种程度上正是由于这两方面的拉锯所形成的。在现代社会，文化与经济相交融，文化生产力在现代经济的总体格局中的作用越来越突出。著名学者迈克尔·波特甚至针对文化的经济性提出了"经济文化"的概念①，他指出，某些信念、态度和价值观有助于繁荣和促进繁荣，最关键的是人们对于繁荣的基础所普遍持有的信念。这种信念强有力地影响到他们的态度和经济行为。

5.文化的资源性

文化是资源，在现代化进程中已经逐步为人们所认识。人文资源和天然资源不同，它是人的文化的资源。人类在自己的生产和生活中创造了各种文化，它构成了人的生活原理或方式，这些文化一旦传递积淀下来，便形成了人的文化本性。人们对它的开发和利用，就会产生不同的结果，于是这些文化对于人类社会来说，便具有资源意义。

从前文关于文化的属性的分析我们可以看出，现代市场经济条件下文化资源对经济发展有着重要作用：第一，文化资源对经济增长有积极的促进作用，并且这种促进作用随着社会的进步和经济的发展，具有日益增大的趋势，特别是直接与人相关的文化资源，如人文精神、科学技术等。第二，文化资源在经济发展中日益具有决定性的能动作用，文化资源构成现代经济发展的现实基础。在现代市场经济中，任何经济活动都以一定的文化方式进行，经济活动的各个环节或多或少地蕴含着各种文化因素。文化渗透在整个经济领域，文化和经济一起构成了现代社会经济发展的现实基础。第三，文

---

① ［美］迈克尔·波特：《竞争论》，中信出版社2003年版，第87页。

化资源在现代市场经济中，不仅是精神价值的资源，也是物质价值的资源。特别是近几十年来兴起的文化产业和文化产品，既是精神生产又是物质生产，既包含着精神价值，又包含着物质价值。

文化资源之所以能在现代经济发展中起着如此重要的作用，原因就在于现代经济是文化经济，文化与经济日益相互融合，相互渗透，形成不能截然分开的有机整体。当今时代，文化资源开发的重要性已经日益引起世界范围内的广泛重视。《第三次浪潮》的作者托夫勒就做出了这样的预测："未来的发展战略，将不会过分强调经济而忽视生态、文化。"[①]文化既是推动社会发展的最重要的战略资源和财富，又是经济增长与发展的关键因素。

（二）文化资源的涵义

资源因其属性的差异可以分为自然资源与人文资源、有形资源和无形资源、物质资源和非物质资源。《辞海》中对自然资源的定义是天然存在的、有利用价值的自然物，如土地、生物、气候、海洋等。而人文资源往往是指人类社会诞生以来人们自身所创造的物质的和精神的成果，如语言文字、文化传统、思想观念等。而我们平时所指的文化资源与人文资源相似，但这是在狭义的层面上所进行的理解，即仅涉及文化的精神层面，而未触及文化的物质层面。《中国大百科全书》认为，广义的文化是指人类创造的一切物质产品和精神产品的总和，狭义的文化专指语言、文学、艺术及包括一切意识形态在内的精神产品。我们认为，文化资源是人类社会所创造的物化的文化和精神化的文化的综合，既包含自然风光、名城古镇等物质文化资源，也包含民族风情、宗教仪式等精神文化资源。关于文化资源目前学术界还没有一个权威的定义或者约定俗成的概念，大多数学者把文化资源简单归纳为表现文化特征的资源，如华中师范大学刘双和李伟认

---

① ［美］阿尔文・托夫勒：《第三次浪潮》，黄明坚译，中信出版社 2006 年版，第 218 页。

为，文化资源指的是特定时代、地域人群的文化资源的天然来源，它包括历史资源、民俗资源、知识资源和信息资源等。[①] 而关于文化资源的划分，大多数学者把它划分为物质文化资源（如历史人物、自然风光、名城古镇、民间工艺和文化基础设施等）和精神文化资源（如民俗风情、宗教仪式和民间歌谣等）两个部分，国内学者程恩富、顾钰民、方家良等都是从这个角度来界定文化资源的。另外一种广泛的划分方法是把文化资源划分为有形的文化资源和无形的文化资源，这种划分方法实际上等同于上一种方法，只是换了一种称呼而已。

我们认为，文化资源是指具有社会属性的，对现存的经济、政治、文化具有一定影响的资源，是物质文化、制度文化和精神文化的总和。

（三）特色文化资源

"特色"中的"特"就是与众不同、独具一格，非比寻常之义。"特色"常常用来表示一个事物在风格、形式、样式等方面有别于其他事物。那么，特色文化资源就是指人们在长期生产、实践过程中所形成的有别于其他地区和民族的文化风格以及文化内容。特色文化资源是文化资源的重要组成部分，经过长期的历史发展沉淀而来，极富地方特色，反映了特定地区的历史文化、社会环境、风俗习惯，具有一定的独特性和连续性。特色文化资源具有价值高、开发潜力大、地域性强、难以被替代等特点。

二、文化产业与文化资源产业化

（一）文化产业的含义与分类

1. 文化产业的含义

自从 1947 年法兰克福学派霍克海默和阿多诺首次提到文化产业后，

---

① 参见刘双、李伟：《论文化资源到文化资本的转化》，《知识经济》2008 年第 1 期。

学术界对文化产业进行了广泛的研究。当前,世界各国对文化产业的称谓也不尽一致。日本称之为内容产业,英国称之为创意产业,美国称之为版权产业等。联合国教科文组织对文化产业是这样定义的:文化产业是根据工业标准进行生产、再生产和组成文化产品和服务的一个过程;而所谓的工业标准,则主要是指标准化、规模化、专业化和连续性。[①] 除了名称上的差异之外,对文化产业内涵的定义也有所差别。加拿大遗产部划定的文化产业范围十分广泛,包括出版、广播、电影、电视、图书、杂志、音像等在内的印刷、生产、制作、广告及发行,以及包括表演艺术、视觉艺术、博物馆、图书馆、档案馆、书店、文具用品商店等在内的服务。而美国的文化产业则包括了文化艺术业、影视业、图书业和音乐唱片业。

我国最早提出文化产业并对文化产业进行界定的官方文件可以追溯到 2003 年的《2001—2002 年:中国文化产业发展报告》,该报告对文化产业的定义:文化产业就其提供的产品的性质而言,可以被理解为向消费者提供精神产品或服务的行业;就其经济过程的性质而言,可以被定义为"按照工业标准生产、再生产、存储以及分配文化产品和服务的一系列活动"[②]。此后颁布的《中国文化产业年度发展报告(2003)》将文化产业定义为:由市场化的行为主体实施的,以满足人们的精神文化需求为目的而提供文化产品或文化服务的大规模的商业活动的集合。[③] 在中国,对文化产业定义具有代表性的是当属胡惠林和单世联,他们认为文化产业是一种对现代社会的抽象,既是对一种有别于传统的经典意义上的文化现象的描述,也是对一种新的以文化的意义生产和符号生产、流

---

① 参见联合国教科文组织:《文化,贸易和全球化》,张玉国、朱筱林译,中国出版社2003 年版,第 1—2 页。

② 江蓝生、谢绳武主编:《2001—2002 年:中国文化产业发展报告》,社会科学文献出版社 2002 年版,第 2 页。

③ 参见叶朗主编:《中国文化产业年度发展报告(2003)》,湖南人民出版社 2003 年版,第 28—31 页。

通、消费与服务经济生产关系的描述。① 国家统计局在 2004 年制定的《文化及相关产业分类》中，把文化产业分为三类，第一类是核心层，主要是以新闻、出版等为代表的，由国家文化部、新闻出版广电总局管理的范围；第二类是外围层，包含了网络、广告、旅游、娱乐、会展等新兴文化产业；第三类是相关服务层，主要包括提供文化用品、文化设备的生产和销售。②

综上所述，我们可以这样理解文化产业：文化产业把高新技术作为发展的依托，并以向广大群众提供与文化有关的产品（有形产品和无形产品）及活动为目的，满足人民日益增长的文化需求，最终形成经济效益和社会效益。

2. 文化产业的分类

2003 年 7 月，成立了由中宣部、国家统计局、文化部、新闻出版总署、广电总局、国家文物局等单位参加的"文化产业统计研究课题组"。课题组在现有《国民经济行业分类》的基础上，制定了《文化及相关产业分类》标准，并通过国家统计局于 2004 年 4 月 1 日颁布实施。我国在一定程度上参考了联合国教科文组织的文化产业概念和分类标准，将文化产业分为核心层、外围层、相关层（如图 2-1 所示）。2018 年国家统计局颁布了新修订的《文化及相关产业分类（2018）》统计（下文将简称为"标准"）。该标准将文化产业分为了两部分，一是文化核心领域，包括新闻信息服务、内容创作生产、创意设计服务、文化传播渠道、文化投资运营和文化娱乐休闲服务等活动。二是文化相关领域，包括文化辅助生产和中介服务、文化装备生产、文化消费终端生产。

---

① 参见胡惠林、单世联：《文化产业学概论》，书海出版社、山西人民出版社 2003 年版，第 111 页。

② 参见熊澄宇、傅珺：《关于当前我国文化产业分类标准的研究》，《社会科学战线》2012 年第 1 期。

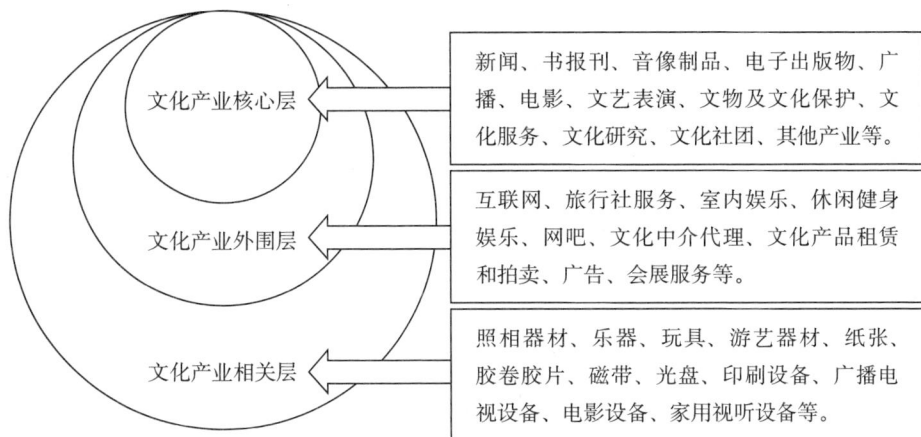

图 2-1　文化产业分层图

（二）文化资源产业化的含义与途径

1. 文化资源产业化的含义

文化资源本身并没有实际的效益，要对文化资源进行投资、资本化，也就是产业化，才能有实际的意义。那么，文化资源产业化就是指对文化资源进行开发、整理、投资、创新，使其从文化资源转化为文化产品，并赋予文化产品以新的生命力及增加其竞争力。文化资源产业化包含了从文化资源的挖掘到文化产品的开发再到文化产业的形成这样一个动态的并伴随着经济价值增值的过程，它不仅仅是物质形态的转化同时也是质的飞跃。文化资源产业化是在市场经济规律下发挥作用的，通过产品的生产、产品的流通和交换等市场环节形成一系列运营模式。文化资源产业化涉及的行业较多，包括：新闻出版业、旅游业、娱乐休闲业、影视传媒业等。

在我国，以民族地区文化旅游为发端，后来相继出现了红色旅游、以民族文化为内容的影视作品、服饰等多种民族文化表现形式，标志着我国以文化生产为主要内容的产业形态开始出现。特别是改革开放以来，面临着国外文化的冲击，中华优秀的民族文化资源进行产业化发展成为摆在我国政府面前的重要课题。党的十六大报告早就明确指出要积极发展文化产业，深化文化体制改革，这为我国民族文化资源产业化做好了政策支持。纵观我国文化产业的发展过程，可以发现我国文化产业首先出现在经济较为发达的地区，随后在城市蔓延开来，近年有逐渐向农村转移的趋势。随着我国新农村建设步伐的不断加快，农村地区经济发展呈现出新的活力，一些地区的农民开始自发地利用当地资源脱贫致富，这为农村文化产业的发展奠定了基础。特别是在民族地区，由于自身饱含着丰富的文化资源，对这些资源进行产业化开发，对当地经济发展起着积极的促进作用。近年来，随着我国政府管理机制改革的不断深入、科学技术的不断发展、文化创新能力的不断提升，我国民族文化资源产业化已初具规模，并形成了一批初具规模的民族文化产业。

2. 文化资源产业化的途径

文化资源产业化是通过整合区域文化资源和市场等优势产业要素，增加多元创新，逐渐形成多层次、复合型的产业结构，从而产生符合新时代需求的文化产业。行业企业的示范效应以及文化从业人员的不断创新，都与文化产业的发展有着紧密的联系。因此，文化资源产业化主要有以下三种途径。

（1）市场自发的文化资源产业化发展途径；

（2）政府培育的文化资源产业化发展途径；

（3）市场选择与政府扶持共同作用的文化资源产业化发展途径。

（三）文化资源保护

文化资源保护是文化资源得以开发、文化产业得以发展的源泉，没有文化资源的保护，文化产业的发展就无从谈起。所谓文化资源保护就是指采取相关有效措施，使文化资源不受或者少受损害，使得文化资源得以长久传承下去。文化资源的保护可以采用文字图片记录、建立博物馆收藏、民间文化遗产普查、兴建展览馆、濒危文化资源救援等多种形式。同时，由于文化资源具有动态性，因此，在文化资源保护过程中不能故步自封，要与时俱进，把握文化资源自身规律，并用辩证的态度、整体的眼光对待文化资源保护。

第二节 产业政策理论 [①]

产业政策是指一个国家的政府为了实现制定的经济目标、社会目标以及为了发展本国的产业而采取的用以干预产业发展的各类政策的总和。产业政策的本质是为了弥补市场的缺陷，克服市场失灵，优化配置资源，保护幼小产业。虽然产业政策这一说法由来已久，但是截至目前，学术界还没有对产业政策理论形成一个完整的体系。可以说，产业政策理论还是一个非常年轻的理论。一直以来，学术界对产业政策的有效性争论从未停止。一方面，是对产业政策持肯定的态度。例如，日本学者伊藤认为，战后日本经济之所以能够快速恢复很大程度上取决于产业政策的有效引导。[②] 海尔曼认为，美国虽然没有像日本、韩国那样公开宣传使用了产业政策，但是其政府颁布实施的许多经济政策当中就有大量的产业政策。[③] 莱尔更是认为市场的自由竞争没有办法实现资源的最优配置，也就是无法实现帕累托最优，必须要政府通过产业政策的运行，提高产业政策的执行能力。[④] 另一方面是对产业政策持否定的态度，认为产业政策根本不可能推动产业的发展，相反，它会阻碍产业的发展。例如，日本学者小宫隆太郎认为，日本的成功并不是产业政策的功劳，而是日本自由的竞争市场和企业家的创新精神。[⑤] 国内学者张许颖运用博弈论的方法推断出产业政策失效的原因，包括政策的时滞、政府行为的

[①] 参见课题组成员苏慧：《广西罗城仫佬族自治县文化产业政策执行研究》，广西师范学院硕士学位论文，2014 年。

[②] 参见张泽一：《日本产业政策与企业竞争力》，《日本问题研究》2008 年第 4 期。

[③] 参见张慧娟：《美国文化产业政策的形成与发展》，《科学社会主义》2012 年第 6 期。

[④] 参见 Sanjaya Lall, "Reinventing Industrial Strategy: The Role of Government Policy in Building Industrial Competitiveness", *the Intergovernmental Group on Monetary Affairs and Development*, 2003。

[⑤] 参见余炳雕、胡方：《小宫隆太郎的日中宏观经济理论及其启示》，《现代日本经济》2003 年第 5 期。

约束以及地区的利益冲突等，因此他也不支持产业政策。①

从某种程度上来说，产业政策是一把"双刃剑"。首先，产业政策属于产业发展的外在因素，它并不能增加产品的供需，产业的发展最终取决于技术、资金以及管理方法等。但是，尽管有对产业政策持怀疑态度的，但纵观产业发展的两百多年的时间里，世界各国经济快速腾飞，尤其像日本、韩国、德国等国家经济的崛起，不得不承认产业政策的功劳是确确实实存在的。产业政策作为宏观经济政策当中的一种，主要致力于长期式、分量式的调节。它的有效发挥有赖于信息完整、政策制定和实施不受利益集团操控、公共权力部门的无私精神、合理有效的实施程序、政策工具的有效性等方面。

文化产业在发展和形成过程中会面临诸多的问题，为此，政府必须在政策和行为方面为民族文化资源产业化保驾护航。

一、公共政策理论

公共政策学是现代政治学发展的产物，产生于第二次世界大战后的美国，在此之前，一直蕴藏在传统政治学之中。1951 年，美国政治学家哈罗德·D.拉斯韦尔和丹尼尔·拉纳在其所著的《政策科学：范围与方法的新近发展》一书中首次提出了"政策科学"的概念，将公共政策学从传统政治学中分离出来，成为一门独立的学科。这为后来公共政策学研究工作的蓬勃发展奠定了基础。当前，学术界对于公共政策的概念尚无统一的意见。拉斯韦尔认为，政策是政府为了实现某种目标、价值与实践而做出的计划②；戴维·伊斯顿则侧重于考量公共政策的价值尺度，认为公共政策是政府将社会价值进行权威性分配的计划③；托马斯·R.戴伊认为，公共政策是政府选择

①　参见张许颖：《产业政策失效原因的博弈分析》，《经济经纬》2004 年第 1 期。

②　参见陈振明编著：《公共政策分析导论》，中国人民大学出版社 2015 年版，第 21 页。

③　参见 ［美］戴维·伊斯顿：《政治生活的系统分析》，王浦劬等译，华夏出版社 1999 年版，第 240 页。

要做或不要做的事情①。上述学者虽然对公共政策的看法不一，但是，我们可以发现他们都将政府看作是公共政策的制定主体和实施主体，而公共政策本身则为政府的行动"纲领"。公共政策学作为一门独立的学科传入我国的时间并不长，我国公共政策学的发展经历了西方公共政策学本土化的阶段，将西方公众政策学与我国具体国情相结合。我们一般认为，公共政策既是社会经济发展过程中政府的行为准则，也是政府行为的指针，同时还是国家经济发展的重要指南。

公共政策根据不同的属性可以分为文化政策、经济政策、社会政策等相关的政策类型。其中，经济政策是国家（政府）根据本国国情所指定的该国经济发展所需的发展规划，其中产业政策属于经济政策中的重要组成部分。当前，随着全球化进程的不断加快，各国产业不断地转型升级，产业政策成为学术界讨论的热点话题。关于产业政策的研究，最早起源于日本。早在明治维新时期，日本就提出"殖产兴业，富国强兵"的口号，兴起了一大批由政府创办的官营产业。产业政策的本质是为了克服市场失灵，保护幼小产业而制定的经济发展规划。虽然关于产业政策的说法由来已久，但是，学术界还没有对产业政策理论进行系统完整的研究，可以说，产业政策理论还处于初始阶段。当前，学术界的研究主要集中在产业政策的执行及其有效性方面，认为产业政策是一把"双刃剑"。一方面，认为由于市场自身存在信息的不对称性，容易导致资源浪费和生产过剩。需要政府对"市场缺陷"进行监控。另一方面，若政府所颁布的产业政策实施不当，则容易导致"政府失灵"。对此，产业政策的制定及实施都应控制在科学合理的范围内。政府与市场需要在相互信任的基础上进行充分的合作，明确政府与市场在产业发展过程中的角色定位，做到市场自由基础上的政府监管。

---

① 参见［美］托马斯·即托马斯·R.戴伊：《理解公共政策》，谢明译，中国人民大学出版社2011年版，第2页。

二、政策过程理论

公共政策学诞生之初，围绕政策过程领域的研究就不断涌现，取得了诸多的成果。1956年，拉斯韦尔所著的《决策过程》开启了政策过程理论研究的先河，在书中拉斯韦尔将政策过程分为情报、建议、规定、行使、运用、评价、终止七个环节。至今，这种将政策过程进行阶段性划分的政策过程阶段论仍然是政策过程的主要研究方法。如张国庆把政策过程分为四个阶段，即政策形成、政策规划、政策执行与政策评估[①]；陈振明将政策过程划分为五个阶段，即政策制定、政策执行、政策评估、政策监控与政策终结[②]。可以说，政策过程阶段论是理解政策制定、执行、实施和评估的有效方法论，将复杂的政策过程具体到每一个环节，为人们理解复杂的政策过程提供了一个简易的模型。政策过程阶段论为公共政策学的发展提供了新的视角。

三、影响政策执行的相关因素

对于公共政策的研究，以往大多集中在政策制定和政策评估方面，对于政策执行的研究较为薄弱。直到20世纪70年代，由于政策制定与政策执行之间存在巨大鸿沟，学者们逐渐意识到政策执行与政策制定一样，是公共政策过程中不可缺少的重要环节。1973年，普瑞斯曼和维尔达夫斯基出版了《执行：华盛顿的伟大期望是如何在奥克兰破灭的》一书，在书中详细的论述了奥克兰计划并没有按照原初的决策执行，没有取得预期的目标。该书的问世，让人们的眼光关注到了公共政策研究领域未曾探索过的绿洲，即政策执行。对于政策执行的研究，多数学者集中关于对政策执行模式的

---

① 参见张国庆：《现代公共政策导论》，北京大学出版社1997年版，第31页。
② 参见陈振明：《政策科学》，中国人民大学出版社1998年版，第33页。

研究，有的学者将政策执行模式划分为自上而下的政策执行模式、自下而上的政策执行模式和整合型网络模式。[①] 有的学者将政策执行模式划分为过程模式、互适模式、循环模式、博弈模式、系统模式、综合模式、组织模式。[②] 诸位学者划分的结果虽有差异，但所依据的标准都是根据影响政策执行的因素进行划分的。我们认为影响政策执行的因素主要有以下几个方面。

（一）政策本身

美国政策科学家普瑞斯曼和维尔达夫斯基认为，在政策执行之前首先要清楚地知道执行的是什么，也就是说要对政策本身有一个清晰的把握。除了要对政策本身有清晰把握之外，政策本身的制定也应该是科学合理的。正如美国政策科学家史密斯曾经把科学化的政策认为是影响政策执行的首要因素。[③] 可以说，政策制定的情况直接影响政策执行的最终效果。为此，科学的政策应具有合理性、明确性、稳定性和公平性。政策的合理性是指制定政策时应根据事物的实际情况出发，不应偏离实际，更不应依据制定者自身的想象随意捏造，应遵循事物的发展规律，适应时代的发展潮流。政策的明确性是指政策的内容中，不能出现含糊不清或模棱两可的话语，一旦出现此类话语便极易误导政策执行者的执行，在政策制定时，对于政策的描述应一目了然，便于执行者有效执行。政策的稳定性是指，政策的颁布应具有长久性，不能朝令夕改，一旦确立就不能随便更改。政策的公平性是指公共政策本身所应具备的价值，即政策的制定过程中要做到人人平等，进而才能在社会大众中顺利实施。

---

① 参见周晨琛：《政策执行模式理论变迁梳理》，《人民论坛》2014 年第 35 期。

② 参见毕正宇：《西方公共政策执行模式评析》，《江汉论坛》2008 年第 4 期。

③ 参见 T. B. Smith，"The Policy Implementation Process"，*Policy Sciences*，Vol.4，No.2，1973，pp.203-205.

（二）政策执行主体

政策执行主体是政策执行的核心因素，作为政策执行的载体，是政策执行的实践者和执行活动的重要执行力量，若没有政策执行主体，政策便无法实施，便是空中楼阁。政策执行主体既可以是个人，也可以是组织，组织结构严谨是政策执行的中坚力量，作为构成组织基本元素的个人则是政策执行的触角。可以说，政策执行最终会通过个人去付诸实施。所以，对于政策执行主体而言，在执行政策前首先要认可政策，才会积极地执行政策。同时，政策执行主体除了要认可政策本身以外，还应不断地提升自身的政策学习能力，有能力对政策进行清晰的把握，除此以外，还应突破固有的思维模式，开拓创新，不断地研究新方法去执行政策。最后，政策执行主体还应具备良好的职业道德，不能将执行政策的权力作为谋取私利的工具，应将人民群众的整体利益摆在首位。

（三）政策目标群体

在整个政策过程中存在政策制定者、政策执行者和政策目标群体三大主体。在这三个政策主体中，他们之间相互联系，相互影响。公共政策制定者负责公共政策的制定，政策制定后由政策执行者直接作用于政策目标群体，此时，政策目标群体被政策作用于自身时，会产生两种情形。一是当政策与自身利益相符时，政策目标群体便会积极地履行政策。二是当政策与自身利益相悖时，政策目标群体便对政策的执行产生抵触的心态，阻碍政策的有效执行。为此，政策目标群体对政策的认可程度直接影响着政策过程的顺利运行。因而，政策制定者在制定政策时不仅要全面考虑政策目标群体的整体需求，而且应该考虑到政策目标群体的整体文化水平，用通俗的话语编写政策。同时，政策执行主体与政策制定主体还应充分运用全媒体渠道，对政策进行宣传讲解，做好"政策营销"的计划与安排，提高政策目标群体的自觉性和主动性。

（四）政策执行环境

政策的有效执行不仅需要政策制定主体的科学决策，政策执行者对政策的充分掌握和科学执行，政策目标群体的积极配合，还需要为政策执行提供良好的外部环境。良好的政策执行环境对整合政策执行的各个要素起着积极的促进作用。政策执行环境大致上可以分为自然环境和社会环境两大类。政策执行的自然环境主要是指水土环境、气候条件等。政策执行的社会环境则是文化环境、政治环境、经济环境等。可以说，一个国家的政治制度、政府组织机构的设置、人文风俗习惯、传统习俗都对政策的有效执行产生重要的影响。因此，政策执行需要有一个与之相适应的政策执行环境。

（五）政策执行工具

古人云：“工欲善其事，必先利其器。”政策的有效执行，离不开政策执行工具的合理使用。政策执行工具是指为了实现政策特定的目标而采取的手段、方法和技术。政策执行工具是政策执行者实现政策目标和政策结果之间的渠道。政策的有效执行必须要运用好各种政策工具，除了法律工具以外，还应积极地运用价格、税收等经济工具，在整个政策执行过程中，应根据政策执行的具体情况及时地选择适当的政策执行工具，以保证政策的有效执行，将适当的政策工具运用到政策的执行中。

第三节　政府行为理论[①]

以布坎南为代表的西方公共经济学派，对政府行为的研究最为全面，

---

① 参见课题组成员王山：《广西仫佬族文化资源产业化中的政府行为研究》，广西师范学院硕士学位论文，2014年。

也最受学术界的认可。公共经济学派从经济学的角度对政府行为进行分析，认为政府行为存在外部性的特征。同时，对政府行为的研究与当时经济发展状况相吻合，不同时期呈现出不同的学说流派特征，但是，不论何种学说都是在对政府行为假设性研究的基础上进行阐述的。我们对国内外政府行为的相关理论进行了梳理，认为学术界关于政府行为理论有以下几种。

一是，上帝式假设。早在古罗马时期，统治者被认为是上帝的化身，因而，统治者的行为就是上帝的行为。在我国古代与西方古罗马时期类似，人们认为皇帝的权力是上天授予的，也就是我们平时所讲的"君权神授"，即人们将皇帝看作"天子"，即"天之子"。由此，统治者便被看作上帝在人世间的代言人，统治者的行为便是上帝行为在人世间的体现。

第二，父权式假设。在传统的封建社会中，政府及其官吏理想的施政状态便是父权主义，即统治者像家长那样握有不受制约的无上权力，正如父母对子女负有教养的无限责任与权力一样，父母官对子民也负有类似的无限责任与权力。"治大国如烹小鲜"。在西方，父权是一种非常古老的权力，在早期的罗马时代，家庭是个政治组织，家父具有终身性的广泛权力，此等权力可被界定为主权性的。它的源头可追溯至城邦建立之前，并且历久不衰、延绵久远，"以至于在整个真正的罗马时代，罗马私法就是家父或家长的法"。罗马家庭组织具有这样一些给其打上烙印的典型特点，在后来的发展中不断消退。[①] 父权式假设下，人们将"国"看成是"家"，将统治者比作家长，国家内部统治者与人民之间遵从家庭伦理规范二者的行为。

第三，守夜人假设。在 18 世纪末到 19 世纪 70 年代，产生了人类历史上影响深远的工业革命。随着生产力的增强，生产关系的骤变，市

---

① 参见徐铁英：《罗马法中公权力对家父权干预的历史变迁——以从 Gai.1,53 到 I.1,8,2 的演变为中心》，《广西大学学报（哲学社会科学版）》2012 年第 5 期。

场经济进入了人类的日常生活中。在这一大的背景下，社会经济政治文化各个方面都产生了巨大的变化。首先，在政治领域。高度集权的专制君主制度被分权制衡的议会民主制度所代替。其次，在经济领域。亚当·斯密的自由主义经济学说在英国受到欢迎，在这一思潮的推动下，政府行为的范围被大大压缩。"守夜人"式的政府成为风靡一时的社会口号。在斯密的理论中，政府的作用被限制在相当狭小的范围内。其作用就是对外防御外敌入侵，对内保障个人的权益和自由，兴建公共福利工程和设施，而对一切经济业务自由放任、不加任何干涉，政府只像"守夜人"或"警察"。

第四，企业家假设。20世纪90年代初，企业家政府理论在西方传统官僚行政组织的弊端日益突显的背景下应运而生。美国学者奥斯本和盖布勒于20世纪90年代在《重塑政府》一书中最为完整地阐述了企业家政府理论，他们认为运用企业家精神改造政府行政文化，认为政府应像企业家一样，二者的行为指向相类似，进而提出一整套政府管理理论。企业家政府是一种以新颖的管理理念为核心，以创造一个新的政府管理方式为目标。它将利润概念、竞争机制引入到政府管理领域中，不但扩大了行政管理的视域，而且还丰富了政府治理的手段。

第五，服务者假设。20世纪80年，西方各国轰轰烈烈地推行新公共管理运动，一时之间，新公共管理成为了风靡全球的研究热点。新公共管理理论以管理、业绩评估和效率为标准，在公共部门中广泛采用私营部门的管理方法，在公共部门中引入竞争机制，将公民看作顾客，主张以顾客为导向，且认为应调整政府职能。随后，在批判新公共管理理论的基础上，一种可供选择的替代模式——新公共服务被学者提出来。新公共服务理论的产生不仅为政府治理提供了一种新的治理范式，同时也对政府在社会治理过程中的行为取向进行了新的定位。

上帝式假设、父权式假设、守夜人假设、企业家假设以及服务者假设等都是社会发展过程中不同的历史背景下统治者行为的逻辑出发点。在上帝式假设中，统治者的权力来源于上帝，人们认为上帝在尘世间的化身就是统治者，统治者在这样的意识氛围中被授予很大的权力，其行为不受任何限制，可以按自身的意愿行动。在父权式假设中，虽然统治者被看作是家长，也拥有很大的自主权，但是与上帝式假设相比，统治者的权力要受到伦理的规范。而在守夜人式假设中，统治者的行为开始被社会大众广泛一致地认为应被限制在一定的范围内，"守夜人"政府行为时期，可以说是政府行为逻辑的转型时期，人们开始意识到政府行为的缺陷，与前两种假设相比，在守夜人模式下的统治者的行为便被规约在法律所允许的框架内，并且统治者不能依据自己的意志随意行事。而应该在合理的范围内行事。这三种转变，与当时社会经济的发展和人们认识的转变密不可分，最根本的原因在于经济的增长，促使人们与政府讨价还价，以维护自身的利益。在企业家模式下，政府的管理者被认为与企业的管理人员一样，都应以效率为前提，并且应追求利益的最大化。但是，企业家政府理论中的政府行为忽视了社会效益的整体性发展，忽视了人在社会发展中的作用，只重视效率，而忽视了社会的正义，忽视了权力的软的一面。为此，又产生了服务者假设，认为政府应该像服务者一样，为社会提供良好的服务，应从注重效率转到注重社会公平正义。

综上所述，从政府行为理论的发展逻辑，我们可以看出政府行为在不同的历史时期展现给人们的面貌是不同的，应根据时代的具体情况来选择具有时代气息的政府行为。通过行为假设变迁的分析，也可以看出，人们对政府行为越来越倾向于注重政府的行为界限，以及行为的文化指向（即行为的内在文化价值）。我们认为，在当前的社会背景下，政府应当培养其服务意识、法治意识、协商意识、中立意识、公平意识、发展意识。只有这样，政府才能成为市场经济的有效监督者、可持续发展的政策制定者、社会经济发展的服务者。

第四节　治理理论 [①]

一、治理理论的提出

现代英文中的"治理"（governance）概念，来源于古典拉丁文和古希腊语中的"掌舵"一词，原意是指控制、引导和操纵的行动或方式。20世纪90年代，西方学者赋予"治理"以新的含义，使之与"统治"的概念区分开来，并在此基础上形成了西方治理理论。1989年，"治理"一词首次出现在世界银行关于非洲的报告中。1992年，联合国成立了"全球治理委员会"，并阐述了全球治理的理念。而后在多次大会的报告文章中均出现了治理一词，如1992年世界银行年度报告的题目就是《治理与发展》；1996年经合组织公布了《促进参与发展和善治的项目评估》，随后，治理逐渐在世界范围内引起人们的关注。短短十几年，治理迅速发展成为一套完整的理论体系。在许多社会科学领域，均得到广泛的使用，并日益受到广泛的重视。

二、治理理论的核心内容

治理的概念在不同的语境和不同学科下有着不同的定义，因此，至今仍然没有确切的概念。有学者认为，"治理"概念反映着这样一种观念，即"各国政府并不完全垄断一切合法的权力，政府而外，社会上还有一些其他机构和单位负责维持秩序，参加经济和社会调节" [②]。进入20世纪，

---

① 参见课题组成员王山：《广西仫佬族文化资源产业化中的政府行为研究》，广西师范学院硕士学位论文，2014年。

② ［瑞士］彼埃尔·德·塞纳克伦斯：《治理与国际调节机制的危机》，《国际社会科学》中文版1999年第1期。

西方国家推崇的市场经济和福利国家政策相继失灵，西方社会开始强调政府改革、私有化、下放权力、向社会授权等主张，探寻新的社会管理模式。在这一时期，西方理论界纷纷尝试用"治理"一词来区别传统的政府行为。时至今日，关于"治理"概念，学术界从不同的角度有诸多不同的说法。"治理"理论的主要创始人之一罗西瑙（James N. Rosenau）在其代表作《没有政府的治理》中将"治理"定义为一系列活动领域里的管理机制，它们虽未得到正式授权，却能有效地发挥作用。[①] 罗西瑙对"治理"与"统治"两个概念进行了比较，认为治理指的是一种活动，这个活动由共同目标支持。在治理活动中，治理的主体未必是政府，也有可能是社会团体，同时治理主体的活动也无须依靠国家的强制力量来实现。与统治相比，治理是一种内涵更为丰富的现象。它既包括政府机制，又包含非正式、非政府的机制，同时，也是只有被多数人接受时才会生效的规则体系。

全球治理委员会在 1995 年发表的《我们的全球伙伴关系》中认为，治理是各种公共的或私人的个人和机构管理其共同事务的诸多方式的总和。它是使相互冲突的或不同的利益得以调和并且采取联合行动的持续的过程。它既包括有权迫使人们服从的正式制度和规则，也包括各种人们同意或认为符合其利益的非正式的制度安排。它有四个特征：治理不是一整套规则，也不是一种活动，而是一个过程；治理过程的基础不是控制，而是协调；治理既涉及公共部门，也包括私人部门；治理不是一种正式的制度，而是持续的互动。[②] 另一位研究治理的学者格里·斯托克认为，治理是指出自政府但又不限于政府的一系列社会公共机构和行为者；治理意味着在为社会和经济问题寻求解答的过程中存在的界限和责任方面的模糊性；治理明确肯定了涉及集

---

① 参见 [美] 詹姆斯·N. 罗西瑙主编：《没有政府的治理》，张胜军、刘小林等译，江西人民出版社 2001 年版，第 5 页。

② 参见 Global Governance Commission, *Our Global Neighbourhood: Report of the Commission on Global Governance*, Oxford: Oxford University Press，1995.

体行为的各个社会公共机构之间存在的权力依赖；治理指行为者网络的自主自治；治理认定，办好事情的能力并不在于政府的权力，也不在于政府下命令或运用其权威。① 在国内，关于治理的论述也较为广泛，深得学术界同仁认可的便是俞可平在《治理和善治》一书中对治理所下的定义。根据俞可平的理解，治理一词的基本含义是指在一个既定的范围内运用权威维持秩序，满足公众的需要。治理的目的是在各种不同的制度关系中运用权力去引导、控制和规范公民的各种活动，以最大限度地增进公共利益。典型的治理具有如下特征：一是，治理的主体未必是政府；二是，强调国家与社会的合作；三是，治理是一个上下互动的管理过程；四是，治理还意味着管理方式和管理手段的多元化。②

综上所述，治理一词内涵十分广阔，与传统的统治行为以及当代的管理行为不同，治理是一种在信息化、网络化时代新兴的管理方式，这种管理方式的兴起适应了当代社会发展的需要，也对社会的管理方式进行了改善，为社会和谐可持续发展奠定了基础。综观国内外学者对治理一词概念的界定以及对治理与统治、管理的比较我们可以发现，治理强调的是主体的多元化、权力运作的上下互动、管理手段的多元化、政社关系的协调化、公民参与意识的积极性等内容。

三、"管理"与"治理"视域中政府行为的差异

管理是社会组织中，为了实现预期的目标，以人为中心进行的协调活动。这一表述揭示了，管理的目的是为了实现预期目标；本质是协调，同时，协调必定产生在社会组织之中；协调的中心是人；协调的方式具有灵活性。③ 而治理强调的是管理主体的多元化，并且注重组织与其他组织的协

① 转引自俞可平：《治理和善治引论》，《马克思主义与现实》1999 年第 5 期。
② 参见俞可平：《治理和善治引论》，《马克思主义与现实》1999 年第 5 期。
③ 参见周三多主编：《管理学》，高等教育出版社 2018 年版，第 3 页。

调性，而不将重心放在单一的组织上。为此，虽然从传统"管理"到现代"治理"的转变只有一字之差，但却是一个巨大的变迁，是权力运作方式和权力主体行为方式的深刻转变。从"管理"到"治理"的嬗变，表明我国执政理念由政府主导向社会主导的转变，预示着我国在推进国家治理体系和治理能力建设方面，采取具有革命性的变革，将中国带入新的阶段。通过上述分析，可以发现治理是在对传统统治与管理的批判与继承基础上发展起来的。

（一）管理主体由单一化向多元化发展

主体不同是二者之间最大的区别，传统的管理主体被认为是政府，政府是社会管理的唯一主体，其权威性是不可替代的。而在治理中，治理主体体现为多元主体，治理活动承认社会组织对社会管理的主体性地位。由此，便可发现管理视域中的政府行为是一种单一的行为，即只注重政府自身的行为，而忽视了社会组织对社会的管理行为。

（二）权力运作方式由一维向多维转变

二者之间除了管理主体不同以外，还有一个显著的区别便是权力运行角度的不同。管理是一种自上而下的运作模式；而治理则是上下互动型的，不是简单的从上往下的有序运行，而是上下相互交流的网络模式。

（三）管理方式由强制性向协同性转变

管理视域中的政府行为，往往带有强制的性质，而在治理活动中，由于治理主体的多元化，便要求治理主体间应以协商为主，特别是在市场经济中应注重在坚持市场原则基础上的分权合作。

（四）在权威的基础和性质方面不同

权威是政府行为的依据，是政府行动的坚强后盾。根据马克思·韦伯对于权威的论述，权威分为三种：一是法理型权威；二是魅力型权威；三是传统型权威。管理的权威主要依靠的是政府的法规命令，而治理则依靠的是公民的认同和共识。

综上所述，在社会经济的发展中，政府在市场经济运行过程中，应少一些管理，多一些治理，充分发挥社会组织的积极性，还政于社，还政于民，为社会经济的和谐发展奠定基础。

第五节 文化资源产业化的相关理论[①]

一、文化软实力理论

20 世纪 80 年代，美国学者约瑟夫·奈提出了"软实力"的概念，他认为软实力是与硬实力相对的一个概念，"硬实力"是指一切有形的、可以计量的、表现为物质力量的实力，"软实力"是指一种来自于文化、意识形态等方面的吸引力，一种让别国不由自主被吸引的"魔力"。[②]20 世纪 90 年代，"软实力"概念传入中国，经历了从外引入到本土化的阶段。国内最早提及"软实力"的文章是 1990 年在《中国科技论坛》发表的《一场新的持久战：论"综合国力"的较量》一文。此后，软实力开始在国内传播开来。2007 年，"文化软实力"正式介入官方体系。胡锦涛在党的十七大报告中提到："要坚持社会主义先进文化前进方向……提高国家文化软实力，使人民基本文化权益得到更好保障"[③]。由此，中国经历了由"软实力"到"文化软实力"的本

---

① 参见课题组成员王山：《广西仫佬族文化资源产业化中的政府行为研究》，广西师范学院硕士学位论文，2014 年版。

② [美] 约瑟夫·奈：《软力量——世界政坛成功之道》，吴晓辉、钱程译，东方出版社 2005 年版，第 11 页。

③ 《胡锦涛文选》第二卷，人民出版社 2016 年版，第 639 页。

土化转换。可以说，文化软实力已经成为衡量国家综合国力的重要指标，成为多民族聚集的中国国家发展的重要动力。

当今世界，越来越强调综合国力的竞争，越来越多的国家尤其是以美国为代表的西方大国，在发展物质硬实力的同时更加注重发展文化软实力。软实力关乎一个国家、一个民族的兴衰，历史上的苏联解体、东欧剧变、"颜色革命"、"阿拉伯之春"等事件无不向世人说明这样一个道理：一个国家的硬实力不强，可能一打就败，而如果软实力不强，那么很可能自取灭亡。研究文化软实力，要对文化软实力的研究现状、现有成果、研究不足、取得经验等方面提出对策建议，切忌脱离实际泛泛而谈。

2013 年 12 月 30 日，习近平总书记在中央政治局集体学习时强调，提高国家文化软实力，要坚持走中国特色社会主义文化发展道路，深化文化体制改革，深入开展社会主义核心价值体系学习教育，广泛开展理想信念教育，大力弘扬民族精神和时代精神，推动文化事业全面繁荣、文化产业快速发展。他强调，要使中华民族最基本的文化基因与当代文化相适应、与现代社会相协调，以人们喜闻乐见、具有广泛参与性的方式推广开来，把跨越时空、超越国度、富有永恒魅力、具有当代价值的文化精神弘扬起来，把继承优秀传统文化又弘扬时代精神、立足本国又面向世界的当代中国文化创新成果传播出去。他强调，要注重塑造我国的国家形象，重点展示中国历史底蕴深厚、各民族多元一体、文化多样和谐的文明大国形象，政治清明、经济发展、文化繁荣、社会稳定、人民团结、山河秀美的东方大国形象，坚持和平发展、促进共同发展、维护国际公平正义、为人类作出贡献的负责任大国形象，对外更加开放、更加具有亲和力、充满希望、充满活力的社会主义大国形象。他强调，对中国人民和中华民族的优秀文化和光荣历史，要加大正面宣传力度，通过学校教育、理论研究、历史研究、影视作品、文学作品等多种方式，加强爱国主义、集体主义、社会主义教育，引导我国人民树立和坚持正确的历史观、民族观、国家观、文化观，增强做中国人的骨气和底气。

习近平总书记提出的关于提升国家文化软实力的任务，显然并不是面面俱到，而是针对重点部分进行了阐述。需要指出的是，关于文化软实力发展现状的研究还有很长的路要走，过程也不会容易，由于文化软实力有着无形、难以量化、仁者见仁智者见智的特点，使得研究更加难以开展。

二、文化资本理论

20 世纪 80 年代，社会学家布迪厄在《资本的形式》一文中，首次提出了文化资本理论。布迪厄社会学理论中的"资本"并非马克思式的或正统经济学意义上的"资本"，他剖析的资本概念可以说是马克思资本概念的延伸。当布迪厄把资本的概念从经济领域或物质领域引入到文化领域时，资本这个概念就脱离了马克思理论中的资本指剩余价值这一含义。布迪厄认为文化资本在形式上表现为一种具体化的文化资源，本质则是人类劳动成果的一种积累。现实世界充满着人类的足迹，而世界就是人类劳动成果的人化世界。布迪厄认为，文化资本是人类劳动成果的一种积累，是以人的行为方式、语言风格、教育素质、品味与生活方式等形式表现出来的，包括文化习性、文化产品、文化制度在内的文化资源的总和。在布迪厄的眼中，文化资本存在着三种基本形式："①具体的状态，以精神和身体的持久性的形式；②客观的状态，以文化商品（图片、书籍、词典、工具等）的形式，这些商品是理论留下的痕迹或理论的具体显现，或是对这些理论、问题的批判，等等；③体制的状态，以一种客观化的形式，这一形式必须被区别对待，因为这种形式赋予文化资本一种完全是原始性的资产，而文化资本正是受到了这笔财产的庇护。"①

① 包亚明主编：《布尔迪厄访谈录——文化资本与社会炼金术》，上海人民出版社 1997 年版，第 192—193 页。

随着文化资源的开发和文化产业的蓬勃发展，文化资本理论的出现为这两者提供了理论的依据和有力的指导。文化资源的实质就是文化向资本转变的过程，也就是说利用文化资本运动和增殖的性质，利用市场规律，把文化资源糅合开发，实现文化资源的经济效应。文化资本同时也是文化产业兴起、发展的主要驱动力和技术保障。由于科学技术催生了人们对学习、休闲、享受文化生活、积累文化资本的需求，进而促使人们重视对文化资本的拥有，也在一定程度上提高了人们的精神层次。可以说，人们对生活必需品需求的降低在一定程度上引起文化精神方面的提升。这就拉动了文化产品的生产，进一步开拓了文化产业。再者，文化产品是一种个性化的、创新性的文化产物，文化产业通过文化产品的生产，为具体化文化资本的传承提供了渠道，使得凝结在文学、艺术、音乐、遗址等客观存在中的文化资本通过实实在在的物质得以传承。文化资本也就是借助了文化产业的方式实现了自身的价值和增殖的。

约翰·霍金斯在其《创意经济》一书中除了提出创意资本的概念，还将创造力视为资产。[①] 这里提到的创意资本与布迪厄所讲的文化资本相似。

20 世纪 90 年代，"文化资本"进入中国，逐渐引起中国学者的关注。国内学者大多从文化与资本两个特质来定义文化资本。如较早研究文化资本的高波、张志鹏认为，文化资本就是人们所习得的能够为其未来带来收益的特定价值观体系[②]；金相郁、武鹏认为，文化资本是以财富的形式具体表现出来的，作为人类劳动成果的文化价值的积累，是包括文化能力、文化产品和文化制度在内的文化资源的总和[③]。另外，还有部分学者把文化资本理论运用到文化产业、文化体制以及全球化问题等领域的研究中。关于文化资

[①]　参见［英］约翰·霍金斯：《创意经济》，洪庆福、孙薇薇、刘茂玲译，上海三联书店 2006 年版，第 65 页。

[②]　参见高波、张志鹏：《文化资本：经济增长源泉的一种解释》，《南京大学学报（哲学·人文科学·社会科学）》2004 年第 5 期。

[③]　参见金相郁、武鹏：《文化资本与区域经济发展的关系研究》，《统计研究》2009 年第 2 期。

本的分类，国家统计局曾进行如下划分：出版发行和版权服务，文化艺术服务，网络文化服务，文化休闲娱乐服务，其他文化服务，文化用品、设备与相关产品的生产与销售等。

我们认为，可以从以下三个角度来诠释文化资本。第一，文化资本分为隐性和显性两种形态。隐性文化资本主要表现在人的精神层面上，它是根植于个体或组织的价值观念、宗教信仰、行为方式、文化风俗和文化体制等文化资本之中，包括各种技能技艺、知识储备、综合能力和经验等。而显性文化资本主要表现在物质层面上，它存在于被赋予了文化价值的文化产品当中，如文化设施建设、艺术品和文化藏品等。第二，文化资本是一个增殖的过程。布迪厄指出，具体化的文化资本的主要效用在于给个体带来超常价值，它能够为拥有文化资本的个体提供物质利益和符号利益等诸多好处。再者，文化资源具有稀缺性和不可再生性，这就使得文化资源附有的文化资本具有经济价值的增殖性。第三，文化资本是一个动态过程。文化资本活动不只是停留在对文化资源的简单模仿和粗糙利用上，而是一个带有主观创造性的活动，它能够把人的情感、智慧和精神表现出来。并且文化资本的创作从来都不是一个停滞的活动，它的内容和形式可以随着时间的推移、经济的发展和社会的进步而变化。

从上述对于文化资本的论述我们可以看出，当前，文化已经不再是我们传统意义上所讲的文字和知识的代指，而是一种生产力，可以创造出经济价值，文化资本已经成为国家软实力的代表。文化资本内涵于国家民族文化之中，但是，只有通过生产加工后所形成的文化产品，才具有文化资本的内在属性。为此，文化资本的民族文化资源除了要保持自身民族特色以外，还应增强文化产品的流通性。

仫佬族特色文化资源

第二篇

第三章 仫佬族特色文化资源的内涵与特征 [①]

第一节 仫佬族特色文化资源的内涵

仫佬族特色文化以文化的多样性和特殊性为基本依托和本质特征，因多类型的特色文化而各放异彩，表现出比较优势。

一、特色文化资源

特色文化，是某个族群或某个区域长期以来由于物质生活、文化传统、民俗民情、社会风气、地理环境、气候条件等因素综合演变而形成的一种地域文化。它通常包括一定地域范围内长期形成的历史遗存、文化形态、社会习俗、生产生活方式等，具有明显的地域性。不同地域、不同民族的人们，其生产生活习俗语言都表现出与别处的不一样。一个地区历史遗存越多，其特色文化就越丰富。但由于各地人群的相互流动，使各地文化习俗互相渗透，互相影响。

---

① 参见课题组成员张玉华：《广西特色文化的内涵、特征及类型》，《传承》2009 年第 14 期。

二、仫佬族特色文化资源

仫佬族特色文化资源是仫佬族在长期的历史发展进程中，经过适应当地的自然人文环境所形成的具有鲜明仫佬族特色的文化形态，它是仫佬族人民辛勤劳动创造的成果，反映了仫佬族人民的智慧、经验、情感及认知。仫佬族特色文化资源涵盖了多方面的内容，品种多样，包括历史文化资源、人文自然景观资源、红色文化资源、建筑文化资源、饮食文化资源、民族手工艺文化资源、民间文学神话文化资源等。此外，从形式上来看，仫佬族特色文化资源可以划分为有形文化资源（例如，仫佬族的特色建筑、历史遗产旧址、仫佬族服饰、仫佬族古街道等）和无形文化资源（例如，仫佬族的音乐舞蹈、风俗习惯、特色风光、文学艺术等）。仫佬族的文化资源具有传播性、创意性、审美性、传递性、动态性等特性。仫佬族特色文化资源具有深远的经济价值和社会价值，可以转化为文化产业，进而转化为经济优势。

第二节 仫佬族特色文化资源的特征

一、特色文化资源的一般特征

第一，特色文化具有明显的地域性。由于生活环境的相对封闭性和古代交通的不便，使各地的文化也具有了各自不同的风格。不同地区在文化形态上的不同，使得中华民族的文化丰富多彩。比如，广西文化与吴越文化、荆楚文化就多有不同。

第二，特色文化具有传承性和兼容性。特色文化之所以有差异，最主要的一点便是因为在历史发展过程中继承了不同的传统文化，或是在继承相同传统文化的过程中各自吸收了不同的其他文化。

第三，特色文化具有可塑性和创造性。特色文化既是传统的又是开放的，其开放性表现为物质文化领域的不断扩大，制度文化领域的不断拓展，精神文化领域的不断深化。特色文化的开放性决定了其可塑性。在中华民族几千年的历史中，各地的文化形态形成各自的特点。一个地区历史遗存越多，其特色文化就越丰富。

第四，特色文化具有相互渗透性和包容性。由于各地人群的相互流动，使各地文化习俗互相渗透，互相影响，尤其在几个文化区域的交汇地带，更形成了兼具几种不同文化特点的特色文化。

第五，特色文化表现形式的广泛性。作为大概念意义上的文化，包含了从社会意识形态到生产生活的各个层面。不同地域不同民族的人们，其生产生活习俗语言都表现出与别处的不一样。对于这个问题我国学者罗家伦有一个经典论述，他说："每一个民族都有它所不能离开的特殊自然环境，这个环境也就从多方面给予这民族以莫大的影响。单就气候一项来说，比方俄罗斯那样苦寒的地方，人们时时感到受自然环境的压迫，郁积于心，结果就形成勇猛阴鸷的民族性。也许因为终年蛰伏的时候多，在屋子里静坐凝思，从炉边闲话中，许许多多的计谋便容易打好稿子。在印度则不然，终年炎热，精力蒸发，人们露宿的时候多，仰观星斗，近听恒河，而感觉生灭无常，生命渺小，于是崇拜宇宙发生印度教及佛教的思想。中国的气候是温带性的，它的文化始自黄河大平原，然后至于长江流域。温带的气候，没有酷热严寒，因此养成趋向中和的民族性，中和的思想便容易发达。"[1]

总之，每一个地方的特色文化都是它外在形象与精神内质的有机统一，是历史文化与现代文化的有机统一，是民俗文化与主流文化的有机统一。课题组研究广西特色文化发展，就是希望坚持科学发展观，立足广西的具体实际，按照社会主义精神文明建设的特点和规律，挖掘和传承带有鲜明广西特色的文化，吸纳现代文明的优秀成果，推进广西特色文化创新，提升广西特

---

[1]　《历史的先见——罗家伦文化随笔》，学林出版社1997年版，第2页。

色文化的感召力、凝聚力和生命力，为广西经济建设提供精神动力，从而促进广西经济社会全面进步。

二、仫佬族特色文化资源特征

（一）浓厚的民族特性

仫佬族的文化资源是在特定的历史条件下形成的，反映了仫佬族特定的地理环境，具有浓郁的民族特性。以广西罗城为例，仫佬族人们多聚族而居，主要有吴、银、罗、潘、谢、梁六大姓氏。仫佬族在其悠久的历史发展进程中创造出各具特色、种类繁多的民族文化资源，这些文化资源涵盖了住房建筑、风俗习惯、舞蹈歌谣、民间神话、民族手工艺、饮食特色、宗教信仰、服饰特色等方面，这些文化资源深深地烙上了仫佬族的民族特色，具有与其他民族不同的特点，是仫佬族人民的一大艺术宝库，使得仫佬族成为一个具有魅力而又独具一格的民族。

（二）传统文化与新的文化相互交融

仫佬族特色文化资源主要是以传统文化资源为主，这主要是因为仫佬族所处的地理位置大多是相对闭塞的，现代文化的传入还不是很深入，传统的农耕文化、藏传佛教、风俗习惯等在仫佬族的社会发展中影响长远，这些传统文化一方面影响着仫佬族人们的价值观念以及生活方式，另一方面也影响着人们的经济行为，在一定程度上促进当地经济社会的发展。同时，随着仫佬族居住地区交通条件的改善和经济水平的提升，有一些具有现代特色的新的文化传入，这些新的文化与传统文化融合在一起，例如，汉族文化、瑶族文化、苗族文化、壮族文化等的传入，与仫佬族特色文化融合组成新的文化体系，构成多元文化形态，这些文化相互交流、相互融合，使得仫佬族特色文化在保有自身文化特点的同时，更添一份神秘、新鲜、奇特、鲜明的文化特质。

（三）富有绿色环保性

仫佬族特色文化资源与其他自然资源如水资源、矿产资源、土地资源等相比具有明显的绿色环保性特征。不仅如此，这些文化资源具有可再生性，这一优点是其他很多自然资源无法比拟的。这些丰富多彩、历史悠久的特色文化资源是强调以文化为中心的，具有无污染、可循环使用的特性。文化资源的绿色环保性还在于它们利用和开发的载体和形式是多种多样的，可以说，只要采用了合理、科学的开发利用方式，这些特色文化资源的经济价值和社会价值就会得到很大的提升，此外，仫佬族发展文化产业是以文化资源特别是特色文化资源为重要载体的，特色文化资源得以顺利转化为文化产业，需要现代科学技术和创新技术为支撑，以上种种决定了仫佬族的特色文化资源本身就具有"绿色环保性"。

（四）稀缺性与互补性共存

仫佬族特色文化资源很多都是有限的和不可再生的，例如，民间的建筑文化资源、山水文化资源、古文物遗址等，这些珍贵的文化资源一旦被破坏就很难再恢复，甚至是永远消失，这就决定了仫佬族的特色文化资源具有稀缺性，而这也意味着这些文化资源具有很高的价值特性。与此同时，仫佬族的文化资源在种类、功能以及特性上具有一定的互补性，各色文化资源相辅相成、和谐共生、互映互衬，例如，仫佬族民间手工艺文化与特色饮食文化虽然有所区别，但是两者又相互吸引，饮食文化中暗含有民间手工艺文化，可谓你中有我，我中有你，相得益彰。

第四章　仫佬族物质文化资源 [1]

第一节　山水文化资源

作为全国唯一的仫佬族自治县，罗城仫佬族自治县山清水秀，被外界盛赞的"三尖" [2]，其中的"山头尖"讲的就是罗城美丽神奇的自然风光，其中，怀群风光、天门景区、红豆相思林、崖宜夜色、高山牧场、野马滩等点缀着"醉美"罗城的神奇画卷。

一、崖宜风光

崖宜位于罗城以东 15 公里，在崖宜水坝上可以看到无数叠水奔泻而出，真可谓声形兼备，万马奔腾，壮观至极。在 10 多公里长的武阳江上，两岸有千年古松、犀牛山、蓓蕾山等风景，两岸翠竹青青，奇峰异石目不暇接，其中的龙角山最为一绝，像一条巨大的蛟龙从水底伸出头来，而崖宜还有山村炊烟袅袅；清澈见底的河水可以看到鱼儿在欢快地嬉戏，舟行江上，水面波光粼粼。

---

① 参见课题组成员苏慧、周鸿：《民族文化资源产业化：模式（困境及路径选择——以广西仫佬族为例》，《陕西行政学院学报》2013 年第 4 期。

② "三尖"指的是罗城仫佬族自治县山头尖（奇山异峰众多）、筷子尖（特色美食丰富）、笔头尖（文人墨客辈出）。

图 4-1　崖宜风光一角

二、剑江风光

剑江是怀群镇境内的一条重要河流，位于距县城 35 公里的怀群镇剑江一带，干流长 80 公里。这里奇峰异起，姿态万千，浩浩荡荡，巍巍峨峨。剑江，涓涓流淌，河流清澈见底，鹅卵石历历可数，剑江沙质极好，洁白细

图 4-2　剑江风光远景

腻。剑江以其独特的魅力，造就了五指山、千年古榕、秀才看榜、孔雀开屏等一批景点，不少内外游客闻声前来游览，好不痛快！

三、月亮山风景

月亮山，是罗城仡佬族自治县一座具有代表性的山。月亮，在当地仡佬人的心目中，是美好的象征，自古以来，月亮一直美在仡佬人的生活里，飘在仡佬人的歌声中。月亮山位于罗城县东部，距县城约十分钟车程，罗城至融水二级公路绕过月亮山前。自然形成的圆月直径约120米，"月亮"上部边缘挂满石帘，石帘四季滴水不断。"月亮"四周古木参天，苍劲的藤蔓编织着古老而美丽的传说。

图4-3　月亮山风光

四、天门山景色

天门山位于罗城怀群镇西部，离镇政府驻地约有 5 公里，当地人又把天门山叫做"元蒙穿岩"。天门气势恢宏奇秀，壮丽无比，可谓巧夺天工，远远看去，天门山就像一座即将拉开帷幕的舞台，又像一扇敞开着的神秘大门，岩壁光滑如磨，不愧是天斧神凿。关于天门山的由来，相传是古时候元蒙河经常暴涨洪水，百姓因此生活不得安定，为了给当地的百姓消除水害，山神克佬雷经过多天的努力打穿了山崖，这样一来，河水得以穿山而过，于是就有了现在的天门山。千百年来，天门山护佑着当地的老百姓生生不息，安定从容。

图 4-4　天门山景色

五、水上相思林

水上相思林位于罗城仫佬族自治县小长安镇罗东村，景区内有几百亩亚热带原始水源森林，林中一股股清澈的泉水漫过森林，并在林中形成了大大小小几十个碧绿的清潭犹如一颗颗散落林中的珍珠。因为林中生长着上百颗红豆树，因而就叫做"水上相思林"。红豆生罗城，四季有相思。走进水上相思林，不经意间就会看到林间草地、石板小径，浅浅的小溪里红豆点点，隔三差五一个点的集合让人心醉神迷，微风拂来，仰头望树，颗颗红豆飘落心房，更让人相思不已。漫步在水上相思林里，会让人瞬间萌发出最美好的情怀，对爱情、亲情、友情和过去、现在、将来的浪漫岁月的重新诠释⋯⋯

图 4-5 水上相思林

第二节　历史文化资源

一、文物古迹

仫佬族拥有着众多的文物古迹，例如刘三姐出生地，该地位于广西罗城仫佬族自治县四把镇里胜村蓝靛屯（即兰甸屯）①，这里是歌的故乡，风光秀丽，景色迷人，有歌桥、三姐桥、平安桥、脚印石、三姐庙、三姐家原址、三姐岩，等等。

图4-6　传说中的刘三姐出生地——广西罗城仫佬族自治县四把镇里胜村蓝青定屯

---

① 刘三姐出生地有多种版本，有待专家、学者考证。刘三姐出生地在广西、广东、湖南、四川、江西、贵州、云南、福建等省（自治区）都有传说，在台湾、香港也有传说。在广西，刘三姐的出生地传说在贵港、罗城、桂林、柳州、宜州、扶绥、金秀、东兰、恭城、融水、容县、岑溪、桂平、平南、梧州、富川、马山、横县、苍梧、蒙山、环江、南丹、大化、巴马、凤山、天峨等地。在广东，刘三姐的出生地传说在茂名、电白、阳春、湛江、阳江、清远、肇庆、梅县、连州、翁源、兴宁、新兴、郁南、德庆、信宜、高州、罗定、阳山、陆丰、封开等地。在湖南，刘三姐的出生地传说在永州等地。

又如罗城公园内的清端祠，它记载了于成龙在罗城任知县时的历史、事迹和业绩，在清端祠还有一座有着 400 多年历史的寺庙——多吉寺。还有位于罗城东门镇平洛村的开元寺，这座寺庙的始建年代不详，清光绪二十四年重修，建筑群由前殿、中殿、后殿、厢房和天井组成，占地面积四亩余。再如，罗城的平洛和尚石棺窖，该石棺窖距离开元寺不足 500 米，13 个石棺窖分上下两层，它是平洛开元寺高僧圆寂后葬身之处（也有的说它是临时存放遗体用的），其年代应在元代中期以前，是平洛开元寺当时宏大规模和进香胜况的历史见证。此外，罗城的烈士陵园、古人类文化遗存、于公旧治石刻、龙岸土城、旧县石刻等都是仫佬族丰富多样文物古迹的有力见证。

二、革命纪念地及历史人物故居

仫佬族的革命纪念地有几处是非常值得一提的，首先是罗城小长安镇上的抗法战争与太平天国战争墓碑组，墓碑的主人为清中期诰授武功将军刘达三，墓碑记载的是刘达三的次子刘子洪于 1873 年到 1875 年率兵于云南、广西、越南边境打击法国侵略者功赏"游府"之经历，这个墓碑印证了古代仫佬族军民曾有过远离家乡打击外国侵略者，捍卫国家和民族尊严的光荣经历。还有就是烈士陵园，该陵园位于罗城东门镇凤凰山脚下，是罗城人民为纪念解放初期因剿匪英勇献身的邹燕兆、杨光辉等 14 位烈士而修的。陵园内有烈士塔、烈士墓。墓碑纪录有参加辛亥革命黄花岗起义献身的烈士。

仫佬族有不少具有重要影响力的历史人物，他们在仫佬族发展史上留下了重要的篇章。第一，韦一平，又名韦瑞珍，1928 年参加农民自卫军，1929 年加入中国共产党，是广西最早加入党组织的，也是河池市第一个共产党员。他参加过百色起义，1934 年任永新县苏维埃军事部长、湘赣军区动员部长，参加了第三至五次反"围剿"斗争，抗日战争全面爆发后，任新四军驻吉安办事处主任兼中心县委宣传部长，并积极开展抗日民族统一战线工作，1945 年奉命挥师北上，在泰兴天星港附近因沉船而与同船的指战员一同遇难。韦一平故居周围群峰拔起、山如青罗带，有鲤鱼跳岸山、三姐与莫怀仁对歌石、官印山等景观。

图 4-7　韦一平烈士故居——广西罗城仫佬族自治县四把镇里乐村短洞屯

第二，包玉堂，著名诗人，笔名山音、难多等。1955 年，他根据苗族民间传说创作的长篇叙事诗《虹》引起了文艺界的广泛关注，出版有《歌唱我的民族》《凤凰山下百花开》《回音壁》《春歌不歇》等著名诗集，他创作的诗歌题材非常广泛，具有浓厚的仫佬族地方色彩以及民歌特色，他创作的《走坡组诗》获得了广西首届民族文学创作一等奖，并被翻译成外文传到国外，1960 年包玉堂荣获中共中央国务院授予的全国新闻、文教、卫生战线先进工作者称号。

第三，梁觉，有名的矿产高级工程师，1972 年曾参与第一代《中华人民共和国地质、矿产图集》编图，担任广西编图组长，主编了《广西地质图》，此外还参与了《中国地质图》及第二代《中华人民共和国地质、矿产图集》

的编写，他的《广西区域地质志》还获得了 1986 年广西科委和地质矿产部科技进步二等奖。

第三节　民族服饰与民族建筑

一、民族服饰

仫佬族服饰记载着仫佬族人民受压迫、被歧视的艰辛历史，同时也反映出仫佬族人民乐观向上、追求进步的精神。仫佬族人衣着简约大方，解放前无论男女都穿自织自染的青色土布，关于这点史书早有记载，据清代谢启昆的《广西通志·蛮夷》记载："宜山姆佬（仫佬）即獠人，服色尚青。"这种"青

图 4-8　仫佬族男装

图 4-9　仫佬族女装

布"是用村民自种的棉花，收回晒干后，经过轧籽、弹绒、搓布、纺纱、上浆、牵纱、入扣、上机、梭织等一系列工序制作而成。新中国成立前无论男女都穿自织自染的青色土布。这种"青布"多是用村民自己种的棉花制作而成，经过自纺、自织、自染等工序，这也反映出仫佬族典型的封建社会自给自足的小农经济特点。制作好的布匹成品光亮耀眼、色泽光鲜、质地良好，仫佬族人民将之视为家中珍品。在仫佬族，中老年妇女喜欢挽发髻，并套用黑色丝线织成的髻网，戴青布头巾，腰系青色围裙。

仫佬族妇女的饰品也多种多样，例如银泡、银钗、腰链、项链、玉簪、针筒、上衣扣等。仫佬族老年人戴硬檐平顶"碗帽"，50岁以上的老人常穿"防老衣"，也叫"增寿衣"，这种"增寿衣"要择吉日请当地剪裁名师主持"开剪"仪式。仫佬族小孩常戴无顶或封顶绒绣花帽，前沿饰以银质或铜质的小佛像、小铃铛，体现出父母对他们的一片爱心。随着社会发展，仫佬族

图 4-10　仫佬族碗帽　　　　　图 4-11　仫佬族围裙

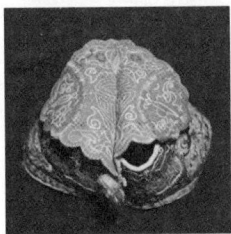

图 4-12　仫佬族儿童帽、新娘帽、绣花鞋

人民的服饰大为改观，除喜庆节日偶尔可见一些老年人还穿着民族传统服装以外，大多数人的穿着已趋于汉化，尤其是女士服装，妇女们在颜色的选择上已经不仅仅是青色，还有蓝、红、粉等颜色，而且她们对佩戴饰物的要求也越来越高。这些无不体现仫佬族人民热爱生活、富有激情的一面。

二、民族建筑

仫佬族是一个聚族而居的民族，有血缘关系、同姓、同宗的人往往同住在一个屯子里，相邻的几个、十几个屯子组成一个村落，许多村落至今保存着规模较大的传统民居建筑群。同姓的大都住在一个村子里，如果一个村的居民虽同姓但不共祖的，也必须分段居住，相互不混杂。例如谢村居民，虽全姓谢，但远祖却是三个人（民间俗称三大户），因而，三大户的子孙将该村分为上、中、下三段，界限分明。仫佬族的村落多为背靠石山，面临田垌，村后的石山大都封山育林，村边有一些古树，点缀着乡村的风景。仫佬族村落大多数都在 60 户以上，水田区的建筑在平地上，垌场区的建筑多在

图 4-13　保存较完整的仫佬族建筑群——罗城仫佬族自治县小长安镇龙腾村大勒洞屯

图 4-14　仫佬族建筑中的凤凰图腾等图案

斜坡上。仫佬族的民居，多是火砖墙、青瓦面，很少用泥坯、干打垒，茅草房更鲜见。仫佬族传统民居，多为瓦顶、矮楼建筑，层式大多为平房。无论是在平地或是斜坡上，房基都要修成高出地面 30—60 厘米的地台。

　　仫佬族建筑最大的特色就是"不正南正北"。各家各户的门楼与正屋，朝向不一致。另一个特点就是"户户相连"。虽是独家独院，但户与户之间都有侧门相通，出正屋后门，就是后邻家的天井，除有巷道相隔或独立建房者外，全屯数十户，几乎可以畅通无阻。仫佬族建筑又一大特色是地炉。仫佬族建筑大厅中门隔墙上方内置祖先神龛，设香火牌位以供节日祭祀用。仫佬族建筑大门墙壁上和堂屋顶端、墙角通常绘有各类人物、花卉、风景、虫鱼等精美图案，具有浓厚的仫佬族传统文化特色。

第四节　传统饮食与生产生活用具

一、传统饮食

　　仫佬人的饮食，以大米为主，玉米饮之，辅以红薯、芋头、荞麦、高粱、大麦、小麦及豆类。仫佬族有不少饮食土特产，例如干切米粉，它是用大米磨成糊浆状放在簸箕上蒸熟后做成粉条，晒干而成，这是仫佬族群众非常喜欢吃的一种米粉，这种米粉只要放在沸水中浸一两分钟，就可以捞起来

图 4-15　打糯米糍粑

图 4-16　仫佬族干粉

拌上一些佐料食用，它不仅风味独特，而且做起来简便，深受仫佬族群众的喜爱。此外，仫佬族民众还喜欢吃牛肉条，这是一种用优质黄牛之脊、腿精肉，并用料酒、白砂糖、食盐和一些独特的佐料腌制并用传统方法烘烤油炸而成的风味小吃，深得仫佬族民众的喜爱。此外，仫佬族群众还喜欢吃珍珠糯玉米，很多仫佬族都会在自己的田地里种珍珠糯玉米，这种珍珠糯玉米含有丰富的营养，口感也极好。不仅如此，仫佬族民众还喜欢喝毛葡萄酒，仫佬族土法酿制水果酒的习俗由来已久，每年山果成熟的时节，家家户户都会上山采野果酿酒，而野生毛葡萄酒就是仫佬族群众喜爱的水果酒之一，仫佬族喜欢毛葡萄酒不仅因为它富含维生素、有机酸、矿物质等多种营养成分，而且它有助于消除疲劳，防止失眠等功效。可以说，仫佬族在饮食方面是丰富多元的，还有三角粽、糍粑、玉米糕等几十种小吃。

二、生产工具和生活用具

仫佬族的生产工具和生活工具具有浓郁的民族特色和地方特色。在生产工具方面，不得不提的是他们的编织，编织的原材料一般是屋边、村头、山脚中的或上山采伐来的竹子，田头地尾种植的棕树皮衣，收割麦子剩下的麦秆，竹笋脱下的竹皮等。仫佬族编织主要分为竹编和草编，竹器主要有竹泥箕、竹笠、竹篮、箩筐、竹帽、鸡鸭笼等，这些竹器易于保存，不易变质损坏，每年农忙时都会派上大用场，是仫佬族人民生产过程中不可或缺的工具。草编的有草帽、草扇、草鞋、草龙、麻绳、草揽、草墩等。这些器具工艺精致，一部分自用，一部分会拿去圩集变卖取钱，换回一些生活用品，颇受人们喜爱。

仫佬族的生活用具也是一大亮点，仫佬族人无论是烧饭、煮菜、泡菜还是烧茶都喜欢用煤砂罐，烧热水用高罐，煮饭用瓮口罐，烧菜用双耳扁罐，烧茶用牛头罐，装酒用壶罐，品种繁多，功能多样。此外，仫佬族人也擅长刺绣，仫佬族妇女心灵手巧，上至天文地理，下至人间草木，她们都可以绣出来，这些刺绣品由于工艺精湛别致，寓意吉祥，惟妙惟肖，很受人们的欢迎和喜爱。刺绣品有绣花鞋、围裙、丝绣童帽、床头套、背带芯、腰带、接亲包等，这些刺绣用品在仫佬族人们生活当中非常普遍，是人们生活必备品。

图 4-17　仫佬族煤沙罐

第五章　仫佬族非物质文化资源

第一节　语言与文学艺术

一、语言

仫佬语属汉藏语系的壮侗语族侗水语支，和侗语、水语、毛南语比较接近。仫佬族有自己的语言，但没有文字，平时讲话时用仫佬语，写字用汉语方块字，长期以来，由于仫佬族人民与汉、壮等兄弟民族经济文化交往密切，不少群众既会汉语，也会壮语，有的还会说"土拐话"（汉语中的一种方言）。仫佬语是壮侗语族中受汉语影响最深的一种语言，在语汇方面，它不仅从汉语中吸收大量词语，还用本民族词和汉语词组合成相当多的合成词以不断丰富自己的词汇，而且在一定程度上也受到汉语构词的影响。仫佬语称父为布、母为腻、兄为外、弟为侬、姐为遮、妹为诺、伯为巴、叔为梭、妻为卖、子为老、女为勒亚；称马为骂、牛为顿、猪为墓、猫为妙、鸡为计、鸭为腰；称门为堵、去为摆、饭为乌、手为纳、脚为顶、桥为久、酒为巧；称吃饭为斩乌、穿衣为登谷、开门为凯朵、洗澡为沐很。仫佬语内部比较一致，各地仫佬语（除罗城龙岸一带同其他地区的语音差异较大外）大同小异，都能互相通话。

二、文学艺术

仫佬族人民与其他兄弟民族长期相处，往来密切，经济、文化交流十分频繁，仫佬族文学吸收了汉族、壮族与其他民族文化的精华，在这种特有的文化背景下既具有本体特色而又涵盖骆越文化和汉族文化，同时造就了许多文人墨客。有得过"鲁迅文学奖"的鬼子、"第一代诗人"包玉堂、广西榜书三杰之一的刘先明、连获大奖的常剑钧，以及刘名涛、龙殿宝、潘琦等文学大家。这些文人作家把仫佬族特有的民族文化和浓郁的民族风情融入文学当中，完成了一部部优秀的作品，例如包玉堂先后写了《春歌不歇》《红水河畔三月三》《乡情集》《清清的泉水》等多种集子，潘琦著有散文集《泉水淙淙》《琴心集》《山乡晨曲》等作品，常剑钧著有《凤凰的故乡》《外婆》等优秀作品。此外，还有许多优秀的仫佬族文学爱好者在普查、收集、挖掘仫佬族特有的民族文化的基础上完成了《罗城歌谣集》《仫佬族舞蹈》《仫佬族历史与文化》《仫佬族史》《仫佬族风景录》等文学作品。

第二节　民间音乐舞蹈与民间体育

一、民间音乐舞蹈

仫佬族家家有歌本，人人会唱歌，村村有能歌善舞的歌手，通过民歌来歌唱生活、理想和追求。仫佬族民歌一般都是男女双方各二人进行对唱。从内容上看，仫佬族民歌包含苦歌（用来歌唱历代劳动人民倾诉苦情的歌曲）、情歌、古条歌（歌唱历史事件和人物等的叙事歌）、风俗歌（在各种传统习俗活动中所唱的歌）、口风歌（主要是歌手们用来相互争强斗智比歌才）、状物歌（用来吟唱动物植物的特征）、道师的歌（仫佬族道师在做法事时所唱的歌)。仫佬族的依饭歌也十分具有民族色彩,依饭歌,主要是在依饭节时演唱,内容多是民间传说中的人物和历史故事,如《白马姑娘》《鲁班》《梁九官》等。由师公艺人演唱,群众齐唱衬词,帮腔助兴。依饭歌结构短小,由上下乐句组成。

仫佬族舞蹈代表是《竹梆情》,源于仫佬族民间的牧牛活动。每当仫佬族人早晨放牛和傍晚收牛时都是敲响特制的竹梆。后来青年男女们在放牧时便用竹梆作为互相传递感情的工具,他们用竹梆敲奏各式各样的美妙动听的乐曲,相互吸引,相互嬉戏。竹梆声声,笑声阵阵,传遍山野,响彻云霄。此外还有《依饭舞》《装身法舞》《花灯舞》《独角鹜》《锡角舞》《花灯舞》《长斧舞》,仫佬族婚俗表演,仫佬族傩戏表演和仫佬族舞狮。

仫佬族民间乐器有二胡、三弦、琵琶、月琴、箫、笛、唢呐、钟、鼓、锣、磬等,与汉族乐器颇为相似。

二、民间体育

仫佬族是一个热爱体育运动的民族,体育游艺活动丰富多彩,别有特色。仫佬族体育活动往往跟日常生活、生产劳动、节日庆典紧密结合在一起。这些体育活动中一部分拥有很强的娱乐性,例如,抢粽粑、抢凳子、凤凰护蛋、象步虎掌等,这些活动通常能令人身心愉悦。此外,部分活动具有很强的民俗性,例如,舞草龙、舞狮、斗鸡,人们以这些活动来祈求神灵保佑,消灾解难,五谷丰登。再者,仫佬族有些体育游艺活动具有很强的群众性,需要集体合作才能完成,例如,沙中淘金、抢粽粑、竹球等项目,这些活动规则灵活,丰富有趣。仫佬族的体育游艺活动大多数可以说历史悠久,具有一定的传奇色彩,例如,烽火球、打灰包、凤凰护蛋、群龙抢珠。还有一些体育活动是用来表示庆祝丰收以及家庭美满和谐的,例如,打鸡头、打水筒、抢青等活动。仫佬族有些体育项目具有探险猎奇的特点,"斗鸡"这个活动就是一个很好的例子,"斗鸡"多在秋后和春节期间举行，这个时候男女老少都会穿上盛装，热热闹闹地赶来看比赛，比赛过程中无论是参赛者还是围观的群众都会目不转睛的盯着赛场上的斗鸡，场面可以说是惊心动魄，荡气回肠。此外仫佬族还有许多有趣生动的体育项目：打的逢、砍猪脚、比近、赛犁，等等，可谓种类繁多，精彩纷呈。

图 5-1　舞草龙

图 5-2　竹连球

表 5-1　仫佬族传统体育项目分类表

分类	项目
球类	竹球、竹连球、打草球、烽火球、滚煤球
棋类	仫佬三棋、母子棋、裤裆棋、六子棋、三六九棋
节庆民俗类	群龙争珠、草龙舞、舞狮、抢花炮、打灰包、武术抢亲 马革竞技、上刀梯、过火链、抢粽粑、夺龙珠、赛犁、砍猪脚 夺粮袋、抢青、比近
生活休闲类	沙中淘金、斗鸡、斗鸟、赛竹钩、绕线团、扯陀螺、打水筒
儿童游戏类	象步虎掌、滚竹环、打鸡头、扯竹呼、打水筒、飞彩 凤凰护蛋、骑木马、打土叭、打陀螺、打的逢、抢凳

第三节 传统节日、习俗与宗教信仰

一、传统节日

仡佬族的节日折射出仡佬族的社会历史、经济文化、思想意识、民族关系等的影子。可以说，仡佬族的节日文化和习俗是仡佬族社会历史发展的一种表现。仡佬族农业生产在民族经济中占有举足轻重的分量，因此，节日文化具有很强的农业生产意识，他们的节日很多带上生产季节的烙印。如立春的"开土迎春节"，在这个节日里全民行动起来，抓紧时间，不违农时，积极融入农业生产。又如四月初八"牛诞节"，这个节日是用来提醒人们注意保护耕牛，让牛吃好休息好，因为这时春耕刚刚结束，耕牛辛苦了一个季节。仡佬族有许许多多的节日，其中最具有仡佬族特色的要属依饭节、走坡节。

依饭节是第一批获得国家非物质文化遗产保护的民俗节日，又称"喜乐愿"、"敬依饭公爷"、"祖先愿"，意思是为祖先还愿，是仡佬族人祭祖、祭神及庆丰收、保人畜平安的最隆重的传统节日。关于依饭节有个美丽的神话传说，相传很久以前，仡佬地区山高林密，猛兽成群，有一种叫"神狮"的

图 5-3 仡佬族依饭节现场

猛兽逼得人们简直没法生活，后来善良的"白马娘娘"闻声赶来，她用她那高强的射箭本领将"神狮"射死，解救了仫佬族人。为了纪念"白马娘娘"，每逢丑、辰、未、戌之年（有的村是卯、未、亥），于立冬后"吉日"举行，仫佬族人们都要举办"依饭节"盛会，多数村是三年举行一次，有的是四年举行一次。节日仪式，一般经过起坛、请圣、点牲、劝圣、唱牛歌、合兵、送圣七个程序。节日期间，仫佬人民宰猪杀鸡，载歌载舞，场面十分隆重。

图 5-4　仫佬族走坡节现场

走坡节又称"后生节"，这是仫佬族男女青年社交、谈情说爱的节日。节日往往在每年春节期间和中秋节前后。仫佬族的各村各寨都有自己固定的走坡地点，有的是大草坪，有的是大山场，甚至是树下、溪边。在"走坡节"这天，男女青年在特定的山坡行走，以唱歌的形式传情达意，寻找意中人，互赠爱情信物，一般男的赠月饼，女方则送布鞋，这就是所谓的"八月中秋哥送饼，九月重阳妹送鞋"的习俗。

仫佬族的节庆还有婆王节、清明节、端午节、中元节、重阳节等。婆王节又名小儿节、花婆节，在农历三月初三举行。仫佬族认为婆王是专管小孩的神，祭祀婆王是为了祈求人丁兴旺，小孩一生平安无病。节日时，全村或同族的人凑钱杀猪，祭婆王神，之后分肉供祖先，家人聚餐。仫佬族的节日文化显示了深邃的意境和广阔的画面，有其独特的社会功能和社会价值。

图 5-5　仫佬族婆王节现场

表 5-2　仫佬族节庆习俗表

节名	时间（农历）	活动内容
仫佬年	除夕至正月十五	舞草龙、舞狮、斗鸡会等
春社节	二月初二	做枕头粽、祭社王
婆王节	三月初三	做红蛋祭婆王
清明节	三月	祭扫祖宗、父母墓
牛魂节	四月初八	做五色糯米饭、祭牛神
端午节	五月初五	祭真武神，上山采草药
祭三界公	六月初二	到田地驱虫
保苗节	六月初六	祭保苗神
中元节	七月初七至十四	初七迎祖先、十四送祖先下船
中秋节 走坡节	八月十五	供祖宗、唱山歌、寻找恋爱对象
重阳节	九月初九	敬老缝衣
依饭节	每逢丑、辰、未、戌之年（有的村是卯、未、亥），于立冬后"吉日"举行，多数村是三年举行一次，有的是四年举行一次	祭依饭公爷、跳师公戏

二、习俗

仫佬族的习俗与仫佬族的山地环境、民族心理密切相关，是仫佬族文化的重要内容。仫佬族习俗很多，除节庆习俗外，主要有婚姻习俗、贺生习俗和丧葬习俗。

（一）婚姻习俗

仫佬族历来都与壮、汉等族通婚，五服之外的同姓也可以通婚。婚礼颇有本民族特色，但礼仪繁多，耗费极大。男方要送"彩礼"，女方要赔"嫁妆"，男方还要设宴迎宾。传统婚礼主要有接亲、出嫁、拜堂三个阶段。

接亲：新郎家派出少女、少男、红娘四人或六人（须双数），带着许多封包和彩礼（含猪肉、酒米、银元、金银首饰）以及"山盟"（茶叶）、"海誓"（盐巴）、"天圆"（槟榔）、"盼金"（装纸票）等象征物到女家接亲。一路上，"人姑"（少女）走在前，少男和红娘走在后，次序不能搞乱。

出嫁：新娘哭哭啼啼由大嫂或大姐背出屋外，放在泥地上，后由接亲的妇女们引导前行。女家派出五六十多至一百五六十人的队伍"送亲"。行至男方家门外，"送亲"中的女伴须将雨伞在新娘头上开合三次，接着男方的亲友送饭和糖给新娘吃，以示日后不愁吃穿，生活甜美。新娘这一天穿着自种、自纺、自织、自染、自绣的黑色土布"送嫁衣"，衣领、衣脚、衣袖口都绣有精致花纹，据说穿上这种衣服出嫁就不会忘记民族本色。

拜堂：亦即举行婚礼。新娘须由族中年纪最老、儿孙最多的老奶牵着进厅堂（不能碰门坎），与新郎拜堂，随长者的口令，一拜天地，二拜父母，三是夫妻对拜，然后新娘与女伴进入洞房，新郎与男青年留在堂屋中。洞房里不设床铺，只放桌子和板凳，桌上放一盘白米，中央点一盏灯，青年男女对歌过夜。天亮时，新娘即随姐妹们回娘家去，直到二月或八月社，新郎才能接回新娘欢度新婚之夜（现改为婚礼后三天即可回夫家完婚）。

图 5-6　仫佬族结婚庆贺场面

（二）贺生习俗

为庆贺新生命的诞生，表达欣喜、接纳与祝福之情，仫佬族家庭一般会举办系列活动，主要有报生、三朝、满月和对岁等。

首先是报生，即向外界宣布、报告自己家里添丁的喜讯，其形式主要是向外婆报生、敬婆王和报人丁（去社庙向社王报丁）。小孩出生后，要第一时间派人上门向外婆家报喜，然后外婆兴冲冲地带着鸡（男丁送母鸡、女丁送公鸡）、甜酒、鸡蛋、黄糖及亲手缝制的绣有"长命富贵"字样和凤凰、蝴蝶、牡丹、梅花等花纹图案的背带、衣帽，用两个小竹箩装成一小担赶往女婿家看外孙，并在女儿家帮忙，直到三朝，外婆与接生婆、亲家母共进喜宴后才返回家中。外婆之所以送绣有花卉图案的背带、衣帽，是对掌管花山上花的婆王的敬意，因为花好，小孩出生才顺利。

仫佬族孩子出世后的三朝内，不能穿新衣服，而要用父母的旧衣包裹，男丁用父亲旧衣，女孩用母亲旧衣，意喻艰苦朴素、勤俭持家，长大后不能铺张浪费。婴儿的手腕系上一股白棉线，祈祷孩子长大后不会多手多脚，不偷不盗。还要给孩子穿上用蓝色或黑色棉线搓成绳扣的白衣襟，寓意孩子长大后能够黑白分明。

孩子满月后，仫佬族家庭要举行"出月"活动：妈妈用外婆送的背带背着孩子，背带里放一本书，到田垌走一回，祈愿孩子长大后勤奋读书，爱做农活。然后背孩子去赶圩，并在圩上买葱买蒜，祈愿孩子见多识广，聪明伶俐。最后，背着孩子回娘家，拜见外公外婆和舅爷舅娘，与娘家人团聚。

（三）丧葬习俗

在仫佬族，老人临终时，一般是由儿子抱着，如果有几个儿子，则由长子抱。正常死亡的一般要经过报丧、沐浴、小殓、入棺、祭祀、开路、出殡、抬丧、安葬、伏山、居丧等过程。

老人落气了，即刻放鞭炮以示报丧，寨子里的同乡闻讯会赶来帮忙，分工负责各自任务。有的负责敲掉死者牙齿齐全的一颗；有的到各地去通知死者的亲朋好友，如果死者是女性，首先要通知舅家；有的负责给死者用柏枝和茶叶煮水擦洗身体、剃头、修面（男性）、梳妆（女性），然后换上寿衣、寿裤、寿袜、寿鞋、寿帽。

死者由仫佬族鬼师择时辰入棺，棺木停放在堂屋的正中。入棺后由青壮年将棺木盖上，鬼师在灵柩下点上"地龙灯"。带有冲天炮筒的鞭炮响起，死者的女儿、侄女以及媳妇便放声痛哭。一般的仫佬族家庭都会请"师公"为死者打斋超度，道师要替死者表示忏悔，同时向阎王请罪，这样，死者的灵魂才能免受地狱的折磨。打斋活动的时间视家庭情况而定，多数打道场一夜，家庭财力较好的则打三夜以上。

安葬墓穴要请风水先生测定，出殡日期也要择"吉日良辰"，出殡

图 5-7　仫佬族丧葬现场

时间一般是在拂晓前，孝男孝女以及至亲身着缟素，跟在棺后痛哭，谓之"清棺"。仫佬族大多是一次葬，只有遇上家中接连不幸，就会举行二次葬，即拾回遗骨，洗净后放入坛中再进行安葬，较第一次葬，仪式要简单多了。

安葬后，孝子要居丧"七七"（四十九天），每一个第七天都要祭祀。其中，以"五七"最为隆重。仫佬族人戴孝时间很长，要服丧三年。服丧期间，家中堂屋置灵牌，早晚奉茶供饭，以表孝敬；第一年的除夕要贴绿对联，第二年贴黄对联，第三年农历七月十五烧灵牌，称为"脱孝"，除夕则改贴红对联。

三、宗教信仰

仫佬人聚族而居，同族、同姓、同宗、同"冬"，居住在同一屯子，或由几个、十几个乃至几十个屯寨连成一片的仫佬族群落。有的族内设有族长，通过推举产生，有的没有。但都有"冬"的组织，设"冬头"，冬下设"房"，每年通过依饭祭祀等方式祈祷上天庇佑。由于与汉族交流较多，因此其宗族制度也带有明显的家国不分、家国一体的特征。因此，"天地君亲师"的文化体现在仫佬族的宗族祭祀上非常明显。

仫佬族是一个多神灵信仰的民族，信道教神、佛教神及人造神，如关公、婆王女神、白马娘娘、刘三姐、于成龙等。仫佬族基本每个月都有节日，举行宗教活动，供奉自己崇拜的神灵，祈求风调雨顺，生活幸福。仫佬族又是一个十分注重祖先崇拜的民族，他们一方面用族谱、家谱维持本族的血缘关系，另一方面用早晚敬奉祖先和节日活动等来延续这个关系。在仫佬族家庭，家家户户都设有祖宗香火堂，把所属的姓氏用大字写在红纸上，贴在香火堂正中。每到节庆日，仫佬族人就在香火堂烧香供奉，以示纪念祖宗。

仫佬族的宗教信仰经历过从原始宗教(亦即自然宗教)向人为宗教转化，

图 5-8　祖宗香火堂图

5-9　自然崇拜祈福

经过了从对现实的苦难的抗议，蜕化到统治者的工具，最后到自行消亡的过程。在仫佬族地区，自然崇拜的痕迹可以追溯到非常久远的时期，仫佬族先民们认为生儿育女要按照子女生年属相，对照天干地支，参照五行哲理，他们认为自然界万物皆有灵。仫佬族每个村寨或地域都有共同的保护神，例如，"社王""婆王""土王""灶王""牛王""山神"等。各个神灵管辖的或者说保佑的事项各不相同，例如，"社王"管平安，"婆王"管生育，"土王"管财帛，"灶王"管奖惩善恶，"牛王"管牲畜。仫佬族的宗教信仰，不但崇奉原始宗教，也崇奉佛教、道教所信奉的诸神佛。由于信仰多神，仫佬族地区的寺、庙所祀之神往往是佛、道混杂，佛、神共处，与众不同。例如，在多吉寺，既供奉有佛教诸佛，也供奉有"歌仙刘三姐"塑像，这种景象实属罕见。仫佬族的宗教活动，主要是敬家神，敬祠堂，敬财神、门神、社王、婆王、雷王、龙王、灶王、太岁、牛王。

第四节　民间传统工艺与民间医药

一、民间传统工艺

仫佬族的民间传统工艺文化可谓独具特色。最值一提的是他们的编织工

图 5-10　仫佬族人在编竹编

艺文化，编织主要分为竹编和草编，竹编的竹器主要有泥箕、竹蓝、箩筐、竹篮、竹帽、猪笼等；草编的有草帽、草鞋、草龙、麻绳、草揽、草墩等。竹编中最有特色的是下凤立竹帽。下凤立屯位于县城附近，村后到处是翠竹。这里家家户户都是竹帽作坊，村民个个都是能工巧匠。这里的竹帽工艺精巧，六角目眼，目眼小，轻便，美观，深受人们喜欢。富有特色的草编则是麦秆帽，即用当地产的小麦秆编织而成，用于赶圩下田时遮阳所用。走坡节时，姑娘们往往会把自己精心编制的麦秆帽作为珍贵的礼物送给情人，以示自己的心灵手巧和对情人的深情厚意。在仫佬族民间有一句这样的农谚："晴天要打雨天柴，雨天要做晴天鞋。"这句话的意思是晴天的时候要多打柴草，下雨天的时候就有柴草可烧，下雨天出不了门，就在家多编织些草鞋，晴天便可以穿去做工。[①]

仫佬族的煤砂罐工艺技术也是一大亮点。仫佬族人无论是烧饭、煮菜、泡菜还是烧茶都喜欢用煤砂罐。仫佬族地区盛产煤炭，制作煤砂罐是把未燃烧完全的二炭洗净、春粉、过筛，把煤粉与白泥和在一起春匀，制成坯，然后晾干、煅烧、过釉而成。煤砂罐既是仫佬族人民日常使用的饮具，也是精美的工艺品。煤砂罐大小不一，形状多样，有的像鲤鱼跳塘，有的像金鱼望月，有的像坐地葫芦，无不给人以美的享受。

仫佬族的银饰品也十分精美，包括成人女性的银泡、银环、项链、

---

① 潘琦主编：《仫佬族通史》，民族出版社 2011 年版，第 118 页。

手镯、针筒、发簪、腰链等，小孩的佛像、狮头、项圈等，主要用来装饰服饰。如银针筒，作为女工的一种必需品，是一个有盖的双层银饰品。其内层为圆形状，用于装针；外层则为装饰所用，用钻镂各种花卉、鸟鱼图案的薄片制作而成，再焊上各种形状的花、叶、银丝等。银针筒两侧焊有小耳，下坠两条短银链，一条坠挖耳勺、牙签，另一条坠舌刮。整个银针筒和谐、精致，惹人喜爱。再如儿童银饰品佛像，缝在孩童花帽外沿，一般有7个佛像，其中正中央那个为观音菩萨像，体积稍大，两侧平行各三个体积稍小的罗汉像，喻为保佑仫佬儿童平安健康成长。这些银饰品的原料主要是过去流通的银元、银锭等，经过煮、搓、刷等工序制作而成。

此外，仫佬族人也擅长刺绣，刺绣工艺品有绣花鞋、丝绣童帽、背带芯、腰带、接亲包和花边围裙等，在仫佬族中可以找到不少心灵手巧的妇女，她们把各种花草虫鱼、秀丽风景等精美的图案绣到鞋面、帽子、围裙、背带上面。这些刺绣工艺品由于绣工精美，寓意吉祥，颇受人们喜爱。

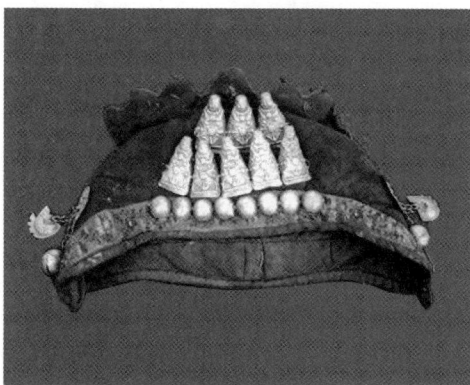

图5-11　仫佬族小孩帽（银饰品）　　图5-12　仫佬族银饰品（新娘出嫁银饰品）

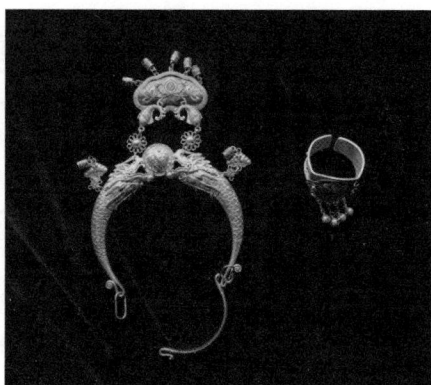

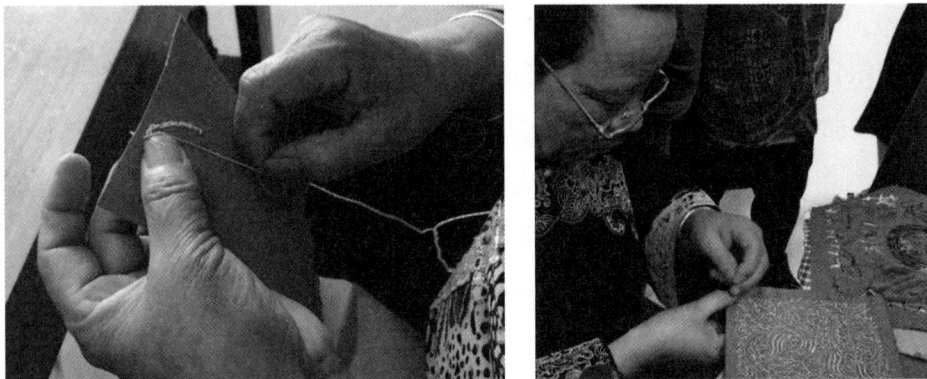

图 5-13　仫佬族妇女在刺绣

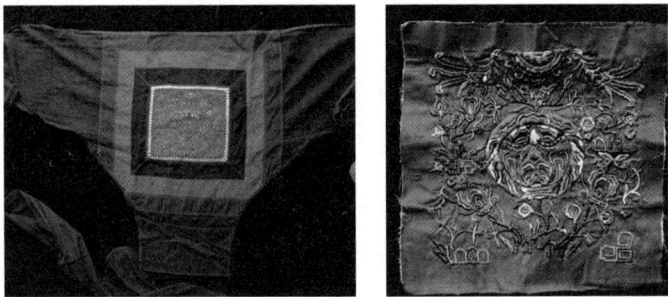

图 5-14　仫佬族背带心

二、民间医药

罗城仫佬族自治县地处亚热带季风气候区，气候温暖湿润，森林资源丰富。独特的环境适宜动植物生长，药材资源丰富。据民族医药调查的资料显示，在广西境内 4080 多种药用植物中，罗城就有 2200 多种。仫佬族人民在长期与疾病进行斗争的实践中，懂得利用自然赐予的天然药库，利用各种草药治病，并形成独特的地方医药体系——仫佬族医药。仫佬族医疗技法，包括火针疗法、挑针疗法、筒吸疗法、油针疗法、灯花线灸法、刮痧疗法、佩药疗法、磨药疗法、吹点疗法、催吐疗法等 50 多种，并在长期的医疗诊断过程中形成了一大批民间单方、验方和秘方。仫佬医生利用如此丰富的自然药物资源和传统的医疗技法，对各种疾病有针对性地进行治疗，这些疗法通常简便易行，省钱省事，效果显著，深受群众喜爱。许多民间疗法疗效要比现代西医疗法大大缩短疗程，取得较好疗效。即使在医疗进步的今天，仫佬族的传统医药技术仍是当地人民预防和治疗疾病的主要手段之一。

表5-3　仫佬族文化与其他少数民族文化的比较

民族 内容	仫佬族	侗族	苗族	壮族	瑶族
节日	三月初三婆王节、四月初八牛节、后生节、走坡节、依饭节	四月八、端午节、尝新节、姓氏节	罢谷节、芙蓉会期、布弄会期、碧林会期	三月三、二月春社、四月八	花炮节、红衣节、供田节、五月十四
饮食	以稻米为主食，麦类、薯类、玉米、豆类辅之。特色菜有粉腌肉、腌菜、白馍、五色糯饭、白㸆肉、狗舌糍粑、斗糍粑、重阳酒、仫佬族菜包等	油茶酸菜、酸肉、酸鱼、甜酒和低度米酒、手抓糯米饭、侗乡四宝、鸭血粑、白芋苗醋血鸭、篝火烧鱼、蚂蚱菜、巴石石鱼	打油茶、腊肉、粑粑子甜酒、虫茶	生鱼片、五色饭、糯粑、包粽、煮同合米香饭食、竹筒饭、龙脊四宝、香糯	油茶、糯米粑、腊肉、酒食
服饰	讲究图案花样的鲜明精细，绣花背带分男孩女孩，绣花鞍讲究形体美观。服饰颜色以青、蓝为主，一个村寨外出交往活动都着一色衣裙，一样的打扮，群体性很强，非常独特。仫佬人服饰打扮带有浓郁的民族文化色彩	以侗布为主，有青、紫、白、蓝以及亮紫色等颜色。女子头挽发髻、插头髻或银梳、戴耳环、手镯和项链；穿大襟无领滚边衣，穿长裤，束腰带或穿百褶裙，系绑腿，着勾云鞋	多净青色，少配银饰、花边，盛装绣有花边、色艳。并配多种银饰，为婚嫁、喜庆日穿戴。男穿对襟、窄袖短衣和满裆长裤。青巾包头	头扎绣花白色毛巾，上身穿青底领边袖，边袖筒镶红、蓝、绿色花边。下身多穿宽口裤，裤筒镶红、蓝、绿色绣花边。夏季上身多穿白色衣服	善于刺绣，在衣襟、袖口、裤脚镶边处都绣有精美的图案花纹。发结细辫绕于头顶，围以五色细珠，衣襟的颈部至胸前绣有花彩纹饰。男子则喜欢蓄发盘髻，并以红布或青布包头，穿无领对襟长袖衣

民族 内容	仫佬族	侗族	苗族	壮族	瑶族
建筑	平房、四合院、"地炉"	鼓楼、风雨桥、戏台、寨门	"半楼半地"的穿斗式建筑	高脚干栏式木楼	"半边楼"、"全楼"、"四合院"
人生礼仪	走媳妇路、拜堂出嫁、婚姻等	摸黑脸婚礼、行歌坐夜、月夜、三朝、寿辰	认同年，婚姻分定情、订婚、结婚入赘寿辰三朝	订婚、结婚、招郎、三朝、寿辰	红瑶婚姻分吃准酒、吃断媒酒、结婚三个程序，"偷婚"三朝寿辰嫁男等，红瑶长发
歌舞	依饭舞、装身法舞、花灯舞、独角鹭、锡角舞、花灯舞、长斧舞、竹梆情、仫佬族婚俗表演、仫佬族傩戏表演和仫佬族舞狮	拦路歌、拦路酒、侗族大歌、芦笙与芦笙舞、多耶、琵琶与琵琶舞、牛琴歌、侗戏	山歌、客歌、卡头、花话、排话、白花子、酒歌、拦门歌、跳香舞、宝山舞	扁担舞、铜鼓舞、板鞋舞、六甲歌、叙事歌、诉苦歌、师公舞、采茶舞	盘王歌、号子歌、丧歌、红灯歌、撩子歌、长鼓舞、红棍舞、穿团舞、绣花舞、盘王舞
宗教	道教为主，崇敬多神、佛教。少数仫佬人信奉基督教、巫教	崇敬"萨坛"舞春牛、舞疱颈龙、蛇图腾	多神崇拜、祖先崇拜、愆鼓堂、愆宝山	青蛙、榕树、祖先崇拜禁忌	狗图腾、还盘王愿、除夕敬狗、舞草龙、度戒取名、春丧堂
体育竞技	舞草龙、抢粽粑、凤凰护蛋、象步虎掌、烽火球、群龙抢球、沙中淘金、斗鸡、母子棋、裤裆棋、喊三棋、三六九棋等	月也、抢花炮、舞春牛、山歌	打泥脚、打禾鸡	竹竿舞	打旗公、推竹杠、抢花炮

续表

内容\民族	仫佬族	侗族	苗族	壮族	瑶族
美术工艺品	石雕、木雕、竹编、草编、煤砂罐、民间刺绣、根艺、盆景、奇石	藤编和竹编	绣花布鞋、六角眼儿细草鞋、花带	壮锦、绣花鞋、香包、绣球、方格巾、枕垫	织花、挑花、织丝、蜡染

资料来源：中国城市发展研究院：《广西罗城仫佬族自治县文化资源产业化研究》，打印稿2012年版。

仫佬族特色文化资源的保护与传承

第三篇

第六章　仫佬族特色文化资源的保护对象

第一节　国际法层面的文化遗产保护对象

一、文化遗产

1972 年《保护世界文化与自然遗产公约》①明确了"文化遗产"的保护范围。

1. 文物。从历史、艺术或科学角度看具有突出的普遍价值的建筑物、碑雕和壁画，具有考古性质成分或结构、铭文、窟洞及联合体。

2. 建筑群。从历史、艺术或科学角度看，在建筑式样、分布均匀或环境特色结合方面，具有突出的普遍价值的单位或连接的建筑群。

3. 遗址。从历史、审美、人种学或人类学角度看具有突出的普遍价值的人类工程或自然与人类联合工程以及考古遗址等地方。

《执行世界遗产公约的操作手册》②明确了文化遗产的具体价值标准。

1. 代表一种独特的艺术成就，一种创造性的天才杰作。

2. 能在一定时期内或世界某一文化区域内，对建筑艺术、纪念物艺术、城镇规划或景观设计方面的发展产生过重大影响。

---

① 参见联合国教科文组织：《保护世界文化和自然遗产公约》，1972 年。
② 参见联合国教科文组织：《执行世界遗产公约的操作手册》，2005 年。

3.能为一种已消逝的文明或文化传统提供一种独特的至少是特殊的见证。

4.可作为一种建筑或建筑群或景观的杰出范例，展示出人类历史上一个（或几个）重要阶段。

5.可作为传统的人类居住地址使用地的杰出范例，代表一种或几种文化，尤其在不可逆之变化的影响下变得易于损坏。

6.与具有特殊普遍意义的事件或现行传统或思想或信仰或文学艺术作品有直接或实质的联系。保护内涵包括艺术成就，重大影响，文明或传统的见证，建筑上的范例和人类居住的文明及具有特殊普遍意义的事件有直接或实质的联系。

二、文化与自然双重遗产

《保护世界文化与自然遗产公约》把在历史、艺术或科学及审美、人种学、人类学方面有世界意义的纪念文物、建筑物遗迹等内涵的文化遗产及在审美、科学、保存形态上具有世界价值的地形或生物，包括景观在内的地域等内容的自然遗产相融合，确定同时含有文化与自然两方面因素的文化与自然双重遗产。

自然遗产的范围[1] 如下。

1.从审美或科学角度看具有突出的普遍价值的由物质和生物结构或这类结构群组成的自然风貌；

2.从科学或保护角度看具有突出的普遍价值的地质和自然地理结构以及明确划分为受威胁的动物和植物环境区；

3.从科学、保护或自然美角度看具有突出的天然名胜或明确划分的自然区域。

---

① 参见联合国教科文组织：《保护世界文化和自然遗产公约》，1972年。

《执行世界遗产公约的操作手册》确定的自然遗产价值标准如下。

（1）构成代表地球演化史中重要阶段的突出例证；

（2）构成代表进行中的重要地质过程、生物演化过程以及人类与自然环境相互关系的突出例证；

（3）独特、稀有或绝妙的自然现象地貌或具有罕见自然美的地带；

（4）是尚存的珍稀或濒危动植物的栖息地，是生物多样性的真实体现。

三、文化景观遗产

1992 年 12 月，联合国及教科文组织世界遗产委员会第十六届会议确定了"自然与人类的共同作品"的文化景观遗产，内涵强调人类生产、生活与大自然的和谐与平衡的可持续发展理念，迥异于文化遗产或自然遗产的单层面。依照《实施世界遗产保护的操作性原则》①，文化景观遗产范围包括。

1.由人类有意设计和建筑的景观，包括出于美学原因建造的园林和公园景观。它们经常（但并不总是）与宗教或其他纪念性建筑物或建筑群有联系。

2.有机进化的景观。它产生于最初始的一种社会、经济、行政以及宗教需要，并通过与周围自然环境的相联系或相适应以发展到目前的形式。它又包括两种类别，一是残遗物（或化石）景观，代表一种过去某段时间已经完结的进化过程，不管是突发的或是渐进的。它们之所以具有突出、普遍的价值还在于其显著特点依然体现在实物上；二是持续性景观，它在当今与传统生活方式相联系的社会中，保持一种积极的社会作用，而且其自身演变过程仍在进行之中，同时又展示了历史上其演变发展的特征。

3.关联性文化景观。这类景观列入《世界遗产名录》，以与自然因素、强烈的宗教、艺术或文化相联系为特征，而不是以文化物证为特征。

---

① 参见联合国教科文组织世界遗产委员会：《实施世界遗产保护的操作性原则》，2015 年。

四、非物质文化遗产

2003 年的《保护非物质文化遗产公约》确立了非物质文化遗产的概念，指"被群体、团体、有时为个人视为其文化遗产的各种实践、表演、表现形式、知识和技能及其有关的工具、实物、工艺品和文化场所。各个群体和团体随着其所处环境、与自然界的相互关系和历史条件的变化不断使这种代代相传的非物质文化遗产得到创新，同时使他们自己具有一种认同感和历史感，从而促进了文化多样性和人类的创造力"[①]。

非物质文化遗产的范围包括以下几个方面。[②]

1.口头传说和表述，包括作为非物质文化遗产媒介的语言；

2.表演艺术；

3.社会风俗、礼仪、节庆；

4.有关自然界和宇宙的知识和实践；

5.传统的手工艺技能。

非物质文化遗产的价值标准如下。[③]

1.应该具备体现人类创造天才的优秀作品的特殊价值；

2.具有特殊价值的非物质文化遗产的集中体现；

3.在历史、艺术、人种学、社会学、人类学、语言学及文学方面有特殊价值的民间传统文化表达；

4.表明其深深扎根于文化传统或有关社区文化历史之中；

5.能够作为一种手段对民间的文化特性和有关的文化社区起肯定作用，由在智力借鉴和交流方面有重要价值，并促使各民族和各社会集团更加接近，对有关的群体起到文化和社会的现实作用；

6.能够很好开发技能、提高技术质量；

---

① 联合国教科文组织：《保护非物质文化遗产公约》，2003 年。
② 参见联合国教科文组织：《保护非物质文化遗产公约》，2003 年。
③ 参见联合国教科文组织：《保护非物质文化遗产公约》，2003 年。

7.对现代的传统具有唯一见证的价值；

8.由于缺乏抢救和保护手段，或加速的演变过程，或城市化趋势，或适应新环境文化的影响而面临消失的危险。

第二节　国外法律层面文化遗产保护对象比较

一、日本文化财保护对象

日本 1950 年制定《文化财保护法》，确定文化财保护对象为四类。[①]

1.有形文化财，包括建造物、绘画、雕塑、工艺品、书法、典籍、古文书等具有历史价值或艺术价值较高者（包含与之成为一体、对其价值的形成有意义的土地及其他物品），及考古资料及其他具有较高学术价值的历史资料。

2.无形文化财，包括戏剧、音乐、传统工艺技术及其他无形文化财中历史价值或艺术价值较高者。

3.民俗文化财，包括与衣食住行、传统职业、信仰、节庆活动等相关的风俗习惯，民俗民艺及在其活动中使用的礼物、器具、住屋及其他物品，其中对国民的生活方式演变的理解不可欠缺者。

4.纪念物，包括古坟、都城址、城址、旧宅及其他遗迹中历史价值或学术价值较高者；庭园、桥梁、峡谷、海滨、山岳及其他风景名胜地中，艺术价值或观赏价值较高者；动物（包括栖息地、繁殖地和迁徙地）、植物（包括其生长的土地）及地质矿物（包含产生特异自然现象的土地）中学术价值较高者。

1975 年修改《文化财保护法》，扩展了三类文化财保护对象。

---

① 参见日本文化厅：《文化财保护法》，1950 年。

1. 与重要文化财形成一体，构成其价值的土地及其他实物。

2. 传统建造物群，指与周围环境一体并成了历史景观的传统建造物群中具有较高价值的部分。

3. 与文化财保存相关的传统技术。

也就是说，与1950年的《文化财保护法》相比，1975年修订的《文化财保护法》，保护对象从单体、分散的文物古籍保护扩展到包含历史街区、历史村落、近代建筑及传统文化活动等自然与人文环境整体的保护，这就扩展了文化保护对象。

1996年，日本又引入欧美的"文化财登录制度"，修改了《文化财保护法》，登录对象包括住宅、工厂、办公楼、桥梁、隧道、水闸、大坝等建筑物以及烟囱、围墙等工程物件。登录标准为建成后经过50年的建造物，具备以下三个条件之一者。

1. 有助于国土的历史性景观之形成者；

2. 成为造型艺术之典范者；

3. 难以再现者。

登录制度进一步拓展了文化保护对象。作为保护对象的建造物也从寺院、神社等宗教建筑扩大到民居、近代建筑、近代土木遗产、产业遗址等多种类型。

二、韩国文化财保护对象

韩国1962年制定的《文化财保护法》，确立了"文化财"的概念，指由于人为地、自然地而形成的国家的、民族的、世界的遗产，它们具有较高的历史的、艺术的、学术的、景观的价值。范围包括以下几个方面。

1. 有形文化财，指在历史、艺术、学术等方面具有较高价值的建造物、典籍、书籍、古文献、绘画、雕刻、工艺品以及其他有形的文化载体，包括考古资料等。

2.无形文化财，指在历史、艺术、学术等方面具有较高价值的演剧、音乐、舞蹈、工艺技术以及其他无形的文化载体。无形文化财的发明、发展直至消失，是与国民生活、生产密切相关的。要了解人们的生活方式和随时代更迭所产生的生活方式变迁，无形文化财是不可缺少的见证。

3.纪念物，指在历史学术方面具有较高价值的寺址、古坟、城址、宫址、窑址、遗物包含层，以及其他的历史遗迹在艺术或观赏方面具有较高价值的名胜地；在历史或学术及景观方面具有较高价值的动物或植物（生息地、繁殖地及迁徙地、渡来地，包括其生长物及产生特殊自然环境的土地）。

4.民俗资料指对于认识国民生活的承袭和发展不可缺少的，关于衣食住行、生产、宗教、节日的风俗习惯、民俗艺能及反映上述风俗习惯和民俗艺能的有形的衣服、器具、家具、房屋及其他物品。

第三节 国内法律层面文化遗产保护对象

一、物质文化遗产保护对象

《中华人民共和国文物保护法》于 1982 年制定，1991 年进行了第一次修订，确定了下列具有历史、艺术、科学价值的文物保护对象。

1.具有历史、艺术、科学价值的古文化遗址、古墓葬、古建筑、古窟寺和石刻；

2.与重大历史事件、革命运动和著名人物有关的，具有重要纪念意义、教育意义和史料价值的建筑物、遗址、纪念物；

3.历史上各时代珍贵的艺术品、工艺美术品；

4.重要的革命文献以及具有历史、艺术、科学价值的手稿、古旧图书资料等；

5.反映历史上各时代、各民族社会制度、社会生产、社会生活的代表性实物；

6. 具有科学价值的古脊椎动物化石和古人类化石；

7. 保护文物特别丰富，具有重大历史价值和革命意义的城市。

之后，《中华人民共和国文物保护法》又经过了 2002 年、2007 年、2013 年、2017 年四次修订。2017 年修订的《中华人民共和国文物保护法》规定的保护对象对 1991 年第一次修订的保护对象作了修改，由七个方面归纳为五个方面，在表述上也略有不同。

1. 具有历史、艺术、科学价值的古文化遗址、古墓葬、古建筑、石窟寺和石刻、壁画；

2. 与重大历史事件、革命运动或者著名人物有关的以及具有重要纪念意义、教育意义或者史料价值的近代现代重要史迹、实物、代表性建筑；

3. 历史上各时代珍贵的艺术品、工艺美术品；

4. 历史上各时代重要的文献资料以及具有历史、艺术、科学价值的手稿和图书资料等；

5. 反映历史上各时代、各民族社会制度、社会生产、社会生活的代表性实物。

二、非物质文化遗产保护对象

2011 年 2 月 25 日，全国人民代表大会常务委员会第 19 次会议通过了《中华人民共和国非物质文化遗产法》。该法规定，非物质文化遗产，是指各族人民世代相传并视为其文化遗产组成部分的各种传统文化表现形式，以及与传统文化表现形式相关的实物和场所。包括以下几类。

1. 传统口头文学以及作为其载体的语言；

2. 传统美术、书法、音乐、舞蹈、戏剧、曲艺和杂技；

3. 传统技艺、医药和历法；

4. 传统礼仪、节庆等民俗；

5. 传统体育和游艺；

6. 其他非物质文化遗产。

第四节　仫佬族特色文化资源的主要保护对象

依据 2017 年修订的《中华人民共和国文物保护法》和 2011 年实施的《中华人民共和国非物质文化遗产法》，结合仫佬族实际，我们认为，仫佬族特色文化资源除自然景观资源外，其他人文资源的主要保护对象包括文物保护对象和非物质保护对象两个方面，在第二篇"仫佬族特色文化资源"中已具体、详细地描述了，这里再重点强调一下。

一、仫佬族文物保护对象

1. 罗城赍寺、开元寺、双福寺、万广寺四大寺庙及其他古墓葬、古建筑、石窟寺和石刻；

2. 仫佬族的民居等代表性建筑；

3. 仫佬族服饰（含饰物有银质的耳环、手镯、戒指等）、竹编、剪纸等工艺品；

此外，还有极少量的有关仫佬族的手稿和图书资料，及反映历史上各时代的社会制度、社会生产、社会生活的一些代表性实物。

二、仫佬族非物质文化遗产保护对象

1. 刘三姐歌谣、仫佬族古歌等传统口头文学以及作为其载体的仫佬语；

2. 仫佬族山歌、《潘曼小传》彩调等传统音乐、戏剧、曲艺；

3. 白马舞、花灯舞等仫佬族传统舞蹈；

4.仫佬族竹编和草编工艺、民族服饰制作技艺、剪纸工艺、煤砂罐工艺技术、特色饮食烹饪等传统技艺；

5.火针疗法、挑针疗法、筒吸疗法、油针疗法、灯花线灸法、刮痧疗法等仫佬族民间传统医药、医技；

6.仫佬族依饭节、走坡节和贺生、婚庆、丧葬等民俗；

7.仫佬族舞草龙、凤凰护蛋、斗鸡、竹球等传统体育、游艺与杂技。

第七章 仫佬族特色文化资源保护的
现状分析

第一节 仫佬族特色文化资源保护的
措施及成绩

一直以来，罗城仫佬族自治县县委、县政府高度重视对民族特色文化的保护、整理和挖掘，力求充分彰显仫佬族深厚的文化底蕴，取得了较好的成效。

一、"非遗"普查取得实质性成果

早在 2008 年，县政府就建立健全了"非遗"保护名录体系，并把仫佬族古歌、仫佬族走坡等 65 项列入县级"非遗"保护名录。2009 年，仫佬族走坡节、煤砂罐制作等 10 个项目成功列为河池市"非遗"保护对象。2010 年，仫佬族古歌、仫佬族刺绣技艺、仫佬族的舞草龙被列为自治区级"非遗"保护名录，仫佬族依饭节被列为国家首批"非遗"保护名录。2011 年，龙光利、谢秀荣、谢章华被确定为自治区级"非遗"项目传承人。到 2017 年，全县有仫佬族民间故事、仫佬族歌谣、仫佬族师公舞、仫佬族医药、仫佬族婚礼、仫佬族节日、煤沙罐制作、仫佬族斗鸡等非物质文化遗产项目 10 个大类、1021 项，其中仫佬族依饭节为国家首批非物质文化遗产，仫佬族古歌、仫佬族刺绣技艺、舞草龙、走坡节、煤砂罐制作技艺、仫佬族婚俗 6 个项目被列为自治区级"非遗"保护名录，列入市级"非遗"文化项目 12 个。全县共有 10 人入选广西非物质文化遗产名录项目代表性传承人，四把双寨"非遗"传习基地被列入河池市第一批"非遗"保护示范基地，小长安镇"仫佬族草龙"被列为第一批河池"非遗"传承项目。

二、民间医药文化普查取得实质性进展

2007 年，罗城成立了仫佬族医药发掘、整理小组。这个小组的成立很好地起到了传承和弘扬仫佬族医药文化、丰富中华民族医药百花园的作用。这个小组的成员们不辞劳苦，常常穿梭于仫佬族各个山乡村寨。他们不仅用心搜集民间各类药方，还走访民间医师数百人，并举行讨论会交流所见所闻所想。经过多方努力，2012 年，仫佬族终于出版了第一部属于仫佬族人民自己的医药书——《仫佬族医药》，里面总结和记载的病症多达 298 种，并详细介绍了常用的 308 种仫佬族药物以及 26 种仫佬族治疗技法。这是仫佬族医学史上重要的一笔，意味着仫佬族的医药学术研究水平及其产生的作用将会得到很大的提升。罗城还成立了仫佬族医院和研究所，以进一步开发、整理仫佬族相关药物及治疗方法。

三、文物古迹的登记注册和村寨的调查保护取得了巨大成绩

目前，全县包括国家一级文物在内的馆藏文物 2200 多件，其中有 900 多件属于民族原始生产、生活工具文物。这些文物大都收藏在仫佬族博物馆。

2003 年，罗城开始筹建仫佬族博物馆，并于 2004 年 11 月对外开放。整个场馆占地面积 870 平方米，建筑面积 2572 平方米，展厅面积 1358 平方米，主要是为了展示民族繁衍生存、社会发展物证、文化遗珍等仫佬族历史文化。2007 年 1 月，该博物馆被列为自治区爱国主义教育基地。2012 年，罗城仫佬

族自治县修建新博物馆，并于 2014 年 11 月完成。新仫佬族博物馆占地面积 4692 平方米，建筑面积 6490 平方米，展厅面积 3000 多平方米，较原来的博物馆有了很大扩张。博物馆设有民俗文化展厅、工艺文化展厅、依饭节文化展厅、历史文化展厅、文化教育成果展厅等多个展厅，采用实物展示、图文说明、场景复原、声光影像等方式展示仫佬族人民生活生产、工艺传承、历史遗珍、历史沿革、人文文化等各个方面。现今馆藏文物 1700 多件，文物藏品丰富，包含石器、瓷器、银器、铜器、木雕木刻、竹编、刺绣纺织等。可以说，仫佬族博物馆领先于全区其他少数民族的博物馆，成为最原始、最完整、最系统的民族博物馆之一。仫佬族博物馆先后成为国家级重点博物馆和广西爱国主义教育基地。截至 2018 年，仫佬族博物馆免费开放以来共接待观众达 6.26 万人次，接待并讲解的参观团体共 180 批次 7841 人次。[1]

同时，罗城仫佬族自治县对村寨的调查保护也取得了很大进展。目前，全县登记在册的不可移动文物已经达到 69 件，其中古遗址为 14 件，古建筑 29 件，古墓葬 7 件，石刻 13 件，近现代建筑及史籍 5 件，碑刻 1 件。

表 6-1　罗城不可移动文物登记在册件数

类型	名称
古遗址	龙岸土城、天河旧县城墙、罗城县老城墙、龙寨教养院遗址、天河观察哨址、罗城清代冶炼遗址、谷洞野王城址、岸新石器时代石器散布点、才岜军事设施遗址、板阳古代军事设施遗址、西华古代军事设施遗址、天河县故城址、石门铜印出土点、地洲铜印出土点
古建筑	双降古民居、平洛开元寺、平洛乐登桥、龙岸邱家祠堂、中石大有桥、黎山门楼、陈家老宅、四把大梧石板桥、瑶灰石拱桥（单孔石拱桥）、下珠石板桥、地梁石板桥、白帝庙、罗城旧县衙、平正路（平正街门楼）、大勒洞祠堂、何家石拱门、大梧村石板桥、吴氏宗祠、黎山石拱桥、峡山屯门楼、良泗拱桥、白洞单拱石桥、冲头石拱桥、田心石拱桥、梯底石板桥、风雨亭、双降古道、回龙桥、三匹江拱桥

---

[1]　参见韦如代：《罗城挖掘民族文化提升文化软实力》，《河池日报》2019 年 1 月 2 日。

类型	名称
古墓葬	平洛和尚岩棺葬、银村古墓（一代）、黄骧古墓、银氏明故始祖墓（二代）、廖维栋墓、欧偕顶古墓、明黎发成军墓及墓碑（黎文裕墓）
石刻	榜山题名石刻、官岩石刻、于公旧治石刻、包姓宗族碑、凤涯山摩崖石刻（天道好还）、永安桥功德碑、韦氏宗族、凤凰大隘口碑、"偕乐洞"石刻、上回龙满汉碑、含乐岩石刻、川岩石刻、甘华义渡石刻
近现代建筑	李德山故居、韦一平故居、抗战期美国飞机失事地、红七军佛子坳战斗遗址、大勒洞民居
碑刻	何家屯"众立禁碑"

资料来源：罗城仫佬族自治县文体局提供。

四、建立多元文化保护与传承基础设施与发展基金

对于文化保护与传承而言，需要一定的活动资金和有力的组织作为保障。政府部门在其中就不得不充当起重要的角色。例如，公共文化服务设施的建设，鼓励文化团队的建设，加大民族文化基础设施设备的建设力度，增强对乡村文化建设的推动，都需要加大资金的投入。也就是说，要构建完善的、一体化的、融合了民族文化和主流文化的文化保护与传承服务体系。近年来，罗城仫佬族自治县在这方面做出了努力。先是在县城投入建设民族文化广场、民族剧院、体育馆、博物馆、文化馆综合楼、青少年活动中心、老年人活动中心等设施，然后是到各个乡镇、乡村建立乡镇文化站、村屯文化活动室、农家书屋。目前这些文化设施都已投入正常使用当中。特别值得一提的是，罗城投入最大的一个文化娱乐设施——成龙湖公园已经建成。此项目共投资约1.5亿元，它是集合了生态、民族、文化、教育等主题为一体的综合性文化景区。与成龙湖公园相配应了民族文化古街、民族工艺传承基地、民俗展示中心、仫佬族影视艺术中心、文化生态乡村、民族特色村寨保护工程等文化设施，成为开展仫佬族民族文化教育活动以及仫佬族传统文化

研究的重要场所。

五、重视培养民间文化传承者

仫佬族特色文化的保护与传承，关键是培养文化传承者，包括文艺表演团队与队伍建设，以及文化艺术作品创新人才的发掘与培养。例如，资助和支持民间艺人、文化传承者对传统文化开展传习教育活动；把仫佬族传统文化的保护与创新工作纳入县级财政预算当中，让其无后顾之忧；在普通教育和职业教育中开展对民族文化的学习活动，并对学习成绩优异者进行一定的奖励。

至今为止，仫佬族山乡已培养出了多名文化艺人。这些艺人既是仫佬族特色文化的传播者又是仫佬族特色文化的创新者，他们实实在在地推动着仫佬族特色文化的可持续发展。如雷贯耳的鬼子，声名远扬的潘琦，以及包玉堂、刘名涛、常剑钧、何述强、银建军、龙殿宝等一批文化研究者都在各自的研究领域有所作为。他们在文学、历史、风俗、文物保护、音乐、舞蹈、歌谣等方面传承并创造着仫佬族特色文化，获得了许许多多的成就，其中仫佬族学者龙殿宝等主编的《仫佬族古歌》就获得了国家民间文艺最高奖"山花奖"。

六、团结其他民族群众力量，争取实现仫佬族特色文化与他族文化、当地经济协同发展

文化的保护与传承需要依靠社会各界的力量，需要各界共同承担，增进各族文化的交流与融合。为达到这一目标，罗城仫佬族自治县充分发动社会公众，把其中优秀者培养成文化传承的骨干力量，努力实现民族文化与经济发展共同进步。截至2016年底，罗城已组建81支业余文艺队，这当中包括县直的9支，也包括72支由社区、村屯组建的。罗城还专门成立了1支专

业的文艺表演团体。这些文艺队当中不仅有仫佬族的群众演员，也有其他民族的群众演员。他们每年都会开展各种文艺表演，观众常常爆满。

在此基础上，仫佬族人们还团结其他民族群众一起商议文化产业发展大计，他们共同开拓文化展览市场、演出市场、商品市场和旅游市场，为仫佬族特色文化传承开拓新场域，提供良好的环境。家庭传承、社区传承、学校传承等手段和形式使得仫佬族特色文化的传承形式更加丰富多样了，有力地推动了文化产业的发展，还连同促进了旅游业、工艺品、制造业、非物质文化项目的发展，这种发展既实现了市场文化与公益文化的统一，也实现了本族文化与他族文化、经济共同繁荣，是"传统与现代"、"共性和个性"的有力体现。

第二节　仫佬族特色文化保护中存在的问题

目前，罗城仫佬族特色文化资源保护还处于相对自然的状态，还没有得到有效的整合，也缺少很好的发展规划。从资源整合上看，没有在一个统一的范畴里，提炼出具有广泛影响、深入人心的文化精髓和形成具有浓郁地方特色的民间文化形象。

一、仫佬族特色文化资源的普查程度远远不够

尽管近几年来罗城仫佬族自治县加大了对仫佬族传统文化普查的力度，然而，与仫佬族丰厚的传统文化相比较，这远远不够，还需要进一步摸清家底，而且更为迫切的是在摸清家底的基础上，梳理和区分在仫佬族特色文化资源中，哪些是可以开发的，哪些是不能开发的？哪些是民族旅游发展的共性资源，哪些是民族文化的个性资源？这些资源具有什么特点和开发价值？

哪些资源的开发价值大？哪些资源适宜近期开发，哪些资源适宜中远期开发？资源之间具有什么引导关系？资源开发要满足什么条件？这些问题没有清晰的思路，导致盲目招商、项目雷同，经济带动不强，特色文化资源遭受破坏等问题。

二、仫佬族传统文化资源流失、消逝情况较为严重

随着城市化和现代化进程的加快，罗城经济发展也伴随着一个与外界文化互动的过程。在这个过程中，外来的文化形态、价值观念等也在逐渐影响着罗城仫佬族的民风民俗，越来越多的仫佬族青年一代已经不会讲仫佬族语言，山歌仅限于祖辈们在生活之中常唱的那一部分，传统歌曲、唱腔消失比较严重。如仫佬族的民歌唱腔十分丰富，多达110多种，然而发展到今天被人们传唱的却只有少数几种了，其他的几乎都要绝迹了。与此同时，仫佬族民族节日越来越形式化，会依饭节祭祀仪式的人越来越少；不少具有保护价值的古民居、古村落缺乏有效的保护，古民居、古村落的原有风格不断消失。

三、保护经费投入不足，社会投入机制没有建立起来

民族文化资源的保护需要大量资金投入。罗城仫佬族自治县作为全国经济发展滞后的县之一，本身的财政收入就不多，人均收入也低，每年投入到民族文化资源保护与传承的资金只能是杯水车薪。因此，经费不足成为制约罗城仫佬族特色文化资源保护工作最大的困难。如此一来，造成许多珍贵的文物没有得到及时保养和维修，许多流散的珍贵文物也因为没有得到及时抢救征集而流失。一些具有很高文物价值、保护价值的古建筑、古民居、古村落，也因为迟迟没有得到相应的保护而破损严重甚至永远消失。

四、文化遗产保护工作的体制和机制不够完善

民族文化资源的保护是一项涉及文化、宣传、宗教、教育和旅游等众多部门的工作，这就需要建立科学的保护规划和领导协调机制。当前，罗城仫佬族自治县还没有明确的民族特色文化资源保护规划，其保护工作的领导协调机制也欠完善，各部门往往出现各自为政以及重复浪费的现象。责任没有明确起来，机制也不够灵活，没有充分发挥政府的主导作用，更没有鼓励社会力量积极参与，对于民间艺人也缺乏有效的保护措施，必要的资金扶持机制、监督机制、奖罚机制也有待进一步完善。

第八章　仫佬族特色文化资源的传承

第一节　仫佬族特色文化资源传承的
合法性逻辑 [①]

文化依托于制度安排而存在。民族文化在向多类型资本转型的过程中，需要特定的制度和管理运行机制来支撑，体现为社会不同场域的权力运行、相互间权力与价值转换的实现。仫佬族特色文化的资本转型、再生产及可持续发展，离不开社会制度、规则、社会关系网络的合法性支持。社会制度和社会关系网络引导着仫佬族特色文化传承行动者与组织结构、资本结构的互动，并通过结成利益同谋共同体，来实现组织—社会的制度同构、组织—网络的制度同构。社会—网络—组织的制度同构为家庭、学校、社会场域在仫佬族特色文化管理方面的贯通和融合提供了可能。

促进仫佬族特色文化发展的家庭、学校、社会等三个主要场域，实际上是相互联系而又相对独立的制度场域。制度场域的生存和延续，依赖于组织和行动者在交易和交换市场上的效率和竞争力，以及适应和遵从先进社会制度和规则的能力。因此，仫佬族特色文化传承和资本转型的过程实质上是仫

---

① 参见课题组成员谢艳娟：《资本转型：仫佬族文化传承的困境与突破》，《吉首大学学报（社会科学版）》2014 年第 3 期。

佬族特色文化传承行动者在家庭、学校、社会等组织场域竞争中获得制度资源、权力资源、财富资源、人力资源、价值资源，持续促进不同类型资本流动和转化的过程。其中制度资源、制度资本[①]、人力资本起着沟通和协调的核心作用。例如，制度资源和制度资本提供了制度场域予以认可的价值、规则和规范，以及用来获得维持财富、权力、名声的合法符号性证明。这些符号性证明反映了仫佬族特色文化传承行动者和现行文化制度的正当紧密关系。因此，家庭场域、学校场域、社会场域需要根据自身的资源数量、结构和组织特征的不同，在系统性制度安排下，为仫佬族特色文化向多类型资本转化提供协同支持。

鉴于制度、关系网络、资源、个体与文化传承集体行动者是仫佬族特色文化实现资本构建和转型的核心要素。我们需要重视发展维护行动者、制度化组织、组织制度本身之间的正当性关系。而社会—网络—组织的制度同构为家庭、学校、社会场域协同建立网络化的调节制度体系，提供了可能。事实上，仫佬族特色文化的传承与资本转型一直迫切需要政府、教育行政管理部门、各层级学校、文化管理部门、文化经营企业、社会公益性团体的共同治理。构建功能完善的联结家庭、学校、社会的制度系统，制定利益调配、利益表达、利益共享的文化管理机制是解决仫佬族特色文化传承问题的制度保障。而政府机构凭借其合法的行政性权威，有责任代表公众利益推动文化管理制度的顶层设计和落实运行，其他组织机构则对制度标准、实施、绩效予以自下而上的监督。参与仫佬族特色文化传承与转型治理的各方，都需清醒认识到，任何制度都具有路径依赖性，它无法完全摆脱旧制度原有惯性的束缚，以及固有利益群体的抵制和反抗，只有勇于进行制度创新，才能成功突破组织制度场域的文化传承困境。

---

①　文中的制度资本包括通常描述为文化资本与社会资本的因素，它反映了制度场域中符合规则的社会文化知识和技能。参见［美］林南：《社会资本：关于社会结构与行动的理论》，张磊译，上海人民出版社 2005 年版，第 188—190 页。

第二节　仫佬族特色文化资源
传承的现状 [①]

仫佬族特色文化的传承活动主要在学校、家庭、社会场域中进行。三个不同场域对仫佬族特色文化的传承虽然存在相互渗透现象，但都在各自的场域空间有独特的价值观念和运行规则，并根据自身掌握资源和资本的不同，在仫佬族特色文化传承中开展着权力的较量和利益的争夺。受资本、惯习、权力、利益等多因素的影响，仫佬族特色文化传承呈现学校场域传承效果相对落后，家庭场域传承效果次之，社会场域传承效果最好的局面。

一、固有惯习使学校场域传承仫佬族特色文化充满阻力，并在利益抉择中艰难前行

与非少数民族地区的学校教育一样，仫佬族地区的学校教育目标和任务仍是向不同学习阶段的学生传授不同层次的普通文化知识和技能，并为学生的进一步学习或就业打下坚实的基础。对学校传承仫佬族特色文化的进展和效果，无论国家层面还是各级教育行政管理部门都没有硬性规定和具体的考核要求。而且学生平时学习成绩与升学成绩的评定、就业选拔，几乎都与民族文化教育经历、效果没有直接联系。[②] 上述固有的认知惯习使仫佬族地区的学校几乎一致默认开展民族文化传承活动对学生的学习、升学、就业，对学校教学质量、升学率不能带来立竿见影的效益，反而可能因为投入时间、人力、物力成本，带来一定的收益风险和其他机会成本的丧失。正是因为上

---

① 参见课题组成员谢艳娟：《资本转型：仫佬族文化传承的困境与突破》，《吉首大学学报（社会科学版）》2014 年第 3 期。

② 参见罗之勇、谢艳娟：《基于"多元文化教育三态说"的仫佬族民族文化传承系统的构建》，《湖南师范大学教育科学学报》2013 年第 3 期。

述惯习以下意识、持久的方式，作用于仫佬族地区广大学校的教育管理者、教师、学生身上，不重视仫佬族特色文化教育与传承已经成为他们共谋的一种集体行为和集体意识。

通过对当地教育行政管理部门和中小学的实地调研，仫佬族特色文化在仫佬族地区的传承情况确实不容乐观。全县 85 所幼儿园中只有 1 所开展民族文化教育活动，占幼儿园总数的 1.2%；165 所小学中，仅有 1 所学校有计划开展民族文化传承，约占小学总数的 0.6%；11 所初中、3 所高中学校中，只有 1 所学校把仫佬族特色文化传承列入办学活动，约占中等学校总数的 7.1%。[①] 面对学前、初等、中等教育阶段学校传承仫佬族特色文化能力、动力不足的现状，我们足以发现当地教育界在学校场域传承仫佬族特色文化的固有惯习，已经严重制约了民族文化在校园的传承、发展。鉴于固有惯习在原有社会综合因素的作用下形成，只有解除社会旧的权益分配规则、制度，形成维护参与者权益的新规则、新制度，才能使参与者打破旧有惯习，形成新的团体价值和行动理念。所以，地方政府和当地教育行政管理部门有责任联合出台激励学校开展民族文化传承的扶持性政策。如设立民族文化传承基金，对申请民族文化传承项目的学校予以立项资助；设立民族文化教育先进学校评比，对入选学校奖励数量可观的奖金；评选民族文化教育先进工作者，对获奖教师在职称评定和职务晋升方面予以优先考虑；对有民族文化知识和技能特长的仫佬族学生，同等条件下在升学和就业方面予以优先录用。

事实上，当地部分有民族文化传承责任感的学校已经在打破不良的文化传承惯习方面做出了积极探索和尝试，但是由于受已有思维方式、既定行为倾向、原有社会结构等因素的潜意识影响，现实情况的改善不容乐观。

罗城县第二小学（以下简称"罗城二小"）作为罗城县诸多学校中传承民族文化的典型代表，通过塑造有仫佬族特色的校园文化，引导孩子在文化

---

① 罗城县幼儿园、小学、初中、高中学校的数量及其传承仫佬族特色文化的情况，由作者根据 2013 年 12 月罗城县教育局工作人员提供的数据统计得出。

展演、竞赛、手工艺品创作中，体验、认同、热爱本民族文化。学校每学期定期组织展现仫佬族山歌文化、历史故事、体育文化、饮食文化、宗教文化、服饰文化、民族工艺文化的黑板报、手抄报、绘画、书法、运动比赛；开展了类型多样的民族文化工艺品设计活动。学校的校歌《我是快乐的仫佬》是本校老师自己作词作曲，用仫佬族民族语言演唱的原生态文化歌谣；校园的教学楼墙壁上都贴有展示学校师生自己创作的民族文化类图画，被称为罗城二小的文化长廊；学生还设计了蕴含仫佬族农耕文化特色的校园吉祥物"小牛乐乐"、汇编了多首仫佬族山歌和顺口溜；每年在学校固定开展"乡土文化进校园"文艺演出系列主题活动，从舞台背景，到演出服装、演出内容都以展示仫佬族特色文化为核心。学校的民族文化传承活动，不仅强化了学校的办学特色，还受到了中央电视台等主流媒体的宣传报道，获得了社会的广泛赞誉。① 但是我们也注意到，罗城二小还没有把民族文化教育活动纳入正式的教学计划，民族文化类校本教材的编写、民族文化校本课程体系的构建还处于空白状态；民族文化教育活动进课堂，明确要求作为教师教书育人的职责，还远远没有实现。学校领导和广大教师虽然已经意识到传承仫佬族特色文化的重要意义和价值，但是在现有教育教学质量考核标准和管理制度倾向于肯定学习主流文化知识价值的前提下，学校为了规避学习民族文化知识挤占学习主流文化知识的风险，仍然只选择了以课外活动的形式传承仫佬族特色文化，而放弃了辅之以课堂教学的形式系统传授仫佬族特色文化知识谱系。这恰恰证明了在学校场域中，惯习具有持久性和传递性，受利益、情感、教育机会、教育结构的影响，它以教育权力运作和机会分配的制度规训来形塑和制约着教育行动者怎样思考和选择自己的行为。所以，我们不可否认，罗城县中小学校传承仫佬族特色文化的主要障碍起源于教育制度性权力的设置和教育行为背后的利益，有别的权力算度并不能使他们传承仫佬族

---

　　① 罗城县第二小学的民族文化传承情况为作者 2012 年 11 月在该校实地参观校园、查阅学校档案资料，与该校校长和部分教师代表座谈的基础上，进行提炼整理所得。

特色文化的行为获得相对较多的优势身份与位置，以及有利的教育机会和资源。于是，大多数学校、教师、学生通过相互谋划，在传承仫佬族特色文化活动中采取不作为，就成了他们约定俗成的"共谋"。学校场域作为一个被文化资本、权力、利益和身份定位所控制的组织机构，其惯习依赖于场域中的运行规则而存在，其教育行为受教育制度的支配，只有通过改进或重新设计左右权利分配、利益安排、身份安置的制度化规训，方能为固有惯习的改变提供合法性证明和支持。

二、文化资本的公益与经济价值，助推社会场域的仫佬族特色文化传承蓬勃展开

社会场域的仫佬族特色文化传承活动，影响辐射范围广，能较好满足不同受众群体的文化精神需求；高质量的文化活动还可以形成文化品牌效益，带动地方文化旅游业的发展，从而改善当地产业结构，促进居民就业或收入水平的提高。尽管当地政府和文化管理部门在社会场域中开展仫佬族特色文化传承具有明显的保护民族文化，培养群众民族自信心、民族认同感的公益性责任，但是不能避免文化活动有可能产生一定的经济价值，并向文化资本转化。我们不可否认"人类的所有活动，从唯利是图的商业行为到超凡脱俗的文化实践，都内在地包含着利益的追求与冲突，甚至是以利益为其根本动力的"①。况且在保持民族文化原生态的前提下，文化资本运作带来的利润可以为文化的保护、创新、可持续发展提供资金，也可以使民族群众意识到高质量、原汁原味的民族文化能使他们过上更好的生活，从而更自觉地保护、传承民族文化。

文化资本一般有两种分类。一类为有形文化资本，它的经营谋划需要获取一定的经济利益。如有偿的艺术展演、文艺欣赏游览活动，富有

---

① 陈燕谷：《文化资本》，《读书》1995 年第 6 期。

民族特色的旅游工艺品、书籍、图画等文化商品。一类即为无形的文化资本，它主要以公益性的文化精神享受为主要经营目的，具有非营利性特征。它常常以公共文化免费消遣的形式存在于公共场所。仫佬族特色文化传承中的文化资本运作兼具公益性和经济性特征，因而得到当地政府、文化管理部门、各类社会团体、普通民众的大力支持，并呈现蓬勃开展的态势。

首先，以社会文化公共服务机构、系列文化表演、送文化下乡为展示平台、载体的仫佬族特色文化资本活动受到仫佬族社会各阶层的赞誉，并扩大了仫佬族特色文化在广西内外的知名度。罗城仫佬族博物馆，罗城县文化馆、档案馆、图书馆、青少年活动中心、村镇文化站等公益性文化服务机构是社会场域中传承仫佬族特色文化的重要组织，并以其良好的设施设备、专业化的工作人员，前沿的文化宣传理念、科学的教育方法，引领着民族文化向有品位的公益性文化发展。文物展览、文献资料收集整理，民族文化人才培养、文艺节目公益性演出是上述文化服务机构主要的民族文化传承活动内容。如罗城仫佬族博物馆，从 2004 年就开始向社会免费开放。馆内文物包括国家一级文物及许多珍贵历史、民族文物等在内共计 2000 余件（套）；分设民族民俗文物展厅、历史文物展厅、革命文物展厅、仫佬族农家居住场景、仫佬族依饭节场景五大展厅；集中展示了仫佬族依饭文化、走坡文化、服饰文化、饮食文化、建筑文化、乡土文化、精品文化、公共文化等十大主题文化，极大满足了本地中小学生、居民、国内外游客参观、学习的需求；并与多所中小学、大学联合成立了仫佬族特色文化教学、研究、实践基地，使博物馆成为展示、宣传、研究仫佬族特色文化的重要窗口和名副其实的"公益文化品牌"。如果说博物馆、档案馆、图书馆等文化服务机构展示的是以实物、图片、文字为主的静态文化，那么在广场、剧院、文体活动中心、文化站等公共场所举行的由专业艺术团、业余艺术团开展的"月月有主题，周周有活动"的文艺表演节目，春节文化系列演出、广场文化系列演出、艺术创作系列演出、送文化下乡系列演出都不求回报地长期活跃在仫佬族山

乡 ①，充分体现了仫佬族特色文化传承向公益文化资本转化的主流特征。

在社会场域中，一些仫佬族特色文化传承活动，经过历史的积淀、文化与社会的变迁，已经成为有较大经济效益的文化产品、文化产业、文化名片，展示了营利性文化资本在保护民族文化传承的前提下，促进当地经济发展的积极作用。这一点以仫佬族依饭文化节最有代表性。正是看到了民族文化的资本效应，当地各级政府在支持特色节庆文化的举办方面体现了积极主动的态度。所以，作为仫佬族人感恩还愿、庆祝丰收、祈求人丁安泰的依饭节，逐渐演变为由政府主导宣传、弘扬民族文化，带动民族文化产业发展的文化资本运作活动。2009 年以前，"依饭节"只是仫佬族的传统民间活动。2009 年 11 月，由罗城县政府主导举办的首届全县性"仫佬族依饭文化节"，进一步拓展了传统"依饭节"的文化内涵，不仅有原生态文化演出，还增加了经贸交流、洽谈活动。2013 年 11 月举办的第二届"依饭文化节"以更为丰富多彩的文化节目演出、文化商品交易、文化产业项目开发活动吸引了国内外大量游客、旅游代理商、文化商品经销公司、文化产业开发商来到罗城县进行文化之旅、商务之旅。展示工艺文化的仫佬族根雕、刺绣、木雕、煤砂罐等传统工艺品；蕴含民族医学文化的仫佬族特色医药产品；展示仫佬族农业文化、饮食文化的特色农产品、特色食品；正在筹备开发建设的仫佬族传统手工艺展演中心、民族美食文化节、仫佬族影视基地、民族特色村寨、生态旅游基地等文化产业项目都是仫佬族依饭节产生较好经济价值的重头戏。但是，我们仍需要清醒地意识到仫佬族特色文化在向营利性文化资本转化方面，还存在很多问题。如文化商品的品种不多；成系列、有文化品位、设计新颖美观、附加值高的高端工艺品少；文化产业项目的整体规划、协调开发、文化服务功能相互衔接方面还亟需改进；文化产品设计、开发、销售，文化产业策划、规划、营销、经营管理的专业人才还很缺乏。要改变仫

---

① 罗城县各级政府与社会文艺团体传承民族文化的概况介绍，为作者于 2012 年 11 月在该县文体局实地访谈时，根据被访谈者所提供的档案材料、口头汇报等信息资源整理得出。

佬族特色文化资本运营中的问题，当地政府、文化管理部门、文化经营企业还需要探索经济资本、象征资本、人力资本服务于文化资本的途径和方法，并秉持超功利性的信念促进仫佬族特色文化的资本化。在仫佬族特色文化资本化的过程中，利益的产生必定伴随着它的对应物——超功利性，文化的超功利性是文化资本服务社会发展的基础。

三、社会资本分层功能诱致不同层次的仫佬族特色文化在家庭场域中非均衡发展

仫佬族作为一个重礼仪、品行，爱劳动、有智慧，具有强烈的家族、家庭观念的民族。家庭成员、家族成员、村落中的村民、外村的亲友是仫佬族人在家庭生活中涉及的主要人际关系，也构成了他们人生成长发展所需的重要社会资本。家庭场域中仫佬族人的社会资本主要指的是家庭成员个体、家庭成员群体、家族成员群体、村民群体、亲友群体间受仫佬族传统文化、传统民族心理影响形成的具有一定规律性特征的社会关系结构、社会心理结构。社会资本所涵盖的社会关系结构、社会心理结构需要仫佬族人以家庭为核心，通过个体、群体行为长期践行、维持、保护仫佬族人所普遍认可的知识、规范、规则、期望来巩固其在家庭、家族、村落中的社会地位。所以，仫佬族家长为了孩子的思想、道德、行为、知识、能力符合社会交往的要求，被社会认可接纳，增强获取社会利益的能力，很重视依照仫佬族社会文化习俗来向自己的子女传承仫佬族特色文化。如仫佬族家长、族长从小就对儿童进行伦理道德、家规、衣食住行、劳作方面的品行教育，进行卫生习惯、营养保健方面的健康教育，进行歌谣、传说、寓言方面的启智教育，以及进行祭祀、宗教、祖先崇拜方面的家族教育，其中尤以在仫佬族各个"冬"的宗祠里举办的民间依饭节最有代表性。

在依饭节的依饭道场里仫佬族人祭拜祖先、神灵、庆祝丰收、增进家庭和族内团结、祈求人丁兴旺；在法师的主持下按照一套完整的程序，即安坛

请圣、点牲、劝圣、唱神、合兵、送圣六个步骤祭祀祖先、神灵，在此过程中法师以说唱、歌舞结合的教育形式向参与祭祀的族人传授仫佬族的宗教信仰、民族历史、道德训诫、天文、地理、农业生产、生育等文化知识，使族人的思想、行为接受仫佬族传统习俗文化的熏陶。祭祀活动期间还是亲朋好友互动交往的大好时机，整个村寨，家家宾客盈门，即使几十里以外的亲友也赶来祝贺。从而使依饭节成为仫佬族人进行祭祀教育、宗教教育、家族教育、生活常识教育、人际关系教育的平台和载体，也成为族人、亲友间巩固强化社会资本的重要途径。

社会资本在仫佬族特色文化传承中不仅具有正向效应，还具有负向效应。由于预测到遵守、传习某类行为准则、规范、情感、习俗并不能给个体、集体带来利益或者获得的利益远远低于成本投入，受社会资本趋利避害特性的影响，仫佬族人为了降低不确定性、减少社会交易成本，易于放弃传习一些民族文化，即使它是仫佬族区别于其他民族的重要特征。以仫佬族口头语言传承为例，仫佬族作为一个无文字的民族，民族口头语言是仫佬族区别于其他民族的重要特征，其传承意义不言自明。但是，现实中仫佬族孩子无论读书还是将来在本地或外地工作所使用的沟通交流语言基本是以普通话为主，听懂、会讲普通话是仫佬族人融入主流社会的必备条件。为了获得更多向社会上层流动的机会，实现社会资本价值的增殖，仫佬族地区的家长更加注意引导孩子学说汉语。有意识地教孩子学说仫佬语的家长少之又少，只有年龄大的老年人之间才说仫佬语，导致现在很多仫佬族孩子乃至年轻人只会说汉语。这一现状如果得不到及时改善，随着时间的流逝，仫佬族口头语言，以及以口头语言为主要表现形式的仫佬族口传神话、歌谣、寓言等将面临失传的危险。

理性选择理论认为，人既有行为偏好倾向，也有理性选择能力。作为有多样性需求的理性人，他是追求工具理性、价值理性、社会理性的综合体，可以根据特定的情景和利益需求，选择截然不同的行为策略。针对仫佬族不同层次文化在家庭场域中的非均衡发展状态，民族文化工作者需要在个人选择与社会选择、代价与成本、个人自身利益最大化与社会福利最优化方面做好引导与监督工作。①

第三节　仫佬族特色文化资源传承的实施主体与博弈模式

一、仫佬族特色文化资源传承的实施主体

从专业化、知识能力的选择角度而言，仫佬族特色文化资源传承的实施主体有四个主要来源：专业人员、协会、其他精英、仫佬族群众。仫佬族特色文化传承所需的专业人员专业化主要依靠两个方面来实现，一是大学专家提供的知识、思维、观念层面的合法化和正规化教育，二是文化传承组织间赖以相互认同、快速扩散的共享式人才网络的成长和完善，学校和专业的培训机构是促进文化专业人才成长的重要中心，专业协会和行业协会是支撑仫佬族特色文化发扬光大的重要渠道和中介桥梁，仫佬族特色文化传承专业人员对民族文化的共识，达成的信息交流与资源交换，表达出的专业化知识和能力，有利于仫佬族特色文化的可持续性再生产，借助不同教育阶段、多层级学校、文化培训机构的文化育人力量。

仫佬族山乡已培养出多名仫佬族特色文化传播与创新使者，很多人成为仫佬族特色文化研究的专家。这些仫佬族特色文化精英在仫佬族文学、历史、文物保护、音乐、舞蹈、歌谣等方面都有较为深入的研究，取得了诸如《罗城歌谣集》《罗城民间故事集》《罗城谚语集》《仫佬族音乐》《仫佬族舞蹈》《仫佬族历史与文化》《仫佬族风俗志》《仫佬族风情录》《文场常用曲目》《仫佬族古歌》《仫佬族通史》等较为丰硕的研究成果，扩大了仫佬族在广西

---

① 参见马翀炜、陈庆德：《民族文化资本化》，人民出版社 2004 年版，第 248—249 页。

乃至全国的影响力。与仡佬族特色文化传承专业人员的培养成效相比，仡佬族地区的文化传承类专业协会、行业协会也在民族文化传承中初见成效。诸如本土作家协会、民间文学协会、书法美术协会、诗词楹联协会、山歌协会、乐器协会、醒狮队、龙队等文化类协会的影响力正逐步扩大。同样，仡佬族地区的行业协会也正在建设中探索积累经验，当地有烧陶、土布编织、刺绣、根雕、木雕、制酒、仡佬医药、茶叶生产、草编等传统文化类手工业或现代化工业在不断发展壮大。成立于 2012 年 8 月的仡佬医药协会，在协会运作方面的有效经验值得推广借鉴，它在组建仡佬族医院、仡佬族医药研究所，发掘整理全县 2200 多种药材，研究总结仡佬医药对疑难病症的治疗功效，编撰学术著作《仡佬医药》，扩大仡佬医药的人才培养，推广宣传仡佬族医药文化方面都作出了很大贡献。其他精英如仡佬族企业家、文化产品生产销售者、律师等众多行业精英，以及广大的仡佬族群众，更是促进仡佬族特色文化内生型制度实施的基础性力量，他们作为仡佬族社会结构的主要组成部分，都会自下而上地参与他们所居于其中的社会文化系统的再生产和重构。

二、仡佬族特色文化资源传承博弈模式

仡佬族特色文化传承者之间的博弈主要体现为文化传承艺人、民族群众、知识分子、专业协会、文化经营者之间基于利益和信息判断基础上的竞争与合作共存博弈。博弈论认为制度是由集体共同行为中的信念和模式组成，在博弈活动中以利益为诱因，引导行动者选择行动策略，各行动者之间的博弈，都试图确保其他行动者服从自己。

一方面，博弈论提供了在给定条件下研究自我实施信念和行为有效的分析工具；另一方面，它利用规范、信念、组织和规则构成制度化的行动系统。虽然不同文化传承行动者之间在文化传承所涉及的经济利益、文化选择与优先享用利益、文化继承与创新权益等方面有着利益之争，但是发展创新

仫佬族特色文化，使之得到可持续发展是不同博弈者广泛认可的共同利益，从而为他们在仫佬族特色文化传承中采取合作式的行为策略提供了可能。不同文化传承行动者在知识、能力、可自由支配时间、剩余分配、专业化地位、财富、身份方面的差异，影响了他们各自获取、分析、鉴别博弈信息的能力，以及在复杂环境下对行为预期结果做出准确判断、选择精准行为策略的能力，从而规制了他们在竞争和合作中的主动权、选择权、议价资格。仫佬族特色文化传承艺人、知识分子、专业协会、文化经营者相对于其他文化传承行动者来说，掌握较多的仫佬族特色文化专业知识、获取文化信息的渠道较为广泛、可自由支配的时间较多、鉴别信息真伪的经验较为丰富、在文化传承中专业化程度相对较高，与仫佬族普通民众相比具有明显的博弈竞争优势。

各博弈竞争优势群体，虽然有各自的比较竞争优势，但是只有优势互补，各展所长，强强联合，才能使仫佬族特色文化传承收益最大化。仫佬族特色文化传承艺人在民族文化技艺方面特长突出，但是市场抗风险能力不强；知识分子对仫佬族特色文化的理论创新和系统梳理方面有知识优势，却对文化传承实践环境缺乏深入了解，容易纸上谈兵；专业协会在汇聚集体优势力量，发挥专业联盟的议价、抗风险、变革能力方面实力雄厚，但经济意识、文化经营能力较弱；文化经营者的市场敏锐度、开发文化类产品的能力强，经验丰富，但是可能为了经济利益而破坏文化生态或忽视保护文化的可持续性发展。如果上述文化传承者在博弈中只是拿各自的优势进行硬碰硬的竞争，势必两败俱伤、一损俱损，只有把知识分子和专业学会的专业知识优势、文化传承人的实践技能优势，与文化经营者的市场拓展与产品开发优势相结合，方能实现仫佬族特色文化传承行动者在文化保护创新、文化可持续发展、促进经济发展、推动社会和谐等方面，实现利益共享、高度信任、广泛深入的合作，从而也为仫佬族群众在文化知识有限、获取信息能力有限的境遇下，在利益诉求、权利维护和行为策略选择方面，产生更科学的文化传承行为、选择偏好，提供高信度、高效度的参考。

第九章 仫佬族特色文化资源保护与
传承的机制与策略

仫佬族历史悠久，创造了丰富多彩的特色文化，有大量的物质文化资源，如建筑、文化景观、服饰、文物等，也有丰富的非物质文化资源，如山歌、舞蹈、神话、傩戏等艺术和技艺。这些特色文化具有独特的存在价值。由于认识偏差及掠夺性开发，一些文化资源正面临被破坏、消失或濒危的严重现实，需要我们从机制、教育、资本策略及政策措施等方面入手，从根本上有效保护仫佬族特色文化资源的真实性与完整性。

第一节 仫佬族特色文化资源保护
与传承的机制

一、仫佬族特色文化资源传承的内在机制 [①]

自 20 世纪中叶以来，如何保护与传承少数民族文化资源一直为世界各国政府及学界所关注，并进行了大量的学术研究与实践探索，取得了显著的成效。各国各地或制定少数民族文化资源保护的政策法规；或建立物质与非物质文化遗产保护名录，进行相关的保护措施；或认定文化保护人，并激励

---

① 参见课题组成员谢艳娟：《仫佬族文化内生型传承制度分析》，《民族论坛》2015 年第 4 期。

他们传承民族文化；或通过举办民族文化节庆，发展旅游、养生、饮食等民族文化产业，宣传民族文化。我国的民族文化资源保护与传承也得到了许多学者的重视，不少学者提出了保护古村落、文化兴村等主张，建议按照不同的类型、不同的民族、不同的村落，实行一对一的保护。课题组认为，民族文化资源的保护，关键在于作为文化主体的当地人的参与，要从当地人的文化传统、固有思维及行为习惯中形成民族文化的"内生"机制，才能形成最适合的民族文化保护路径。内生机制源于内源式，也称参与式发展，即发展主体必须参与到行动中，成为行动主体。这就需要给发展主体"赋权"，让当地人成为某一活动或行动的主导者，而不是旁观者。尽量让他们利用自己的文化、知识、经验等，每个人都行动起来，参与到本地发展的所有活动、每个环节当中。同时，在参与中也能增强当地人的自觉性和自信心。

罗城仫佬族自治县文化资源的保护，一方面要依赖当地政府的"文化名县"战略，政府要在规划、资金、政策、经济水平等方面做文章；另一方面，要明确仫佬族人民是文化保护的主体，体现以群众受益为主的人本化取向，而不是为了政府的形象工程或政绩，更不是为少数人得益。这样，才能激发当地群众保护自己文化的意识，增强保护的能力和信心，并最终创造出充满文化特色、文化经营活力、文化和谐发展的多赢格局。

（一）以民族传统村落为核心，加强群众自发参与的引导，形成文化保护与传承的社会氛围

由民族文化的内生机制理论得知，仫佬族特色文化资源的保护与传承需要仫佬族人民作为文化主体的全员、自觉参与；否则，只是外界力量的推动，难以成功或有可持续性。因此，仫佬族特色文化资源的保护与传承最重要的是仫佬族人民对本民族文化要有着高度的认同感与自豪感，有保护与传承本民族文化的强烈意识，并愿意为民族文化资源的传承贡献力量。目前，罗城有城乡业余文艺队 102 支，业余体育队 116 支，文化志愿者服务队 15 支，龙狮队 40 多支，分散在乡镇基层一线的各类乡土文化艺人达 400 多

人。这些乡土艺人是仫佬族文化保护与传承的基本力量，起到了积极作用，收到了很好的成效。如有着 700 多年历史的东门镇石围屯，2014 年被评为"中国少数民族特色村寨"；小长安镇崖宜屯利用武阳江畔良好的生态环境资源优势，打造了远近闻名的生态旅游村，2014 年被评为广西特色旅游名村，其生态旅游一直办得不错；四把镇铜匠村民俗旅游资源丰富，积极开展了民俗参观、民俗娱乐、民俗体验等文化活动项目，每年都吸引了大批游客参观、体验，已发展成为仫佬族特色文化资源的展示基地。罗城县应组织更多的村民参与到村落的文化传承中来，形成主动传承仫佬族特色文化的社会氛围，进一步把仫佬族特色文化推向世界。

（二）发扬传统社会组织与民间协会的作用，形成文化保护与传承的组织保障体系

如前面所述，仫佬族一般一个村落居住同一姓家族，杂居的情况较少。有一些较大的姓氏家族，如吴、罗、银等家族设有一个名叫"冬"的社会组织，由"冬头"来管理家族内部事务，组织协调好内外部各方面事宜，并维护宗族的团结和凝聚力。还有其他的传统社会组织，如"会款""土岭公约"等，无不体现了仫佬族人特有的集体管理、协同发展、和睦相处等传统管理文化。

根据仫佬族的这种传统管理文化，在仫佬族传统文化的保护中，应继续发挥这些传统社会组织的作用，并根据新的形势，建立一些新的民间协会，以发挥新老社会组织在保护文化方面的重要作用。目前，仫佬族已成立了各类民间协会，包括本土作家协会、民间文学协会、山歌协会、诗词楹联协会、书法美术协会、醒狮队、龙队、乐器协会等文化类协会，以及医药协会、茶叶协会、毛葡萄协会等服务特色民族经济的行业协会。这些协会在当地社会文化经济生活中发挥了重要作用，为民族文化保护提供了有力的组织保障。如仫佬族医药协会，于 2012 年成立，随后组建了仫佬族医院和仫佬族医药研究所。目前，该协会已发掘整理了 2200 多种药材，并组织全县仫佬族医药研究者编撰并出版了《仫佬医药》，这是第一部仫佬族医学著作，在仫佬族医学

史上有着十分重要的意义，有力地保护与传承了传统仫佬族医药的发展。

（三）借助民族节庆文化，促进本土文化与外来文化的融合，推动仫佬族特色文化创新与发展

民族间的交往是不可避免的，民族文化的交融也是必然的。任何民族的文化发展，总是要汲取其他民族的优秀文化，这就是所谓的文化采借。

仫佬族长期与汉族、壮族等杂居，在经济、文化、社会生活各方面都有着十分密切的关系，文化也不例外。仫佬族的宗教信仰、生产生活习俗、教育文化等都受到了其他文化的影响，同时又保留着自己的文化内涵。如仫佬族的宗教信仰原来是以自然崇拜为主的原始宗教。在汉文化的影响下，已由单一的自然崇拜向包括佛教、道教等宗教在内的多神崇拜转变。仫佬族崇文重教的教育文化，以农为主、以商为辅的经济文化等都受到了汉文化的影响。而最能体现仫佬族特色文化包容的是节庆文化，即利用节庆吸引其他民族参与，从而吸收其他民族的文化元素，激活仫佬族自身的特色文化。而最能体现这种节庆文化的便是"依饭节"。

依饭节是仫佬族人民的还愿节，也是庆祝节。在节庆的几天时间，仫佬族人以依饭道场的唱神、颂神、跳神为表演形式，祭祀先祖与神灵，感恩还愿、庆祝丰收。现在，每年的"依饭节"既保留了传统的祭祀活动，又融入了新的文化艺术活动，如歌舞、草龙舞、仫佬竹球、山歌"歌王"擂台赛、仫佬剧演出、民族特色街参观、仫佬族医药发展论坛等，传统的与现代的都融入其中，成为涵盖民俗、艺术、体育、饮食、旅游、经贸于一体，内容丰富、形式多样的民族文化活动，产生了积极的社会效应与经济效应。因此，节庆是民族文化传承与创新的重要场域，应进一步加强。

（四）区别文化资源类型，形成差异化的民族文化分类保护体系

如前面所述，仫佬族的文化资源丰富多样，对待不同类型的文化资源应坚持差异化的分类保护原则。要保护仫佬族特色文化景观资源，就应该将其

转化为文化景观旅游观光资源，重点建设好那些旅游观光价值高的自然景点，如武阳江漂流、水上相思林、剑江风光、科马堤岩、含乐岩等；要深入挖掘一批文化古迹的历史价值与审美价值，如古人类文化遗址、开元古寺、古县城遗址等，尤其是"一代廉吏"于成龙的廉政文化价值。要保护仫佬族特色文化风情资源，就应将其民族特色和展示体验相结合，如以依饭节为节庆主体，设计仫佬族美食文化节、仫佬族特色文化大型实景演出、生态旅游发展论坛、仫佬族服饰工艺论坛与展销会等。通过这些节庆式活动，让人们亲身体验更多的民族元素，从而起到传播和保护仫佬族特色文化的重要作用。要发挥仫佬族特色文化艺术资源优势，就应对其山歌、文学、戏剧、建筑、工艺美术品等文化艺术资源进行系统调查、分析、整理、开发与艺术提升，深刻分析其基本价值，吸取精华，剔除糟粕。同时，要借助现代艺术的技术与形式，打造具有民族特色、古今结合的艺术精品。

二、仫佬族特色文化资源传承的社会规范机制

社会规范可以产生一种共享观念、共享思维、共享价值观的文化认知图式、惯例，并以一种自主选择、非强制性，道德情感驱动、文化认同、身份认同、组织认同的自控力引导仫佬族社会中的各类组织和文化传承行动者传承创新仫佬族特色文化。针对当前仫佬族优秀传统文化受重视程度不够，在家庭、学校、社会中的传承效果有待提高，群众保护、创新仫佬族特色文化的意识不强的现状，文化传承行动者和各相关组织需要大力宣传保护、传承、创新仫佬族特色文化的迫切性、重要性、意义及价值，使仫佬族民众认同、拥护仫佬族特色文化传承的理念，形成传承创新仫佬族特色文化的强烈责任感和坚定的承诺和忠诚。如通过家庭教育从小培养仫佬族孩童的民族意识与情感；通过学校教育提高仫佬族人对民族文化的认同和理解，形成相对一致的文化认知图式；通过社会教育提高仫佬族民众的民族文化自信心、忠诚度。一旦较高强度的社会规范形成，它将以巨大的内激性力量，使仫佬族

特色文化传承行动者自主约束，推动自己的言行举止、思维观念、道德品质符合仫佬族特色文化要求与社会规范的期待，并迸发出传承创新仫佬族特色文化的无穷智慧和精神动力。

三、仫佬族特色文化资源传承的模仿机制

模仿机制是仫佬族特色文化传承组织和行动者在没有自主发现适合本民族文化传承创新的适当性、优越性模式和途径的前提下，为了获得文化发展优势，而构建模仿其他民族文化传承创新先进经验的制度化机制。如针对当今仫佬族地区的文化创新能力不足，文化研究机构匮乏、文化产业发展相对缓慢的竞争劣势，通过对其他民族在这方面成功运作的案例进行分析，并借鉴土家族在这方面的适切性经验。土家族为了提高民族文化传承创新能力、促进文化产业发展，联合地方大学与地方政府的协同力量创建了中国土家族文化传承院，它包括民族文化博物馆、土家族艺术团、土家族文化研究中心和民族文化产业园。虽然罗城仫佬族自治县已经从 2004 年就开始面向国内外参观者免费开放拥有国家一级文物及许多珍贵历史、民族文物等在内共计2000 余件（套）的国家级重点博物馆——罗城仫佬族博物馆，并已建成总投资约 1.5 亿元，以生态、民族、文化、教育为主题的综合性文化景区——成龙湖公园，但是仫佬族特色文化研究中心、仫佬族特色文化艺术团、仫佬族特色文化产业园仍没有筹建，且缺乏综合性机构对上述仫佬族特色文化传承类组织进行统一协调管理。

因此，借鉴土家族的相关经验，当地政府依托现有的仫佬族博物馆、成龙湖公园的资源优势联合地方区域性大学，增建以本地大学专家学者为主，国内名校知名专家学者为辅的仫佬族特色文化研究中心；新建由本地大学艺术类专业教师指导，由当地专业文艺队和业余文艺队组合而成的仫佬族艺术团；组建集设计研发、生产销售、特色工艺流程展示、参观游览为一体的仫佬族特色文化产业园，并在此基础上设立仫佬族特色文化研究院统一管理上

述多家仫佬族特色文化传承机构。这是一种模仿机制主导下的理性选择，在使用模仿机制推动仫佬族特色文化传承创新的过程中，切记不要盲目跟风，需要根据自身的资源优势、已有的发展基础、达到预期效益成果的可能性等关键因素，着重有选择、有改造地进行制度化模仿，以便为模仿行为提供合法化机制。

第二节　仫佬族特色文化资源保护与传承的多元文化教育 [①]

仫佬族特色文化具有很强的包容性，它一直受汉族文化、壮族文化等影响，常常在容纳与选择他族文化中不断反思与超越自己。因此，在仫佬族特色文化的保护与传承中，必须考虑仫佬族区域的多元文化背景，实施多元文化教育，这样才能找到仫佬族特色文化保护与传承和多元文化教育彼此共生的路径，才能实现仫佬族特色文化与其他民族文化的协同发展、协同创新。

一、多元文化教育：仫佬族特色文化资源保护与传承的教育理念

仫佬族特色文化资源的保护与传承需要依靠学校教育、家庭教育和社会教育的大力支持与相互配合，三者缺一不可。在这三个教育场域中，都依靠科学、合理的文化教育制度作保障。在仫佬族特色文化的发展进程中，始终与汉族文化、壮族文化等相互采借，相互融合，共生发展。因此，仫佬族特色文化在保护与传承中，要秉承兼容并包的文化取向，将本民族的优势、特

---

① 参见课题组成员谢艳娟：《多元文化教育与仫佬族文化的传承》，《教育评论》2014 年第 11 期。

色文化与汉、壮、苗、侗等优秀民族文化实现强强融合，从一元文化取向转向多元文化取向，善于从其他优秀民族文化中汲取精华。那种非此即彼的对立观念是十分错误的，也不能用这种错误观念下的民族文化教育组织机构的运行和教育管理制度的制定保护与传承仫佬族的文化。

面对多元文化融合，我们在仫佬族特色文化教育中，既不能只坚持所谓的主流文化，从而放弃自己的民族文化特色；当然也不能过于强调自己的民族特色文化，无视主流文化，这都将使仫佬族特色文化的保护与传承散失多源头动力。无论是学校教育，还是家庭教育、社会教育，在仫佬族特色文化的保护与传承中，都应坚持多元化、开放性的态度和理念，互相取长补短，相互融合，共同发展。这就需要我们的政府和教育、文化管理部门要精心进行顶层设计，从制度设计上支持多元文化教育，促进多元优秀文化共同发展。如我们在中小学、幼儿园教育中，可加大乡土教材、地方与校本课程资源开发、本土课外读物，甚至办学体制改革等方面的力度，在经费、政策等方面予以支持，鼓励学校积极开展各种仫佬族特色文化的传承活动，从而促进仫佬族特色文化与当地其他民族文化协调发展。

二、政府主导、多元参与、多元文化协同发展的仫佬族特色文化保护与传承服务体系

多元民族文化的共生发展必须以尊重和理解不同的民族文化为出发点。在这一理念下，仫佬族特色文化的保护与传承必须在与汉、壮、苗、侗等优秀民族文化的交流中形成文化共生、协同发展。

第一，要建立健全多文化传承的仫佬族综合性文化服务中心。在综合性文化服务中心建设过程中，政府需要在综合性文化服务中心的规划、建设、管理、运营等各个环节发挥主导作用，通过研究人民群众的精神文化需求，做到因地制宜，科学规划，分类指导。值得注意的是，发挥政府的主导作用不意味着包办，要将政府职能从"办文化"向"管文化"转变，处理好主导与引导的

关系，积极吸纳社会力量参与综合性文化服务中心建设和管理体系建设。

第二，要创新仫佬族综合性文化服务中心建设和管理服务投入方式。创新综合性文化服务中心建设和管理投入方式，是推动仫佬族特色文化管理体制改革、激发各类社会主体参与仫佬族特色文化发展的积极性，进而丰富仫佬族地区公共文化产品和服务，更好地满足仫佬族人民文化消费需求的重要举措。一是公共文化管理部门要树立市场思维，明晰政府的角色定位，以"采购"代替"生产"，以"资助"代替"投资"，在综合性文化服务中心建设和管理领域引入竞争机制，形成多种主体、多样渠道提供公共文化产品和服务的格局。二是要创新投入方式，通过采取政府购买、贷款贴息、项目补贴、定向资助等政策措施，支持社会各类文化机构、个体参与仫佬族综合性多元文化服务中心建设。例如，逐步建立综合性文化服务中心政府采购制度，支持民营文化企业、文化类社会组织的产品和服务进入采购目录。三是要加强对仫佬族综合性多元文化服务中心建设资金使用情况的监督和审计，确保资金投入社会效益最大化。

三、利益共享、权责分明的仫佬族特色文化教育政策体系

教育政策的制定与运行受文化环境、文化惯习政策制定者及政策执行者的利益倾向等多种因素的影响。我们应采取有效措施构建与仫佬族特色文化及其运行环境相适应的教育政策体系，为仫佬族多元文化传承提供政策保障。

首先，要制定和执行权责分明、执行有力的仫佬族特色文化教育问责制度。总体上讲，教育行政管理部门对民族文化保护与传承教育承担管理责任和起主导作用，各类学校承担文化传承教育的主体责任。具体而言，教育行政管理部门应在广泛调研、征求意见的基础上，明确各类学校在仫佬族特色文化保护与传承教育中的目标与任务；邀请专家学者、文化艺人、文化管理者、一线教师共同商讨不同层级学校仫佬族多元文化传承的大纲、仫佬族特色文化和校本课程体系的构建、课程教学大纲的设计、校本教材的编写；设

立专项基金，对各类学校担任民族文化保护与传承的教师进行培训；定期对各学校传承仫佬族特色文化的情况进行绩效考评，并将考评结果公布于社会，给予相应的奖惩。

其次，实施双语教育，推动仫佬族学生在学好汉语的同时，知晓本民族语言。双语教育既是我国民族教育的一项基本政策，也是民族文化保护与传承的重要手段。目前，仫佬族地区的主要通用语言是汉语，极少数学校开设仫佬族口头语言课程体系，导致相当多的青少年、儿童都不会说自己民族的语言，只会说汉话。仫佬族是个没有文字的民族，其民族文化的传承主要靠民族口头语言，如歌谣、古歌、民间故事、民族音乐、谚语等都需要口头语言的传承，也只有其口头语言才能真正阐释其独特而又久远的民族文化韵味。因此，教育行政管理部门要制定政策和采取有效措施，在中小学开设仫佬族语言学习课程，采取讲故事比赛、做游戏、诗歌朗诵会、民族音乐与话剧表演等多种教学形式与方式，让学生们在充满趣味中主动参与仫佬族口头语言的学习和练习，从而避免本民族语言濒临失传的境地。

最后，大力开发地方文化课程和校本文化课程。罗城仫佬族自治县政府及教育局要积极争取中央及地方各类发展资金、专项经费及扶贫资金等，用于仫佬族特色文化保护与传承的各类活动，尤其是用于大力开发地方文化课程和校本文化课程。这些课程内容包括民族习俗、民族信仰、民族音乐、民族工艺、民族医药、民族体育等。课程开发的主体包括专家学者、学校教师、社会名流、学生家长等。

第三节　仫佬族特色文化资源保护与传承的资本转型策略

非物质文化遗产的保护依赖于传承。仫佬族特色文化的传承主要有三个方面，即学校、家庭和社会场域。这三个场域的资本与惯习都不一样，传承的方式也就不同。如何让优秀的仫佬族特色文化在学校、家庭、社会场域的保护与传承中，"扬弃"传统惯习，实现民族文化资源向文化资本、经济资本、社会资本、象征性资本转型，这是促进仫佬族特色文化与当地经济、社会协同发展的关键。

一、推动文化资源向文化资本转化，形成文化再生产机制

仫佬族特色文化资源丰富，宗教文化、节庆文化、服饰文化、饮食文化、人生礼仪文化、工艺文化、传统体育文化、医药文化、建筑文化、婚俗文化、歌舞文化等，精彩纷呈，各具特色。目前，这些文化资源都没有得到很好的挖掘、整理和开发利用，也即文化资源没有很好地转化为文化资本。

文化资本是累积文化知识的一种社会关系，这种累积依赖赋予的权力和地位。当政府、教育部门、文化部门及经济管理部门制定鼓励性的政策措施，引导人们保护和传承仫佬族特色文化时，人们为了获得相应的赠予性权力和社会竞争优势，就会把学习传承、经营、开发仫佬族特色文化当作一种资本投资，从而顺利实现文化资源向文化资本的转化。

假如我们创造一种环境，或形成一种制度文化，让那些认真学习及传承仫佬族特色文化者、掌握了仫佬族传统工艺技能者、经营仫佬族特色文化产品者能在升学加分、就业优先、税收减免等方面获得利益时，那么，在学校和家庭场域中，学校、老师及家长都会支持学生去学习仫佬族传统文化，学生也会认真学习民族文化，以获得升学加分及就业优先的优势，文化资源就会内化为众多学生的文化资本。在社会场域中，众多文化类型的中小企业者、个体经营者及仫佬族民众也会积极开发经营仫佬族特色文化产品，构建文化产业链，创新文化管理制度，从而实现仫佬族特色文化资源向具体文化资本及制度文化资本转化的再生产机制。相比较而言，学前的家庭教育阶段和学校教育阶段最为关键。在学前的家庭教育阶段，家长们可以有意识地将

仫佬族的语言、传统习俗、宗教信仰、道德品质等仫佬族传统文化潜移默化地传递给下一代，这是一种家庭场域中对仫佬族特色文化惯习的教育。学校教育包括小学、初中、高中、大学四个不同层次的教育，层次不同，教育的内容、形式也不尽相同，但都是传承仫佬族特色文化、实现文化资本功效的重要阶段和形式，需要紧密配合传承仫佬族特色文化。

二、实现文化资本的多元转化

文化资源转化为文化资本是仫佬族特色文化保护与传承的重要环节。这种转化有助于增强仫佬族人民对在学校、家庭和社会三个场域保护与传承民族文化的自信心，增强他们对本民族文化的认同感和自豪感，提升保护与传承民族文化的自觉性，提高传习者的知识涵养与竞争优势。虽然文化资本包含了一切与文化及其活动相关的有形资产和无形资产，但它是非实体性的概念，无法像经济资本那样可直接换算成具体的货币，尽管二者的功能大体相同。要尽可能发挥仫佬族特色文化在促进经济增长，优化经济结构，增加居民收入，提高传习者、经营者社会地位等方面的作用，仫佬族特色文化资本就必须向经济资本、社会资本、象征资本等多种资本形式转化，以提高仫佬族特色文化保护与传承的经济效益和社会效益，提高仫佬族特色文化的知名度与美誉度，减少在学校场域、家庭场域和社会场域中保护与传承仫佬族特色文化的种种障碍，促进保护与传承的有效进行。内涵丰富、形式多样的文化资本为它向经济资本、社会资本、象征资本等多类型资本的转化提供了可能性。例如，如果仫佬族特色文化传习优秀者能有升学加分、优先就业的政策，那么，在这种政策的激励下，人们就会自主、努力学习民族文化知识、传统技能，并把这些知识、技能等作为内在文化资本转化为更高学历的象征性资本，更好工作、更多工资收入的经济资本，更受人尊崇、更有社会地位、社会影响的社会资本。文化资本转化为经济资本需要文化产品与市场交易结合。因此，在仫佬族特色文化资本向经济资本转化的过程中，需要仫佬族民族工艺产品、民族食品、民族文化旅游产品、民族医药产品等文化产品走向市场，并形成产业化，从而实现社会效益与经济效益的协调发展，文化资本也因此自然转化为了经济资本。而文化资本要转化为社会资本更为复杂，部分社会资本本身就包含于文化资本中，有的转化则需要将文化习俗与社会生活实践相结合才能实现。社会资本包括关系网络、社会规范与信任、社会制度、社会道德等，它存在于个体、群体及社会组织中。只有当仫佬族特色文化的保护与传承活动内容、形式以及具体的仫佬族社会生产经营、日常生活等紧密结合，能增进仫佬族人的家庭、族群和谐关系，增强民族认同感，促进仫佬族人民的公共收益时，才会真正发挥出仫佬族特色文化的社会资本功能。

三、遵循仫佬族特色文化保护与传承中制度、网络、信任、资本间互动的合法性

制度安排制约着区域文化资本的转化。民族文化资本在向经济资本、社会资本及象征资本等多类型资本的转化过程中，更需要依赖特定的制度和管理运行机制，体现为不同场域间的权力运行与价值转换的实现。[1] 仫佬族特色文化资本的转换与再生产，需要制度、社会网络及信任的合法性支持。仫佬族特色文化保护与传承行动者以及组织结构、资本结构的互动需要社会制度、社会关系网络的引导。家庭场域、学校场域、社会场域在仫佬族特色文化管理方面的协同也依赖于社会—网络—组织的制度同构。

学校场域、家庭场域、社会场域是三个相对独立又相互联系的制度场域。组织和行动者适应制度和规则的能力、在交易和交换市场上的效率和竞争力决定着制度场域的生存和延续。所以，仫佬族特色文化保护和传承中的资本转型，本质上是不同类型资本流动和转化的过程。在这一过程中，仫佬

---

[1]　参见马翀炜、陈庆德：《民族文化资本化》，人民出版社 2004 年版，第 248—249 页。

族特色文化保护与传承行动者通过竞争，在家庭场域、学校场域、社会场域等组织场域获得制度、财富、权力、人力等资源。[①] 因此，家庭场域、学校场域、社会场域在系统性制度安排下，需要根据各自的资源数量、结构，为仫佬族特色文化资源向多种类型的资本转化提供协同支持。

由上可知，关系网络、制度、信任等社会资本和文化传承的个体、集体行动者是仫佬族特色文化资源实现资本转型和构建的核心要素。因此，除调动个体传承仫佬族特色文化的积极性外，要重点关注文化传承的集体行动者及制度化的组织。建立健全能将学校、家庭、社会连接在一起的制度体系，制定利益调配、利益表达、利益共享的文化管理机制，对于推动仫佬族特色文化保护与传承有着十分重要的作用。其中，政府因其特殊的地位在仫佬族特色文化保护与传承中起着主要作用，要肩负为了文化保护、传承而进行的顶层设计、制度制定、管理落实及绩效管理方面的职责。

第四节　仫佬族特色文化资源保护与传承的政策建议

民族文化资源的保护与传承是一项十分复杂的系统工程，涉及政府、企业和公民。它包括物质文化遗产的修缮与非物质文化遗产的传承，也包括大量的保护与传承的体制建设和资金筹措等。而对民族历史文化资源挖掘和保护进行全面、系统的规划是政府行政管理的基本职能。因此，为有效地抢救和保护、挖掘和传承仫佬族历史文化资源，罗城仫佬族自治县应按照"保护为主，抢救第一，合理利用，加强管理"的原则，提高全民的文化保护认识水平，加强对仫佬族特色文化资源的保护和管理。

---

① 文中的制度资本包括通常描述为文化资本与社会资本的因素，它反映了制度场域中符合规则的社会文化知识和技能。参见［美］林南：《社会资本——关于社会结构与行动的理论》，张磊译，上海人民出版社 2005 年版，第 188—190 页。

一、加强仫佬族特色文化资源普查工作

普查工作是民族文化保护与传承的基础。因此，要做好仫佬族特色文化资源的保护与传承工作，就必须通过全面、认真的普查，对仫佬族特色文化资源的种类、数量、分布状况、生存环境、保护和开发现状及存在的问题等情况进行全面了解，并进行登记、立档、命名。在此基础上，建立仫佬族特色文化资源档案和数据库，实现文化资源数据的动态管理和资源共享。要科学保护好文化资源在于要做好相应的发展规划。在对仫佬族特色文化资源全面普查的基础上制定出台《罗城县仫佬族特色文化保护发展规划》，确定罗城县仫佬族特色文化挖掘、保护、开发、利用的中长期发展目标，并根据轻重缓急建立分类保护开发的机制，对其中的濒危民族文化遗产进行抢救性保护，重点抢救和保护民族民间文学、民俗文化、民族音乐舞蹈、民族戏曲、民族医药等非物质文化遗产。

二、实施宣传与推介工程，提高仫佬族特色文化的认知度和美誉度

要组织文艺工作者以历史人文资源为素材创作高规格、高水平、大视野的文艺作品，策划组织具有仫佬族特色的历史文化艺术节，组织编写通俗的、故事性的乡土教材，介绍广西的历史人文资源。要充分发挥报刊、杂志、广播电台、电视台、出版、网络等传媒机构的作用，创新思维，善于策划，以多种形式、多种渠道把历史文化资源的宣传工作引向深入。如可以通过电视片的形式将仫佬族的山水和民族文化进行推介。要在罗城中小学广泛开展仫佬族非物质文化遗产的教育传承活动，培养青少年热爱、传承、研究本民族的非物质文化遗产，科学地对待非物质文化遗产，做到去其糟粕、取其精华，去伪存真、去粗存精，以丰富精神文化生活，凝聚民族感情。政府建立面向大众的有民族特色的公共文化服务体系，如建立仫佬族生态博物

馆、仫佬族风情园等，并实行免费开放，延长开放时间。

三、建立保护资金的多元投入机制，促进文化的保护与传承

加大财政投入力度。罗城自治县政府要根据本县财政收入实际情况，逐年增加对仫佬族特色文化保护投入力度，将其文化保护和建设资金纳入经常性财政预算，建立专项资金，用于对仫佬族特色文化的普查、整理、研究和出版资助；加大对重要非物质文化遗产的传人及其研习保有者提供必要的生活补助和奖励基金；建立仫佬族特色文化资源发展的各类专项基金，加大文化资源发展的扶持力度。吸引和鼓励社会力量投资建设仫佬族生态博物馆、仫佬族风情文化园等公共文化设施；同时，制定土地、税收等政策，鼓励一些文化企业资助仫佬族特色文化传承人的研习基地建设以及开展各项文化传承活动，鼓励企业和个人资助仫佬族特色文化资源的保护研究工作等。总之，要建立政府投入为主、社会力量与私人积极参与的仫佬族特色文化保护投入机制，以促进仫佬族特色文化的保护与传承。

四、充分发挥文化资源作用，加强文化设施建设，推进公共文化服务体系完善

要进一步加强博物馆、图书馆、文化馆的基础设施建设。博物馆、图书馆、文化馆应该建成仫佬族的标志性建筑；要修建仫佬族民族风情街。民族风情街可最大限度地利用原有建筑，建筑物必须具有仫佬族建筑的基本特点，有民族性的印记和标徽，有民族文化的内容、民族工艺品等，使外来者一进入民族风情街便感受到民族文化的风采和魅力；要修建仫佬族特色文化艺术城，使之成为仫佬族民间艺术的展演地和旅游观光地；要利用"文化信息资源共享工程"项目建设，加快仫佬族特色文化数字资源建设步伐，逐步

形成包括文化艺术、科普知识、农村实用技术在内的罗城仫佬族自治县文化资源库群；要建立"中国仫佬族特色文化生态保护区"，罗城仫佬族自治县应该按照相关的规划发展纲要，选择能够集中反映仫佬族原生态传统文化，居民建筑风格突出并有一定规模的，仫佬族生产生活习俗比较有特色的仫佬族聚居自然村寨，设立仫佬族传统文化保护区。

五、建立健全文化资源的保护制度，加强文化资源制度保护

根据仫佬族特色文化资源的价值与功能、生成与现状，建立健全分级分类保护制度，明确规制标准，确定规范约束机制，以加强对仫佬族特色文化资源的制度化、规范化保护和管理。重点是制定和完善《罗城仫佬族自治县仫佬族特色文化保护办法》及《中国仫佬族特色文化生态保护区条例》。在对仫佬族特色文化资源进行全面普查研究的基础上，制定仫佬族特色文化保护办法，以法律法规的形式确定仫佬族特色文化保护的范围、保护主体和管理机关的职责等；将仫佬族的语言，具有代表性的民间文学、戏剧、歌舞、工艺品、传承人及其所掌握的传统工艺制作技术和技艺，集中反映仫佬族生产、生活习俗和历史发展的服饰、器具、用具，以及民族建筑、节日活动、手稿、典籍、家谱等列入保护范围。同时，以立法的形式尽快建立"中国仫佬族特色文化生态保护区"。

六、积极推进建立文化传承人保护机制，加强文化保护队伍建设

由党委宣传部指导和文体局牵头负责，在全县范围内开展仫佬族特色文化传人的排查与申报工作。在自荐与他荐的基础上，通过对候选艺人的调查，获取图文影像资料，建立艺人档案，再组织专家评审委员会的专业评审，对候选艺人进行科学、合理的评价，并评出不同等级的仫佬族特色文

传承者。政府要在上述基础上，对评出的艺人进行命名和表彰，如"仫佬族民间艺术师""仫佬族民间文化杰出传承人""仫佬族十大民间歌王"等。所有获得命名的传承人都能获取程度不同的固定经济补贴，以改善艺人们的生活条件，并鼓励艺人们积极带徒授艺，加强对仫佬族中青年艺术骨干的培养，使仫佬族民间艺术绝技后继有人、代代相传；要给艺人们提供展示技能才艺的平台，通过开展歌王大赛、绝艺绝技表演等各项民间艺术大赛和仫佬族艺术展示等，扩大仫佬族特色文化的社会影响；组织仫佬族文学研讨会、仫佬族特色文化研究会、仫佬族医药讨论会等，设置仫佬族特色文化研究专项基金，组织全国专家学者积极参与仫佬族特色文化的研究，并挖掘、整理仫佬族特色文化艺术，以利于传承；大力举办各类仫佬族非物质文化遗产培训班，鼓励青少年积极学习民族文化与艺术，使优秀的非物质文化遗产得以保护和传承。同时要培训一大批有关文化资源保护方面的专业人士，建立一支专兼结合的仫佬族特色文化保护队伍，实行民族文化保护管理人员持证上岗制度，吸引一批具有专业化水准的经营管理人员，加强对景点企业的经营管理。

七、构建多元文化共生的仫佬族特色文化传承保障系统[1]

多元文化以尊重不同民族文化为出发点，以促进不同民族之间文化的相互理解、传承为目的。而共生理念则有利于仫佬族特色文化在与其他民族文化、现代文化交流的过程中，形成包括自然共生和文化共生协同发展的共生互补系统。[2] 多元文化共生观为仫佬族特色文化的传承提供了可能性空间，如辅之以财力、物力、人力等资源保障，将有助于实现"一同化多""一主

---

① 参见课题组成员谢艳娟：《多元文化教育与仫佬族文化的传承》，《教育评论》2014 年第 11 期。

② 参见张诗亚：《共生教育论：西部农村贫困地区教育发展的新思路》，《当代教育与文化》2009 年第 1 期。

导多""多元协调共进"的多文化共栖、共存的繁荣局面。①

　　投入文化传承专项资金，建立多元文化传承服务体系。文化传承需要相对充足的活动资金和强有力的组织保障。政府部门需要高度重视民族文化传承活动资金配给和公共服务设施、机构、团队建设，加大对民族文化基础设施建设的投入，增强对乡村多元文化建设的推动和关注，构建完善的一体化传承网络，不断推陈出新举办民族文化活动，最终形成民族文化与主流文化高度融合的传承服务体系。近年来，罗城仫佬族自治县累计投入近亿元进行文化基础设施建设，先后建成并投入使用的文体场馆有民族文化广场、民族剧院、体育馆、博物馆、文化馆综合楼、青少年活动中心、老年人活动中心，以及覆盖全县的乡镇文化站、村屯文化活动室、农家书屋。根据社会文化产业发展需要，罗城仫佬族自治县还建成了集生态、民族、文化、教育于一体的综合性文化景区——成龙湖公园。与景区配套建设的民族文化古街、民俗新村、民族工艺传承基地、民俗展示中心、仫佬族影视艺术中心、文化生态乡村与民族特色村寨保护工程将作为开展民族文化教育活动的重要场所和实践教学基地。民族文化传承活动，还做到了"月月有主题，周周有活动"，每逢重大节假日和节庆活动，都组织专业和业余艺术团开展专题文艺表演，各乡镇、村屯也组织开展各种丰富的文体活动，逐渐形成了春节文化系列活动、广场文化系列活动、节假日及重大节会系列文化活动、艺术精品创作演出系列活动、送文化下乡系列活动等多元文化传承活动品牌。②

　　注重民间文化艺术人才培养，使民族文化在创新融合中实现可持续发展。民族文化人才是促进民族文化不断发展、创新的持续动力。为了使仫佬族特色文化传承活动在继承中有所创新，使本族文化与他族文化在融合中获得可持续发展，理应高度重视文艺人才培养、文艺表演团队与队伍建设以及文化艺术作品创新人才的发掘。如有计划地资助和支持传承人开展传习活

---

① 参见邱仁富：《文化共生论纲》，《兰州学刊》2008年第12期。
② 参见罗之勇、谢艳娟：《教育学视域下的仫佬族民族文化传承》，《教育评论》2013年第1期。

动，将文化遗产保护和传统文化类节目创作展演经费纳入县级财政预算；在普通教育和职业教育中对学习各民族传统艺术文化成绩优异、有突出表现的学生给予物质和精神方面的鼓励；建立民族工艺品研发和民俗活动展演基地，既可以不断地创作出传统与现代相契合的民族文化新品、发现文化创新人才，又可以接纳游客参观、考察、鉴赏精彩的传习示范和表演活动。罗城仫佬族自治县在上述方面做了积极的探索。如今仫佬族山乡已培养出了多名仫佬族特色文化传播与创新使者，很多人成为仫佬族特色文化研究的专家。如仫佬族特色文化研究者周钢鸣、曾敏之、包玉堂、刘名涛、潘琦、鬼子、常剑钧、何述强、银建军、龙殿宝等，都在各自的研究领域独树一帜地弘扬、创新着仫佬族在文学、历史、风俗、文物保护、音乐、舞蹈、歌谣等方面的优秀民族文化；其中，仫佬族学者龙殿宝等主编的《仫佬族古歌》曾经获得了国家民间文艺最高奖"山花奖"，扩大了仫佬族在广西、全国乃至国际社会的影响力。[1]

积聚各族群众力量，实现仫佬族特色文化与他族文化、当地经济协同发展。文化传承是教育部门和文化部门的共同职责，它需要举全社会各种力量共同承担这一宏大责任，并以理解和尊重各种文化的价值为前提，增进各族文化的交流和融合，促进各民族文化与社会经济融合共进。为此，当地政府充分发动和培养社会公众成为仫佬族特色文化传承的骨干力量。2016 年，罗城县共成立专业文艺表演团体 1 支；先后组建 81 支业余文艺队，其中县直 9 支，社区、村屯 72 支，各族群众演员达 3000 多人，平均每年开展各种文化活动 130 多场次，观众达 10 万人次以上。在此基础上，政府部门还需进一步根据仫佬族特色文化传承新趋势，培养、引进仫佬族特色文化经营、服务人才，为仫佬族特色文化传承增添新生力量，提供良好的制度环境；积极开拓文化展览市场、演出市场、商品市场和旅游市场为仫佬族特色文化传承的新场域，整合家庭传承、社区传承、学校传承、社会传

---

① 参见李干芬、胡希琼：《仫佬族》，民族出版社 2004 年版，第 10 页。

承、市场传承、媒体传承、产业传承、学术传承等多种手段和形式来传承仫佬族特色文化；力争使仫佬族特色文化的传承形式更加多样、内容更加丰富，传承的文化效益和经济效益结合更加紧密，促进文化产业发展与旅游业、工艺品制造业、非物质文化项目的开发保护相互映照，从而实现民族文化传承中"国家与地方""传统与现代""共性与个性""本族文化与他族文化""市场文化与公益文化"的统一，相信仫佬族特色文化在将来更会大放异彩。①

八、形成利益共享、权责分明的仫佬族特色文化教育政策运行逻辑②

教育政策的制定过程是文化过程和政治过程的统一。文化环境、组织文化以及政策制定者、政策执行者个人的利益倾向、文化惯习等共同影响了教育政策运行的规则和逻辑。因此，建议从以下几个方面构建相应的教育政策体系以便为多元文化传承路径的实施提供政策保障。

制定责任明确、权责对等、赏罚分明、执行有力的民族文化教育问责制度。教育行政管理部门对形成体系化的民族文化教育问责制度，承担管理责任，起主导作用。不同层次的学校对这一制度的执行起到相应的主体作用。例如，教育行政管理部门在调查协商、广泛征求意见的基础上，明确不同层次学校的民族文化传承目标、任务、绩效标准；邀请专家学者和一线教师商讨相应的地方文化课程与校本文化课程体系，设计课程教学大纲，编印授课教材和学生课外阅读材料；设立专项基金，培训不同层次学校的民族文化授课教师；在广泛征求各界群众意见的基础上，以正式文件的形式向社会公众公布不同层级学校的仫佬族多元文化教育大纲；定期公

---

① 参见白庚胜：《民间文化传承论》，《河南大学学报（社会科学版）》2007 年第 1 期。

② 参见课题组成员谢艳娟：《多元文化教育与仫佬族文化的传承》，《教育评论》2014 年第 11 期。

布各学校传承民族文化的评价结果，并及时给予国家法律和教育政策所许可的赏罚。

实施双语教育政策，推动少数民族学生熟练掌握本民族语言和汉语。1951 年国家对少数民族的语言文字政策与双语教学政策进行了专门规范。自 20 世纪 80 年代以来，各种形式的双语教育已经成为我国民族教育中的一项基本政策规定。但是由于汉语是仫佬族地区的主要通用语言；学校教育以传承学习汉文化为主，不开设仫佬族口头语言学习类的课程；学生家长在日常生活中多数不讲仫佬语，导致很多仫佬族儿童、青年只会说汉语，不会说仫佬语。仫佬族作为有自己口头语言但无文字的少数民族，独特的民族口头语言是民族身份的表征和民族文化承载的载体。仫佬族传统文化中的仫佬族歌谣、仫佬族谚语、仫佬族民间故事、仫佬族音乐、仫佬族古歌只有用仫佬族口头语言才能真正阐释其独特而又久远的民族文化韵味。因此，在仫佬族学校开设仫佬族语言学习课，培训专门的师资，以说唱、诗歌朗诵、歌词创作、故事讲演、话剧表演、民族音乐表演、游戏参与等多种教学形式，开展仫佬族口头语言的学习和练习，增强学习的趣味性和参与性，明确学校、教师、学生对仫佬族语言学习的相应职责，才能避免仫佬族口语面临失传的境地。

制定资助性教育政策，扶持开发地方文化课程和校本文化课程。仫佬族地区的教育行政部门可以通过争取中央财政少数民族发展资金、财政扶贫资金、教育专项经费，资助、奖励仫佬族特色文化传承活动，组织仫佬族特色文化进校园活动，建设多样化、多元化的地方课程与校本课程来推动仫佬族特色文化传承创新。这些课程既可以涉及仫佬族族源探究、宗教信仰、节庆习俗、民族工艺、民族体育、民族音乐、民族医药、民族武术等，也可以涉及仫佬族与汉族、壮族、苗族等其他民族文化异同的比较学习等方面的多元系列知识。课程的开发和传授者可涵盖各类专家学者、学校教师、术有专长的民族群众，学生及其家长也可以参与到地方课程与校本课程的开发与建设中来。理论界和实践界的诸多宝贵经验进一步给予我们启示，如滕星教授主

持的"中国西部少数民族地区经济文化类型与初中地方性校本课程建构"、
靳玉乐教授主持的"西南少数民族地区基础教育多元文化课程发展模式研
究"、孟凡丽教授主持的"西北少数民族地区地方课程开发研究"等研究项
目的理论成果，可为仫佬族特色文化教育提供思想导引①。湖北恩施开展的
"民族文化课程化""校园文化民族化"活动；湖南湘西土家族、苗族自治州
主办的全国非物质文化遗产教育传承课程开发研讨会、全国乡土教材研讨
会，采取的"教育行政部门、教育科研机构主导，以学校教师为中心，课程
专家为指导，学生、家长、民间艺人共同参与合作"的课程模式可对推动仫
佬族特色文化课程建设起借鉴作用。②

---

① 参见谭忠秀：《当前我国多元文化教育发展现状、问题与展望》，《全球化背景下的多
元文化教育国际研讨会论文集》，中央民族大学，2012年。

② 参见秦中应：《当代湘西苗族传统文化的教育传承研究——以湘西州凤凰县苗族为
例》，中央民族大学博士论文，2010年。

仫佬族特色文化资源产业化

第四篇

第十章　仫佬族特色文化资源产业化的现实依据

第一节　仫佬族特色文化资源产业化的战略意义

一、仫佬族特色文化资源产业化是构建和谐社会的需要

仫佬族特色文化是社会主义精神文明建设和先进文化建设的重要组成部分，会影响人们的生活追求和转变人们处理问题的方式，广泛地调动仫佬族群众建设和谐社会的积极性、主动性、创造性，吸引更多的人民群众共享共建和谐社会。仫佬族特色文化建设作为文化建设的重要组成部分，不仅具有群众性强、参与面广的特点，而且关系到群众文明素质的培育与社会和谐程度的提高。加强仫佬族特色文化资源开发，有利于引导仫佬族民众树立和谐理念、弘扬和谐精神，形成和谐的人际关系，化解各种社会矛盾，从而为构建和谐社会营造良好的人文环境。构建社会主义和谐社会需要积极推进民族文化建设，提高民族地区文化服务质量和水平，丰富人们的精神生活，增强人们的精神力量，满足人们日益增长的精神文化需要，努力使仫佬族民众充分享受和谐文化建设的成果。

二、仡佬族特色文化资源产业化是满足人们精神文化生活的需要

全面建设社会主义现代化国家要求建立覆盖全社会的公共文化服务体系，文化产业占国民经济的比重明显提高、国际竞争力显著增强，适应人民需要的文化产品更加丰富。一方面，仡佬族特色文化资源的开发，很大程度上是文化产业的发展与壮大，一定程度上促进仡佬族社会经济的发展，增强仡佬族地区竞争力与影响力；另一反面，仡佬族特色文化资源的开发，提高文化产品质量，扩大文化发展的影响，让人们不断享有健康丰富的精神文化生活，能够为人民提供更多、更好的精神食粮。因此，仡佬族特色文化资源的开发，是全面建设社会主义现代化国家的重要内容。

三、仡佬族特色文化资源产业化是发展中国特色文化的需要

任何一个民族的文化都是一种历史的积累，体现着民族的特性、中国的特性，而这种特性是通过长期的文化创造和文化开发而来的。一个民族的文化是这个民族共同智慧的结晶。仡佬族民族文化本身就体现为一种文化传统，仡佬族特色文化资源开发是结合新时代的文化开发，是面对多样性文化需求的不断创新，而中国特色文化正是面向现代化、面向世界、面向未来，具有时代特色。所以说，仡佬族特色文化资源的开发是发展中国特色文化的需要，深刻生动地反映着中国特色文化的伟大实践用于创新，有利于中国特色文化与世界其他文化的交流互鉴。

四、仡佬族特色文化资源产业化是增强地区实力和实现繁荣的需要

加强仡佬族民族文化资源的挖掘与利用，是塑造和提升仡佬族形象的重

要支撑，是增强地区文化软实力的内在需要，是实现仫佬族经济社会协调发展的必然要求。文化是旅游的灵魂，旅游是文化的载体。文化资源的开发是把握经济社会生活新变化，创新发展旅游业的重要形式与依托，仫佬族特色文化资源的开发，能有效推动旅游业的发展与壮大，形成新的经济增长极，推动仫佬族实现跨越式发展，从而有效增加地区实力、竞争力，实现仫佬族地区的繁荣与发展。

五、仫佬族特色文化资源产业化是促进人的全面发展的需要

人的全面发展，表现为人的综合素质的全面提高，包括思想道德素质、科学文化素质、健康素质等。首先，优秀的民族文化能够帮助人们树立科学的世界观、人生观、价值观，进而形成远大的理想、坚定的信念和高尚的情操；其次，优秀的民族文化有助于提高人们的科学文化素质，有助于人们自觉地摆脱唯心主义、形而上学、迷信保守和其他落后观念的束缚。另外，优秀的民族文化有助于人的身心健康，帮助人们辨良莠、识美丑，引导人们建立科学合理和健康进步的思维方式、交往方式和生活方式，有力地促进人们生理和心理的健康。仫佬族特色文化资源的开发，是适应新时代发展不断改善的过程，因此可以促进人的全面发展。

第二节　仫佬族特色文化资源产业化的必要性

文化精神魅力、产业发展活力和空间形态引力是衡量县域发展水平和潜力的重要指标。对于特色文化资源丰富的欠发达少数民族地区，如何把文化的资源性转化为财富性，不仅关系到少数民族地区长远发展和社会主义现代化国家的实现，更关系到经济社会的发展质量和发展特色。

一、提升经济发展水平和缩小城乡差距依赖文化资源产业化

由表 10-1 可知，罗城仫佬族自治县经济发展水平比较滞后。2017 年，该县人均 GDP 仅为 14960 元，不到全国的 1/4，约为广西的 1/3。其中一个重要原因就是该县工业发展水平非常低。2017 年，该县第二产业的比重仅为 18.7%，而全国和广西都超过了 40%。无工不富，缺乏矿产资源和大型工业企业的植入，短时间内要提高第二产业的比重，难度可想而知。因此，发挥民族文化资源优势，壮大文化资源旅游产业对于提高罗城仫佬族自治县的经济发展水平具有极其重要的意义。

表 10-1　罗城、广西、全国人均 GDP 与城乡收入情况比较

年份 地区	2010 年			2015 年			2017 年		
	罗城	广西	全国	罗城	广西	全国	罗城	广西	全国
人均 GDP（元）	7491	20219	30808	13236	35330	50028	14960	41955	59201
城镇居民人均可支配收入（元）	11090	17064	19109	19125	26416	31195	21650	30502	36396
农民人均纯收入（元）	2703	4543	5919	5793	9467	10772	7315	11325	13432

资料来源：根据相关统计公报整理而成。

失衡发展是当前罗城仫佬族自治县面临的另一个发展难题。从表 10-1 可知，罗城仫佬族自治县不仅城乡收入低，而且城乡差距大。2017 年，该县农民纯收入仅为 7315 元，约为城镇居民可支配收入的 1/3，城乡差距大于全国和广西。增加农村收入，缩小城乡差距，一是要通过新型城镇化，鼓励农村居民进城，提高城市化水平；二是要改进农村产业结构，增加现代养殖业、果林业等现代农业的比重，适度发展农村工业，尤其是食品业；三是充分开发利用民族村落丰富的文化资源，壮大旅游业。因此，罗城仫佬族自治

县要切实采取措施，壮大民族文化旅游产业，实现区域经济的持续增长并保持经济与社会、产业与环境、城市与乡村的协调健康发展。

二、优化产业结构需要文化资源产业发力

目前，罗城仫佬族自治县产业结构还不合理。从表 10-2 可知，罗城仫佬族自治县三次产业结构有了较大改善。2017 年，罗城仫佬族自治县三次产业结构由 2010 年的 30.2 ：36.2 ：33.6 调整为 2017 年的 35.5 ：18.7 ：45.8，第三产业的比重有了较大增长，甚至高过了广西的比重。但第一产业比重仍过高，达 35.5%，且比 2010 年增长了 5.3 个百分点，而全国早在 2005 年就不到 5% 了，广西 2017 年的比重也低于 15%；由于缺乏大型企业，第二产业的比重非常低，和全国、广西的差距很大；第三产业比重也低，2015 年广西只有 45.8%，不到 50%。而且，第一产业主要是以糖蔗、毛葡萄、桑蚕等为主的特色产业，缺乏文化资源的渗透，"文化农业"严重不足，第一产业发展质量不高。在第三产业中，主要是以交通运输、批发零售、住宿餐饮为主的传统服务业，而以金融服务业、文化服务业为代表的现代服务业产值偏小。文化、体育和娱乐业不发达，这与罗城具有丰厚的民族文化资源很不相称。

表 10-2　罗城、广西、全国三次产业结构状况比较

年份 地区 产业	2010 年			2015 年			2017 年		
	罗城	广西	全国	罗城	广西	全国	罗城	广西	全国
第一 产业（%）	30.2	22.9	9.5	35.9	15.3	8.8	35.5	14.2	7.9
第二 产业（%）	36.2	37.9	46.4	20.9	45.8	40.9	18.7	45.6	40.5
第三 产业（%）	33.6	39.2	44.1	43.2	38.9	50.2	45.8	40.2	51.6

资料来源：根据相关统计公报整理。

因此，要优化罗城仫佬族自治县的产业结构，必须做大做强民族文化产业，将丰富的特色文化资源开发出来，提高以文化、体育和娱乐业为主的现代服务业比重。同时，还要以文化为纽带，拓展第一产业链条，大力发展葡萄酒等具有文化特色的"文化农业"，提升第一产业发展质量。开发特色文化资源还能形成相关产业链，形成众多产业的核心竞争力。如以民族文化旅游为主导的特色旅游业，会带动相关的一、二产业，提高一、二产业相关企业的品牌影响力，如食品业、种植业等。近年来，天龙泉酒业、高端饮用天然泉水等产品成了罗城仫佬族自治县的拳头产品，与该县文化旅游品牌度的提升不无相关。

三、提高城市化和工业化水平需要民族特色文化资源产业化的支撑

根据西蒙·库兹涅茨的工业化划分标准，三次产业比重为 10∶45∶45。而 2017 年，罗城仫佬族自治县的三次产业结构比重为 35.5∶18.7∶45.8，仅仅处于工业化初始阶段，与新型工业化标准差距巨大。

从城镇化角度来看，以城镇居住人口占总人口的比重为统计口径，到 2017 年，罗城仫佬族自治县的城镇化水平仅为 30.84%，远低于广西城镇化水平的 42.6% 和全国城镇化水平的 49.23%。依据美国城市地理学家诺瑟姆（Ray M. Noutham）的"S"形曲线发展规律，罗城仫佬族自治县还属于低速发展阶段。按照 H. 钱纳里和 M. 塞尔奎因的城市化与工业化关系的世界模型①，罗城仫佬族自治县处于工业化初期阶段。

①　H. 钱纳里和 M. 塞尔奎因对 90 个国家和地区城市化与工业化之间的关系进行研究后，认为随着人均收入水平的上升，工业化的演进导致产业结构的转变，并带动城市化程度的提高。当比例在 20% 以下时，被认为是非城市化；城市化率低于 32% 时为工业化准备期；超过 32% 低于 36.4% 时为工业化初期阶段；超过 36% 低于 49.9% 时为工业化中期阶段；超过 49.9% 低于 65.2% 时为工业化成熟阶段；在工业化后期，即在经济稳定增长阶段，城市化率在 65.12% 以上；当比例超过 70% 时，被称作"高度城市化"，此时经济大体处于后工业化阶段。

表 10-3　罗城城镇化率与全国、广西的比较

年份	罗城	全国	广西
2010 年	27.08%	49.9%	39.2%
2015 年	29.03	56.1%	47.06%
2017 年	30.84%	58.52%	49.21%

资料来源：根据相关统计公报整理。

　　国内外县域工业化与城市发展，尤其是欠发达地区的历史经验表明，依赖资本密集型、技术密集型以及高新技术产业提高工业化水平是不现实的。必须基于现实基础和资源禀赋，立足自然资源优势，做足特殊文章，打造一批特色产业、特色企业、特色品牌和特色产品，充分发挥现有大企业和较有实力企业的骨干带动作用，发展多层次、多形式的综合经营，形成各具特色的产业链，把资源优势、比较优势转化为经济优势和竞争优势。丰富的特色文化资源是罗城仫佬族自治县最大的优势，在加快罗城经济社会发展，提升其工业化水平和城市化率，实现由农业社会向工业社会的跨越式发展中必须立足这一优势，围绕文化做文章，寻找特色文化的支撑力。

第三节　仫佬族特色文化资源的
产业化价值

　　文化资源和自然资源一样都具有自己的价值。一种文化资源单靠保护与传承是远远不够的，生命力也是短暂的。对文化资源进行产业化开发不仅可以从中获得经济收益，扩大这种文化资源的影响力，还可以加大对该种资源传承和保护的投入力度，可谓一举两得。

一、独特的生态资源

罗城仫佬族自治县地处桂西北山区，地跨东经 108°29′ 至 109°10′ 北纬 24°38′ 至 25°12′ 之间，居亚热带季风气候区。这里冬无严寒，夏少酷暑，气候温和，雨量充沛，光照充足，夏长冬短，四季分明。自然生态环境良好，有着"国家地质公园"的美誉。这里有着优质的水环境。县域范围内绿色植物种植面积广，森林覆盖率高达 65.82%，全年雨量充沛，水资源充足。罗城地区的水中微量元素多，富含锌、铝、钙、镁、锰、铁等宝贵的微量元素，能维持人体正常新陈代谢，提高免疫功能，延缓衰老。罗城有得天独厚的大气环境，空气中散发着有利于健康的大量负离子，不仅能起到净化空气的作用，而且能消除疲劳、振奋精神、稳脉降压、增强人体免疫力。同时，环境空气高浓度负氧离子本身就是一个非常难得的自然旅游资源。

罗城仫佬族自治县山清水秀，有令人心醉神迷的八景：丹凤衔书、龙潭晚照、黄泥瀑布、乐登仙迹、西江印月、中寨鸳鸯、南山烟雨、北岭覆钟坐落在县城四周。从县城往西 20 公里天河镇坐落着偕乐岩、雅乐仙洞等，洞内怪石嶙峋，钟乳石五光十色，千姿百态，韵味无穷。还有榜山题名、圣水三潮等风景名胜与之遥相呼应，交映成趣。西部怀群镇的剑江一带群峰突兀林立，有如雄鸡报晓、有如孔雀开屏、有如戏水鸳鸯、有如虎啸龙吟……奇形怪状，姿态万千，有"小桂林"之美誉。电影《幽谷恋歌》曾在这里拍摄外景。东部小长安镇的崖宜风光，10 多公里的武阳江上，两岸翠竹青青，奇峰异彩，目不暇接，山林炊烟袅袅，江上渔歌欸乃。经过近两年的引资开发，现旅游业已成气候，该景区已成为广大游客休闲观光、投资兴业的理想场所。泛舟江面，波光粼粼，真是"舟行碧波上，人在画中游"。宝坛乡鱼西、平英一带覆盖着 30 万亩的原始森林，走进莽莽林海，古树老藤，高山幽谷，飞瀑溪流，奇花异草争奇斗艳，仿佛进入了一个古老而神秘的森林宫殿。

二、独特的人文资源

我们在第二篇已详细介绍了罗城仫佬族自治县独特的人文资源。这里的人民勤劳聪明、热情好客、能歌善舞，且民俗奇特，主要有仫佬族"依饭节"、走坡、斗鸡、抢花炮、抢粽粑、仫佬族婚礼、打竹球等。民风古朴，风情浓郁，令人流连忘返，陶醉其中。清康熙年间，于成龙初登仕途就到罗城任知县，因于成龙清政廉洁，勤政为民，带领罗城人民艰苦创业，后被康熙帝称为"一代廉吏"。还有仫佬族的三件宝——地炉、沙罐和草帽，有黄花岗七十二烈士李德山和红军留下的足迹，再加上新近在小长安镇发现的百亩水上相思林，更是魅力无限、风光无限。

罗城仫佬族自治县民间内容丰富、形式多样的文娱活动，集中展现了仫佬族悠久的历史和仫佬族人民勤劳勇敢、积极进取的精神，具有很高的艺术性。传统体育竞技活动、传统戏剧表演、民间文学（民间歌谣、民间谚语、民间传说等）是仫佬族文娱民俗的代表。仫佬族传统体育竞技项目以仫佬竹球、抢粽粑、夺龙珠等项目闻名。大量的全国和省级非物质文化遗产代表性项目名录，如仫佬风情音舞境在全国的巡演，《仫佬千年》《醉美罗城》《仫佬族百年实录》等系列旅游形象纪录片、微电影和文化精品丛书的拍摄与出版，大型仫佬剧《玉笛情缘》的成功展演等，都充分展现了仫佬族的民族文化自信和魅力，也有效提升了罗城的知名度和影响力，成为推动罗城县旅游发展的特色文化符号。

第十一章　仫佬族特色文化资源
产业化的现状

第一节　仫佬族特色文化资源产业化情况 [①]

文化产业是一个地区整体实力的重要构成要素。近年来，罗城仫佬族自治县文化工作在县委、县政府的正确领导和全县文化工作者的共同努力下，开创了前所未有的良好局面，这对罗城仫佬族自治县文化产业的发展、经济繁荣起到了推动作用。对于罗城仫佬族自治县来说，发展文化产业，是打造罗城仫佬族特色文化品牌的重要举措，同时也是罗城争创全国文化产业发展大县的有力支撑。罗城文化产业在总体规模、发展质量、产业品牌等方面都进入了一个更高的层面。

一、仫佬族旅游文化产业化

近年来，罗城仫佬族自治县把"写好仫佬族特色文化旅游文章"作为一项重大任务来抓，注重旅游资源的挖掘、保护和开发；按照"一山一城带两江"的布局，以仫佬族民俗风情村为依托，以特种旅游项目为辅发展旅游业，

---

① 参见课题组成员王山、周鸿：《仫佬族民族文化资源产业化分析与开发策略研究——以广西罗城仫佬族自治县为例》，《广西社会科学》2013 年第 7 期。

加快策划人文、自然景观，打造中国仫佬族旅游文化品牌，借助文化提升旅游业核心竞争力。罗城仫佬族自治县依托民俗节庆文化，先后推出了仫佬族依饭文化节、三姐桃花节、春之韵罗城李花节以及走坡节、红豆情人节等旅游节庆活动，展示了仫佬山乡悠久的民族历史文化和丰富的旅游资源。同时依托特色农业，加快农业旅游的开发，作为我国唯一的"中国野生毛葡萄之乡"，利用连片万亩葡萄园，发展特色生态农业旅游。2017 年，该县接待游客总人数达 105.05 万人次，同比增长 22.19%；旅游总消费 11.66 亿元，同比增长 28.41%[①]，基本形成"以文化推动旅游，以旅游促进经济，以经济反哺文化"的良好格局。

罗城仫佬族自治县地处九万大山南麓，山奇水美，风物含情，风景奇特，自古就有"好好玩耍，罗城四把"之美传。特别是丹凤衔书、乐登仙迹、西江印月、龙潭晚照、南山烟雨、黄泥瀑布、中寨鸳鸯、北岭覆钟，有"小桂林"之称的崖宜风光和怀群风景，让人久久陶醉、流连忘返。此外，罗城仫佬族自治县是歌仙刘三姐的第一故乡，是"一代廉吏"于成龙的初仕之地。优美的自然风光、优厚的人文历史和民俗风情为仫佬族旅游业的发展创造了良好条件。2010 年，罗城仫佬族自治县组建旅游局，提出了"以山水为本、民族为魂，对接桂柳，努力打造一山一城带两江"的仫佬族乡原生态休闲度假旅游的发展思路；2017 年，出台了《罗城仫佬族自治县加快旅游业发展扶持奖励办法》等重要政策文件，在项目用地、文化发展、招徕游客等方面予以很大支持。每年县财政扶持旅游发展的基金从 300 万元提高到 1000 万元；重点推出了剑江旅游带、武阳江旅游带、仫佬族风情小镇等 15 个开发项目。全县拥有国家 3A 级景区 1 家，国家 2A 级景区 3 家，2 家自治区四星级乡村旅游区，自治区三星级以上乡村旅游区 5 家，旅游从业人员约 1100 多人。[②] 由表 11-1 可以看出，2012—2017 年罗城仫佬族自治县的国内旅游收

---

① 参见潘秋琳：《罗城仫佬族自治县人民政府工作报告（2018）》，2018 年 2 月 24 日。

② 参见蒙增师：《罗城创新形式推进旅游产业发展》，《河池日报》2018 年 5 月 3 日。

入不断增长，接待的游客数量也不断攀升。

表 11-1　2012—2017 年罗城仫佬族自治县接待旅游人数及收入情况

指标＼年份	2014	2015	2016	2017	2018
旅游总人数（万人次）	61.13	70.88	85.96	104.82	134.38
同比增长（%）	12.39	15%	14.95	21.92	27.9
旅游总收入（亿元）	5.62	6.76	9.05	11.6	15.92
同比增长（%）	14.22	21	26.93	27.75	36.8

数据来源：根据罗城仫佬族自治县人民政府工作报告（2015—2019 年）整理。

二、仫佬族工艺文化产业化

罗城仫佬族工艺是仫佬族传统文化艺术中的重要组成部分，这些工艺品来源于生活，但又高于生活，既能满足人们日常生活的需要，也体现着人们的生活习俗和内在精神。在仫佬族无论是布鞋、罐、小孩子的背带、草帽，还是蓝靛、编竹席、衣服等，他们都能自己制作，这些民间工艺品通过民间艺人的创作、加工就能成为很好的商业品，并流入市场，这些工艺品由于没有经过机械化生产，保持了很大的仫佬族特色。例如，仫佬族的手工艺品竹编，编织的箩筐、簸箕、镰刀垒等具有复杂的工艺，不适宜用机械化批量生产，而其自身也具有一定的艺术价值，市场需求量相当大，可形成一定规模的经济效益。此外，仫佬族的煤砂罐也是其最具地方特色和民间特色的工艺品之一，仫佬族人很早就学会了用煤炭来制作煤罐。在仫佬族由于家家户户都有使用地炉的习惯，所以煤罐也就成了每家的必备品。而煤炭的开采非常方便，且价格便宜，适合大量生产。仫佬族的煤砂罐品种繁多，每一种罐都与仫佬族人民生活密切相关，都是用焦炭、煤矸石和白泥做原料来烤制，经春粉、拌和、制坯、煅烧和过釉制作而成。这种罐由于材料廉价且方便选择，加工的方式也极其简单，设计的样式也相当精美，具有很高的使用价值和商业价值。

三、仫佬族民俗文化产业化

仫佬族民俗文化是仫佬族人民在长期的生产和生活中积淀下来的宝贵的物质和精神财富。包括以民族特色饮食为主的饮食文化、以民族特色建筑为主的建筑文化、以民族节日为主的节庆文化和以生活习俗为主的婚庆祭祀文化。并且，仫佬族的多项民俗文化资源已被列入国家级和省（区）级的非物质文化遗产名录。罗城比较重视开发其饮食文化和建筑文化，针对市场开发出了一些具有本土特色的新型产品，逐渐形成品牌。例如，仫佬族的饮食文化极具民族特色，金樱酒、九层糕、茨菇肉等传统美食，做工独特，深受人们的喜爱。罗城充分利用这些资源，组合换代产品，打破原有的生产格局，形成了产业链。仫佬族的建筑也极具本民族特色，其住房一般是砖瓦式建筑，室内绘有华丽的纹饰。罗城在原有的仫佬山寨的基础上重新修整了一批突出本民族特色的建筑并形成规模，吸引了不少游客到此观光旅游，从而带来了更多的经济效益。

四、仫佬族医药文化产业化

仫佬族的医药文化也很丰富。据民族医药调查的资料显示，其药用植物资源就有1800多种；其医疗技法，包括火针疗法、挑针疗法、筒吸疗法等共有50多种，并在长期的医疗诊断过程中形成了一大批民间单方、验方和秘方。即使在医疗进步的今天，仫佬族的传统医药技术也仍是当地人民预防和治疗疾病的主要手段之一。鉴于其药用资源极高的药用价值和经济价值，市场需求非常大。

仫佬族十分重视本民族医药事业的发展。1970年，仫佬族就在各村大办合作医疗，把中医、草医、民族医相结合，让有一技之长的民间医生的才能得到发挥。仫佬族还编纂出版了《罗城仫佬族自治县民间医药验方汇集》。1985年，罗城仫佬族自治县成立了民族医院，并开设具有民族传统医药学特色的中医内儿科、骨伤科、针灸推拿科，民族医药等科室，取得了很好的社会效益。目前，罗城正对药用植物进行规模化种植，产业化开发，开始形成新的产业结构，为仫佬族地区的经济增添活力。

五、仫佬族体育文化产业化

仫佬族的民间体育文艺形式多样，内容丰富。罗城仫佬族自治县人民政府很注重其体育的发展，先后推出了仫佬竹球、抢粽粑、夺龙珠等体育活动。尤其是以2010年举办的"首届广西罗城攀岩旅游节"为契机，逐步打造罗城山地运动文化品牌，并计划将月亮山规划为专业性、业余性、娱乐性、表演性等不同类型的攀岩基地，将其打造成为国际攀岩旅游胜地。同时，把米椎林、天门山、剑江、青明山打造成为户外营地、定向穿越活动的目的地。攀岩旅游节期间，还开展了攀岩论坛、万人徒步、摄影大赛、仫佬族民族宴抱石比赛、商贸交流等活动，进一步展示了仫佬山乡悠久的民族历史文化及丰富的旅游资源。罗城仫佬族自治县正在打造世界"攀岩胜地"及"国际特种旅游目的地"，无疑将会进一步推动该县文化体育和旅游事业的发展，促进商贸经济交流，实现文化和经济的和谐发展。

六、仫佬族文学出版文化产业化

仫佬族文学产业的崛起可以说具有独特的现象，据说一万个仫佬族人当中就会出现3到5名文学作家，涵盖了诗歌、散文、民间文学、戏剧、小说等行业，可以毫不夸张地说仫佬族的文学发展水平已经跃居于其经济发展水平之上。仫佬族人们善于吸取外族优秀的文化，充实、挖掘本民族文化，形成了既有本体特色而又富含其他文化元素的文学。仫佬族诸如包玉堂、潘琦、鬼子、龙殿宝、常剑钧、吴奇洪、刘名涛、吴盛枝等一批文学大家充实着仫佬族的文学出版业，让仫佬族文学产业经久不衰并蒸蒸日上。随着 1948 年 7 月仫佬族诗人龙谢兰的第一本诗集《十年吟咏集》的出版，标志着仫佬族文学出版业进入了一个新的发展时期。随后在《宜山农民报》《华南青年报》《金城》《河地日报》《丹凤》发表文学作品等，出版了《仫佬族民间故事选》《三界的传说》《仫佬族文学史》《凤凰的故乡》等一批文学作品。近年来，为适应全球文化产业化的大背景，仫佬族将文学出版业进行自我调整：仫佬族不仅将文学资源作为产业开发的重要内容，而且还将文学资源作为出版物进行传播，灵活运用各种传播媒体，并将文学资源与旅游业、广告业、影视业、网络游戏业结合起来，很好地将文学资源市场化。

七、仫佬族娱乐休闲文化产业化

近年来，民间娱乐休闲业成为仫佬族最有发展空间的产业之一，主题乐园、民族音乐、民族舞蹈、游乐场所等娱乐业发展迅速。在罗城仫佬族自治县，仫佬族群众组建了 67 个村屯文艺队，每年都会下乡给村民带去 160 余场表演。娱乐休闲业的发展给仫佬族群众带来了愉悦身心的好处，也带来了丰厚的经济价值。仫佬族群众把他们擅长的民族舞蹈、戏剧、音乐进行开发、整合、创新并搬上舞台，形成特有的仫佬族文化，并获得各方的肯定。例如，仫佬剧《玉笛情缘》《回家》《唢呐欢歌》等作品由于参加广西剧展获得奖励受到了各方的关注，带动了仫佬族戏剧表演业的发展。娱乐休闲业的发展常常引起连锁反应，它能带动包括旅游业、影视业、餐饮业等的发展。选择正当而有效的方式发展娱乐休闲业，倡导健康向上的娱乐休闲业，全方位发展富有仡佬族特色的电影、舞蹈、剧馆、茶馆、餐厅、酒吧等,成为仡佬族群众发展经济的一种重要趋势。

近年来,罗城致力于发展民间娱乐休闲业,群众自告奋勇地组建了演艺团体。在如今的罗城文化舞台上,民族歌舞、山歌、彩调、吹芦笙等群众喜闻乐见的娱乐休闲活动正热火朝天地开展着,在县城民族文化广场、城西休闲广场和城中商贸广场,日夜活动着群众唱歌跳舞、吹拉弹奏、健身娱乐的身影。娱乐休闲业的发展给罗城人民带来了实实在在的好处,他们把这些舞蹈、戏剧、音乐搬上舞台,形成仡佬族特有的文化特色,并获得各方的肯定。例如,仡佬剧《玉笛情缘》和《回家》参加第二届全国戏剧文化奖评选时,分别获得"剧本奖"金奖和银奖;仡佬族小戏《唢呐欢歌》参加广西剧展,获小品小戏展演桂花铜奖;舞蹈《山歌好比春江水》参加"欢歌盛世·舞动河池"广场舞大赛荣获一等奖。随着这些优秀的戏剧、舞蹈、音乐作品走向市场,无疑对罗城娱乐休闲业的发展起到推动作用。

随着罗城经济和文化的发展,罗城本土化的影视文化产业也悄然兴起,渐渐成为文化产业的重要组成部分。新中国成立后,全县有电影公司1个,县电影院1个,乡镇电影院3个(四把、黄金、龙岸),乡镇电影站5个(东门、天河、小长安、乔善、怀群),民办电影院3个(宝坛、桥头、小长安镇),民办电影队68个,厂、矿、场电影队11个。全县共有放映和管理人员141人。现今,多数电影重新组合、兼并。与此同时,民间资本投资影视的趋势也在不断上升,这其中出现了多部优秀的影视作品,例如,《一代廉吏于成龙》、反映李德山英雄事迹的电视纪录片《铁血赞歌》、展现韦一平先进事迹的纪录片《在群众面前》等。这些作品不仅在市场上取得了一定程度的成功,而且也为罗城影视文化产业的发展起到了一个很好的带头作用。除此之外,罗城仡佬族自治县还在推动城市院线电影院建设、加快实现广播电视数字化网络化、影视拍摄基地建设等方面进行全方位的努力,以此加快影视文化产业建设的步伐。

表 11-2 罗城近年来新建文化产业项目

项目类型	项目内容
文化旅游项目	罗城天霜万亩野生毛葡萄园酒庄景区开发、仫佬族凤凰古街、罗城县小长安镇民族风情街旅游开发、罗城怀群镇元蒙屯文化旅游村、罗城四把镇梅洞屯文化旅游村、四把镇铜匠仫佬族特色村寨建设、石围屯仫佬族古民居古村落保护工程、罗城仫佬族自治县游客服务中心、天河谐乐岛旅游开发项目、怀群仫佬天堂村项目、罗城国家地质公园、大勒洞影视拍摄基地
演艺娱乐项目	仫佬族风情歌舞《依饭神曲》、仫佬族大型舞蹈《啰哈啰》、依饭歌谣、仫佬族依饭文化展示、仫佬剧《罗城轶事》
印刷出版项目	《中华民族大辞典·仫佬族卷》《仫佬族史》《仫佬族文物志》《仫佬族食谱》《仫佬族医药》《仫佬族传统体育》《锦绣仫佬乡》《仫佬族百年实录》
工业美术项目	仫佬族系列工艺品开发（包括刺绣、草编、红豆工艺品）、仫佬族饮食餐具、仫佬族服饰
文博会展项目	仫佬族博物馆、于成龙廉政博物馆、仫佬族民俗展示中心
休闲养生项目	九万大山相思谷景区（含罗城崖宜生态旅游示范村）、于成龙公园、罗城县青明山林场果乐山庄

资料来源：罗城仫佬族自治县文化体育局。

第二节 仫佬族特色文化产业发展的问题及制约因素

总体来看，仫佬族特色文化资源产业化开发处于初步发展阶段，近几年虽有新进步新成绩，但规模不大速度不快，总体发展水平不高。民间工艺、舞台艺术、特色工业品与农产品等产业化、市场化程度不高。

一、仫佬族特色文化产业发展中的主要问题

（一）文化资源产业化所需的人才资源匮乏

人力资源是经济发展中的重要一环，对于产业的发展，人才是关键。现阶段，罗城仫佬族自治县从事文化产业的专业人才较少，从事文化工作的人数虽然逐年攀升但质量不高，该地区从事与文化产业相关工作的人才大致呈现出文化人才年龄偏大，思想不够开放，文化水平较低，在职人员有些职位多有交叉，并不是专业的文化职位等特点。

一是村镇文化单位缺乏专业队伍。目前，从事农村文化工作的薪酬较低，职位较虚，且无法解决编制问题，无法评定职业等级，晋升机会较少，使得现有的乡、镇及村一级的文化专业干部工作积极性不高，人才时有流失；同时，也导致对人才的吸引力不够，人力资源的匮乏。二是现有的文化工作人员，职位多有重合，一人身兼数职，且职位工作内容不同。有些工作人员虽名为文化工作者，但实际工作内容却与文化无关，工作内容不同，使得文化工作人员无心专门从事文化工作，并且导致基层文化工作站无法正常开展业务工作。例如，有些乡镇文化协管员兼任村委副主任，有些兼任党政办秘书，这样不仅不利于文化工作的进行，反而会对文化工作的进行产生阻碍。目前，这一现象还不明显，但是其负面影响不容忽视，应引起注意。三是文化工作人员结构不合理，不具备较高的文化理论素养。我们在走访中发现，在乡镇和村里的文化工作人员年龄偏大，思想观念老化，文化知识结构薄弱，对于文化的传承和发展起不到应有的积极作用。我们对罗城仫佬族自治县下属的怀群镇、兼爱乡、龙岸镇、天河镇、东门镇、黄金镇、乔善乡、小长安镇、纳翁乡等9个乡镇的乡镇文化站工作人员的基本情况进行了调查，并在调查的基础上对其进行了统计分析。分析结果表明，截至2016年底，这9个乡镇共有26名乡镇文化站工作人员（其中在编在岗人员20人，在编不在岗3人，聘用3人）。在学历方面，初中学历2人，中专学历2人，高中学历3人，大专学历11人，大学本科学历8人；在年龄方面，20—30

岁（包含 30 岁）3 人；30 岁—40 岁（包含 40 岁）13 人，40—50 岁（包含 50 岁）2 人，50—60 岁（包含 60 岁）8 人。由此我们可以看出，这 9 个乡镇在文化人才方面的基础十分薄弱。

（二）文化资源产业化中的文化产业意识不强

罗城仫佬族自治县地处大石山区，经济社会发展缓慢，小农经济思想对人们的生活仍有着极大的影响，使得人们在对待民俗习惯等民族文化资源时，还处在保守的思想状态中，还未充分地认识到文化的经济内涵。人们看待民族文化还处于一种封闭的思想观念中，对民族文化资源还处在简单的认识阶段，还未充分认识和理解当今世界对于文化的解读。

目前，罗城仫佬族自治县除了在"依饭节"期间可以看到仫佬族民族文化习俗以外，平常生活中已很难看到仫佬族的影子，在村落有些人家中还保有仫佬族的特色建筑和特色服饰等宝贵的民族文化遗产，但大多数已不见踪迹。以仫佬族刺绣为例，在以前，仫佬族人在定亲时年轻的仫佬族姑娘就会绣一双绣花鞋赠予自己心中爱慕的小伙，仫佬族人还会绣一个背带，在田间劳动时将出生婴儿背在自己背上从事劳动。这些习俗也都随着经济的发展为人们所抛弃，伴随而来的也就是民族文化的衰竭。仫佬族刺绣没能像苏绣那样出名，很大一部分原因就是由于人们的思想观念的不同，使得这种仫佬族刺绣产品及其生产方式与市场脱节、与消费者无缘。作为仫佬族民族文化资源的传承物，仫佬族民族文化资源产业化最大的弱点就是缺乏市场意识，无论是从市场主体到政府机构，还是各个主体的文化经济意识和经济决策，都跟不上经济社会发展的需求，主要原因就是思想观念滞后，缺乏对民族文化资源产业化内涵的深刻挖掘。

（三）文化资源产业化中的文化市场监督机制有待改变

文化资源产业化过程中，市场起着决定性的作用，而市场在文化资源产业化过程中对生产者和消费者起着桥梁作用。文化市场与其他市场不同，文化市场是以生产和交换文化产品为主要内容的市场机制，文化市场为人们提供更多的是"精神文化产品"，而这种特殊性质的产品往往与人们的思想意识相关，同时也更趋向于自发的生成，是在无意识行为下自然形成的。但是在现实中，文化市场中文化产品的生产与消费往往绑架着人们的主观意识，甚至扭曲人们的思维，使人们的意识产生转变，这些都可以归咎于文化市场自身的弊端，正是这些因素使得政府在现实生活中对文化市场进行强有力的监管，杜绝一切可能危害健康社会意识的文化产品。但是考虑到文化产品的自发性，对于文化市场的监管，政府又不应过多地干预，应尽量地发挥行业的自我监管能力，同时政府也应该在法律所规定的范围内行事。由于罗城仫佬族自治县是少数民族自治县，本身有着制定相关法规的职能，更应该依据本地方的具体情况制定相应的政策法规，以适应本地区文化市场的发展。

（四）仫佬族特色文化产业扶持机制存在不足

目前，罗城仫佬族自治县的文化产业扶持机制还有一些不足，主要表现在以下几个方面。

1.除政府文化管理外，仫佬族很少有诸如发展促进会、文化基金会、文化融资会、文化社团等发展文化产业的部门机构，再者，发展文化产业不可或缺的扶持机制——文化产业专业人才、文化产业发展市场调研，以及相配套的园区开发、集资融资等各种服务都跟不上发展的要求，使得文化产业的发展步履维艰，很难形成经济规模和经济效应。

2.缺少有力的文化产业孵化器和文化产业公共服务平台也是仫佬族发展文化产业的一大短板。存在政策服务平台、组织管理平台、知识产权保护平台、法律服务平台、投融资平台、技术服务平台等缺失或不完善的问题。如此导致文化产业的发展、管理没有明确的定位和规划，也不利于文化产品的展示和推广，更是影响文化产业发展的障碍。

3.缺少"大服务"的观念。在文化产业发展过程中，一些部门和工作人员将发展特色文化产业看作是政府自己办文化项目，对企业服务少。实际上，政府部门和人员都应成为优秀的服务者、培育者、推介者，竭力帮助文化企事业单位解决实际问题。

（五）文化资源产业化中文化资源信息交流平台匮乏

文化资源产业化开发的主体合作机制的建立，关键的一个环节就是信息交流机制的建设，特别是信息交流平台的建设。信息交流平台的建设对于文化资源产业化中的协调起着重要的作用，一方面可以弥补市场信息交流的不对称，另一方面又可以缓解不同主体间的行为冲突。另外，值得我们注意的是，文化资源产业化信息交流平台建设的关键环节便是制度建设，制度建设是文化资源信息交流平台的保障，是文化资源交流平台机制的核心内容，是规制个人参与主体各方行为的主要工具。

罗城仫佬族自治县在文化信息交流平台建设方面，目前的平台交流机制建设还不完善，在信息交流过程方面还处于初级阶段，信息交流平台建设还不成熟，这些都不利于政府与市场关系的调节，特别是在市场参与主体方面，主体间的交流途径匮乏，信息交流的速度直接影响文化产业发展的成效，而以政府为主导的参与机制的建设，在制度上一定要将信息交流的制度建设纳入重要的建设环节。

二、仫佬族特色文化产业发展中的制约因素

仫佬族有丰富的文化资源，但是文化的财富性没有能够有效发挥出来，存在所谓的"捧着金饭碗没饭吃"的现象。出现这样的现象，有它背后必然的原因。因此，我们有必要剖析当前仫佬族特色文化资源开发面临的问题，有针对性地提出开发策略。

（一）受传统的"官本位"思想制约

"官本位"思想是古代中央集权文化的典型特征。在几千年的古代政治

文化中，以官为本，以权为纲，以仕途为出路的思想意识逐步强化，并深入到了社会的各个角落。纵览我国历史便可发现，典型的"官本位"思想具有以下特点：官僚系统居于整个社会系统顶层，并且掌握着社会核心资源，官民权力结构、政府社会资源严重失调不均；体制中的规则、秩序和法理往往屈从于"长官意志"；权力系统内部缺乏制约监督；上下级官员间缺乏平等基础上的良性互动；社会上又以是否为官、官职大小、官阶高低为标尺衡量社会地位和人生价值，导致心态失衡和价值扭曲。总之，"官本位"思想与当今社会发展的需求不符，它不仅制约着科学文化的发展，阻碍着社会主义民主法制的建设，而且对于当下社会经济的发展极为不利。

当前，在社会上还能听到诸如"依法办事不如领导指示"，"县官不如现管"，"屁股决定脑袋"等具有"官本位"思想的话语，这些现象的产生与我国现阶段经济社会发展的水平相关。目前，罗城仫佬族自治县社会经济发展滞后，"官本位"思想仍然明显。这一思想的存在，不仅对于罗城仫佬族自治县经济的发展起不到应有的促进作用，反而会制约县域经济的长远发展。

（二）受政府机构内部沟通机制制约

"机制"一词最早源于希腊文，原指机器的构造和动作原理。对机制的这一本义可以从以下两方面来解读：一是机器由哪些部分组成和为什么由这些部分组成；二是机器是怎样工作和为什么要这样工作。从机制运作的形式划分，一般有三种：一是"行政—计划"式 [①] 的运行机制；二是"指导—服务"式 [②] 的运行机制；三是"监督—服务"式 [③] 的运行机制。这三种机制运作各有其侧重点，按照机制的功能可以分为沟通机制、监督机制、制约机制等。其中沟通机制在每一个组织内部都有着重要的作用，特别是在多元化社会的今天，沟通机制显得更为重要。从机制的运作方面来看，我们可以发现不管

---

① "行政—计划"式，即以计划、行政的手段把各个部分统一起来。

② "指导—服务"式，即以指导、服务的方式去协调各部分之间的关系。

③ "监督—服务"式，即以监督、指导的方式去协调各部分之间的关系。

机制运作方式如何，其运作精神都归结为协调各部分的工作与职责，以便更好地发挥组织的功能。机制建设的好坏直接影响着组织的行为效果，特别是组织的内部协调机制与外部沟通机制在组织的整个活动环节中扮演着重要的角色。

1952 年，罗城成立县文教科。2001 年，文化体制改革成立了文化体育局。可以说在半个世纪的时间里罗城仫佬族的文化体制发生了很大的变化。但遗憾的是由于未能很好地将文化产业和文化事业区别对待，还是沿用老一套管理文化事业的方式来发展文化产业，如此一来，必然导致文化产业发展违背市场规律，违背时代发展要求，从而出现僵硬化、滞后化的局面。另外，仫佬族的文化产业被文体局、民族局、旅游局、文化馆等众多政府部门分割管理，这种多头管理的方式给文化产业的发展带来了严重的影响，使其容易陷入政企不分、产权不明晰、管理混乱、政府职能过大等实质性问题，各部门间在发展文化产业过程中由于众口难调，很难真正做到劲往一处使。另外，在公共文化设施管理方面，虽有相关的制度性建设，但是停留在表面上，对于设施管理的科学性不够重视，这样也不利于节省管理成本。也就是说，在人才培养与公共设施的制度性建设方面，目前罗城仫佬族自治县只是处于初级阶段，还没有完全地进行相关制度化建设。

（三）受思想观念和人才资源的制约

观念落后对文化资源开发的制约主要包括三个方面：一是愚昧造成对文化资源的破坏。一些历史文化遗址，由于人为的破坏，遗址破烂不堪，文物所剩无几；二是围绕旅游开展文化活动，将仫佬族特色文化变成了一种"表演文化"；三是不重视文物的保护，不少干部和群众并不完全了解《文物保护法》，或者仅有片面认识，许多古建筑被乡民拆毁，用作建房材料，或倒卖赚钱。

罗城仫佬族自治县是少数民族长期生活和居住的地方，有着民族特有的思想精神风貌，但思想观念还比较落后，这种情况在仫佬族乡村尤为明显。

一方面，民族传统文化浓厚与经济社会发展相脱节，不适应社会发展的需要，甚至阻碍经济的发展。罗城仫佬族自治县地处桂西南大石山区，因此又被称为仫佬山乡。近年来，该地区的交通环境有所改善，但是在一些乡村地区交通还是比较落后，使得乡村居民的文化思维很难与现代文化接轨，使得人们仍然生活在传统的文化氛围中。从另一个角度来看，交通的落后又有助于传统文化的保护，那么在经济发展与传统文化之间就存在着一种张力，为此，怎么处理好这种张力也是一个值得思考的问题。但是就文化资源产业化而言，作为文化传播主体的"人"必须具备现代化的思维意识，对待传统民族文化应持去伪存真、去粗取精、与时俱进的态度。为此，应加强"人"思想意识的转变。

另一方面，在民族文化资源产业化过程中，一些村民一切向"钱"看的思想观念较为严重，甚至不惜以虚假的文化内容，过分地包装"文化精髓"，使得民族文化失去了文化传承的活力，而成为一种"文化物品"，使得原本极具活力的民族文化逐渐地丧失了自身的魅力。另外，地方政府重视发展地方经济，还没有把文化建设放在应有的位置，单纯追求 GDP 增长，存在对公共文化建设轻视、忽视、偏视的观念，出现文化"说起来重要，干起来次要，忙起来不要"的现象。

同时，仫佬族特色文化人才资源缺乏。专业人才严重不足，本身文化人才就少，又难以吸引外来人才，更难以留住现有人才。人才培养机制也不健全，懂文化、有能力、会经营的人才非常缺乏，特别是文化企业家非常稀缺，高级职称人才奇缺。从传承人来看，民间特色文化大多是口传心授，传承体系相当脆弱，许多民间艺术面临"人亡艺绝"、传承断代的危险。

（四）文化产业发展过程中中介组织的缺失

文化作为一种特殊的公共物品，它的生产和需求与其他别的物品不同，文化是由人民自己生产，并由人民自己消费的一种物品。政府在文化资源产业化中虽然起着主导作用，但是，也需要公民及各种中介组织的广泛参与，及时向政府反馈自己的需求和意愿。同时，由于文化本身就是在人类历史中长期形成的一种意识形态，人民在中间起着不可忽视的作用，因此，在文化资源产业化过程中，公民的参与是必不可少的，也是极为重要的。因此可以说，中介组织是特色文化产业发展过程中不容忽视的力量之一，它参与到特色文化产业发展中来可以很好地为政府承担更多的责任，从而减轻政府的负担。中介组织具有专业性更强、成本更低、效果更明显等优势，可以很好地担负起政府在资金、人员以及技术等方面的不足，从而更好地降低文化产业发展成本，为文化产业的发展添砖加瓦。但目前参与罗城文化产业的中介组织还不够，这主要源于中介组织并未受到社会广泛的认可和接受，而且它们的生存空间狭小，表现在很难以合法的身份参与文化产业发展过程中，同时还面临资金困难以及公信力低等问题。

（五）受文化发展资金和文化基础设施的制约

在市场经济条件下，文化事业的发展与文化资金的投入紧密相连，可以说文化资金的投入对文化资源的开发利用是一种"造血"的角色。罗城仫佬族自治县在文化事业方面的投入严重不足，一度呈"贫血"状态，在一些乡镇不但没有安排文化站的工作经费，还挤占了上级拨给各乡镇的文化经费，致使文化工作出现"无米下锅"的状态。不仅如此，由于文化投入不足，大部分乡镇文化广播站设备陈旧、落后，同时，很多著名的旅游景点也因为没有经费开发，使得资源白白浪费。一些传统的非物质文化遗产也由于资金缺乏无法得到挖掘和整理，如少数民族山歌、民族戏剧、民族传统体育项目、传统民俗风情等，有相当部分面临失传。仫佬族特色文化资金投入的"贫血"状态，使得民族文化事业的发展与时代发展的要求不相适应的同时，致使其特色文化资源开发面临严重的困境。

资金不足又制约着文化基础设施的建设。罗城仫佬族自治县设有文化馆、图书馆、艺术团、电影公司、仫佬族博物馆、民族剧院、民族文化广场、青少年活动中心等机构和场所，但由于仡佬族经济不发达，财力不足，政府扶持不到位等因素，致使仡佬族特色文化基础设施滞后，公共文化设施服务体系不够规范，文化设施管理出现"乏力"等问题。例如，仡佬族各乡镇虽然都建有文化站和图书馆等，但建立起来的图书室、戏台和篮球场等远远满足不了群众的需求，并不能充分地为民所用，平时很多村屯的青年人、老年人都喜欢唱山歌，但是大部分村屯都没有演出场所。又如，文化馆本该是群众学习文化、加强交流的地方，但是仡佬族特色文化馆数量少，文化艺术团队排练、办公的地方设备简陋，场地狭小。仡佬族特色文化基础设施的不完善制约着当地文化事业的顺利发展，不利于其优厚的文化资源的开发。

第十二章　国内外文化产业化的
经验及其启示

第一节　国内外文化资源产业化的实践

一、国外文化资源产业化的实践

（一）美国的文化资源产业化

作为一个建国只有 200 多年的国家，美国没有中国深厚的历史文化底蕴，却在全球文化产业中异军突起，成为全球文化产业强国。美国文化产业的发展始于 20 世纪 20 年代，产生于这一时期的最主要的原因是科学技术的进步。无线电、放映机等技术的产生，推动着诸如广播业、电视业等新型行业的产生，而电影行业的突飞猛进为美国经济的发展增添了动力。同时，凭借着电影行业的快速发展，美国以电影为媒介对别国进行文化价值的入侵。可以说，美国文化产业的快速发展与政府的战略规划密不可分，与此同时，也与美国科学技术的进步、人们思想意识的活跃有着密不可分的联系，美国文化产业的发展历程如下。

首先，初始阶段（20 世纪 20 年代至 20 世纪 40 年代）。美国文化产业的诞生，始于美国科学技术的进步，特别是信息技术革命。第一次与第二次信息技术革命的爆发，出现了一大批新型的技术运用于现实的社会发展中，产生了电报、无线电、电视等新型电子设备。在技术快速发展的背后，产生了一系列的社会变革，在此基础上，开始涌现出大量的影视企业，最终形成了以迪士尼公司、派拉蒙电影公司、环球城市制片公司等为主的电视电影产业。信息技术的快速发展，一方面改变了人们的生活方式，另一方面诞生了一大批新兴产业。如电视机的产生，不仅将以往人们的通信方式与获取信息的渠道进行了重塑，而且带来了电影行业的蓬勃发展。

文化产业本身便是以文化为中心的产业形态，在技术快速发展的时代中，文化传播深度与广度都得到了快速的扩展及延伸。在市场主体纷纷诞生的背景下，美国政府也相继出台并制定了一系列政府法规与政策，为新兴文化产业的发展提供了一个良好的政治保障。其中，全球最早的以文化产业为中心内容的政府法规也在这一阶段产生，包括 1927 年出台的广播法（Radio Act）和 1934 年的通信法案（Communications Act）。这些法规的典型特征就是强调市场的独立自主发展，减少政府的强制性干预，同时授予美国联邦通信委员会独立管理美国通信业的权力。

其次，起步阶段（20 世纪 40 年代至冷战结束）。20 世纪 60 年代，以电子计算机为代表的信息技术革命爆发，进一步推动了美国信息产业的快速发展，互联网成为继文字、印刷术、无线电和电视之后的第四大通信媒介。20 世纪 80 年代初期，美国的广播电台、电视台数量之多让人感到震惊与好奇。不管是在几百万人口的大城市还是一两万人的小城镇，都随处可见许多广播电台和电视台。在华盛顿地区，能同时听到 32 座电台的广播，一般的彩色电视机可以收看 26 个频道的节目。如果加上有线电视节目那就更不用说了。当时，美国有 8500 多家广播电台、1400 多家电视台。① 与此同时，1965 年美国国家基金会出台《人文艺术法令》，这是美国政府第一次介入美国文化产业发展的标志，随后美国政府以间接方式加大了对文化产业的经费支持。

再次，发展阶段（冷战结束至 20 世纪末）。苏联解体后，冷战结束，美国成为世界上唯一的超级大国。在这一阶段，美国经济、政治、文化都在世界处

---

① 参见胡耀亭：《美国广播电视一瞥》，《现代传播》1980 年 4 月。

于领先地位。美国文化产业伴随着国家地位的领先，加上美国政府制定各种政策鼓励美国文化产业向海外市场扩张，随后，美国文化产业得以在全球范围内迅猛发展。1996 年，美国颁布《电子通讯法令》，该法令取消了对文化生产的一切管制，从而使得美国文化企业出现了大量并购、吞并现象，文化产业企业之间也开始进行激烈的竞争，为积极扩展海外市场打下基础。

最后，成熟阶段（21 世纪初至今）。经过前几个阶段的沉淀，美国文化产业已经形成一个文化产业集群的态势，并趁着互联网的浪潮将本国文化与世界文化对接，向世界各个区域传播，这一时期，美国文化产业的发展依托于其技术与政治地位的优势，并且充分利用其国际政治经济优势，使得美国的文化商品迅速占领国际市场。

总而言之，美国的文化产业发展主要依托于本国科学技术的发展，将技术与文化相结合，打造现代文化，同时国家政府及时对文化产业的发展进行政策引导与支持。

（二）日本的文化资源产业化

日本与别国不同，将文化产业称为内容产业或统称为娱乐观光业。日本文化产业的发展大致遵循这两个发展逻辑：一是对传统文化的保护与发展；二是依托于新兴技术的发展培育现代文化产业。可以说日本文化产业将现代精神消费与传统文化怀念紧密结合，其发展脉络凸显出其自身的文化民族主义，并且与国家战略相融合，政治意图明显。

第二次世界大战以后，日本的经济遭受到了巨大的毁坏。日本首相吉田茂主张以经济中心主义为核心内容的发展战略，将战前以军事为主的国家战略转变为以产业和贸易立国的战略，将重建后的日本打造成通商国家。① 因此，日本可以在短时间内迅速恢复，创造了"日本经济神话"。在 20 世纪

---

① 参见 ［日］ 五百旗头真主编：《战后日本外交史（1945—2005）》，吴万虹译，世界知识出版社 2007 年版，第 218 页。

90 年代，日本受世界经济危机的影响，第一、二产业发展陷入困境，进入"失去的十年"的处境。为了振奋日本经济，恢复经济活力，21 世纪初，日本政府提出了"文化立国"的思想，相继出台了一系列政策规章以扶持文化产业的发展，如 2001 年，日本颁布了《日本文化政策基本法》，以此推动影片、漫画、动画产业的发展；2002 年，颁布了《知识财产基本法》；2004 年，颁布了《关于促进创造、保护及应用文化产业的法律案》；2006 年，颁布了《观光立国基本法》。从 2001 年到 2006 年，日本文化产业得到了快速发展，国内规章制度也基本完善。

2009 年，日本政府积极向海外推销本土流行文化，并把其作为今后经济增长的一个战略性领域。日本文化产业的发展开始由国内转向国外，为日本文化产业的发展提供新的机遇。2010 年 6 月，日本经济产业省专门设立了"酷日本室"，目的是为动漫等具有国际竞争力的内容产业加大马力，让日本文化走出去。2012 年，安倍政府连续召开"酷日本推进会议"，为"酷日本"战略布局。①2013 年 11 月 25 日，日本经济产业省正式启动"Cool Japan"基金计划②。

（三）韩国的文化资源产业化

韩国政府文化产业可以分为起步阶段、发展阶段以及实现阶段三个阶段。

首先，起步阶段（20 世纪 50 年代至 20 世纪 80 年代末）。在这一阶段，韩国政府对与文化有关的一切活动进行管制审查，扮演着管制型的角色，这

---

① 参见《安倍政权的成长战略支柱之一："酷日本"计划》，网易新闻 2014 年 9 月 26 日，.http://news.163.com/14/0926/17/A739SI5H00014SEH.html.

② 参见"Cool Japan"基金规模最初为 375 亿日元（约合 22.5 亿元人民币），其中 300 亿日元（约合 18 亿元人民币）是政府出资，其余由全日空和广告巨头电通等 15 家企业出资。日本经济省官员指出，基金规模预计在 2014 年 3 月会膨胀到 600 亿日元(约合 36 亿元人民币)，并在 2015 年 3 月达到 900 亿日元（约合 54 亿元人民币）。基金会将从申请企业中筛选，并向每家当选企业提供最多 10 亿日元（约合 6 千万元人民币）的融资。

一点主要体现在这一时期政府对媒介公司进行改组。通过重组媒介产业，颁布报业基本法，强制通过报纸和广播电视公司的"统并合"等方式实现对媒介公司的整合。同时，韩国政府派情报官员到大众传媒公司进行监督，实现了对新闻报道的控制。由此可以得知，这一时期韩国文化产业的发展受到了政府的严格管制。

其次，发展阶段（20世纪80年代末至2007年）。在这一时期，韩国文化产业得到了渐进式的发展。韩国政府通过制定一系列与文化产业相关的法律法规，大力发展文化产业，初步形成了文化产业的雏形。随后采取安抚与鼓励并重的方式，尽量减少对文化产业发展的管制。首先，金泳三政府时期，通过政府机构的缩减以及加强政府文化部门职能，有效地促进了文化产业的发展。1993年，金泳三总统采取了两项措施，加强了各部门的自律性与创意性，努力塑造小而强的政府。一方面，融合文化与体育的功能，将文化部更名为文化体育部；1994年，交通部将观光业务移交给文化体育部，过去由公报处负责的媒体业务也转移到文化体育部的名下，由文化体育部着手实施与文化产业相关的制度改革与政策研发，并突出强调文化产业在经济领域的重要性。另一方面，韩国政府于1993年制定了《文化畅达五年计划》，进一步明确了文化产业的发展地位，并且意识到了文化艺术是创造高附加值的无形资源。1997年，金大中政府上台。为了克服金融危机，1998年，金大中总统在就职演说中提到"文化产业是21世纪的基干产业，是旅游产业、影视产业、文化特产等具有无限发展可能性产业的代表，是财富的宝库"，并发表了《新知识产业培育案》，标榜超高速信息网的设置与电子政府的建立，并逐步迈向先进化发展。金大中政府意识到了文化国家的实现、文化内容和文化产业发展的重要性，颁布了一系列法律法规。随着数字技术广泛应用于文化产业领域，韩国对文化产业的发展还提出了《电影振兴法》《文化产业发展5年计划》《文化产业蓝图21》等具体的政策方针，为韩国文化产业的发展奠定了基础。在2003年国政议会上，卢武铉总统强调，未来5—10年内要培育新的发展动力以及新兴产业，并开始实施《下一代发展动力产业推进计划》。随后，韩国产业资源部、信息通信部和科学技术部等相关部委优先选出 134 个未来可行技术及项目，以世界经济的发展趋势与各部委以及各大世界知名大学的研究意见，最终敲定十大产业。卢武铉政府的文化蓝图集中体现在 2003 年 7 月由文化行政革新委员会与文化蓝图推进团联合筹备并于 2004 年 6 月发表的《创意韩国》当中。[①] 卢武铉当政期间，韩国政府提出了要在 2012 年挤进世界五大内容产业强国的行列，并且开始实施以"内容（Contents）、创新性（Creativity）、文化（Culture）"为内涵的"3C"战略，在影视产业的亚洲市场扩张方面成效卓著。[②] 在这一时期，韩国政府深刻意识到了文化产业发展的重要性与必要性，在政策措施等各方面都予以扶持。韩国文化产业得到了长足的发展。

最后，现阶段（2007 年至今）。李明博政府为实现"通过先进化走向世界一流国家行列"这一国家蓝图，提出了"创意性的实用主义"的实践规范。李明博政府的文化政策集中体现在 2008 年底发表的《文化蓝图 2012》中。《文化蓝图 2012》将文化政策目标定为"有品味的文化国家——大韩民国"，并确定了四大发展目标：文化绽放的国家、以内容实现富有的国家、有故事的旅游国家、通过体育快乐的国家。2008 年，李明博政府将国政宣传处与信息通信部的数字内容等业务移交给文化观光部，并把文化观光部更名为文化体育观光部。2009 年，开展了政府机构的组织变革，缩减了 10 个科系和部门，基本实现了小而精干的实用政府面貌。2011 年 5 月，李明博政府发布《内容产业振兴基本计划》，该计划确定韩国内容产业增加值到 2015 年要达到 GDP 的 5% 的目标任务，相比市场出口规模达到 GDP 的 7% 以上，创造就业人数要达到 10 万人以上。由此可以看出，韩国政府对文化产业的发展极具信心。2013 年 2 月，朴槿惠总统在就职仪式上，将"文化昌盛"与"经

---

① 参见向勇、权基永：《国政方向与政策制定：韩国文化产业政策史研究》，《福建论坛（人文社会科学版）》2012 年第 8 期。

② 参见中国人民大学文化产业研究中心：《韩国打造软实力的新国策》，2012 年 12 月25 日，http://www.cncci.org/displaynews.php?ArticleID=3347。

济复兴"、"国民幸福"及"构建和平统一基础"并列为自己的国政目标，并提出了风靡全球的"韩流"文化和信息技术的"创造经济"的执政理念。朴槿惠所说的文化产业包括广播、游戏、动漫、卡通、网络、影视、歌曲唱片等，并将这些领域作为韩国经济的增长点。为推动韩国文化产业在全球范围内的出口和传播，2013年，韩国文化体育观光部和未来创造科学部联合发表了《韩国文化产业对外输出促进方案》。2008年至2011年间，韩国文化产业出口规模更是以年均22.5%的速度飞速增长。2013年，韩国的文化产业出口总额达到了50亿美元，约合人民币310亿元左右，文化产业已占韩国GDP的15%。

二、国内文化资源产业化的实践

（一）我国台湾文化资源产业化

我国台湾的文化产业起步相对较晚，但在各种因素的影响下，经过近20年的发展，基本形成了一套很成熟的生产、创意和营销模式。

1. 政府主导的文化产业发展道路

第一阶段：崛起阶段（1982—1990年：地方文化产业兴起时期）

台湾当局于1982年颁布并实施了"《文化资产保存法》"，开始主导文化产业的发展。20世纪80年代末90年代初，台湾经济迅速发展，大量的农村人口开始向城市转移，导致农村的衰败。面对这种现象，当局开始指导具有历史性与独特性的地方传统产业，并借鉴日本乡村的发展经验，开始关注传统的生活，对传统文化和自然生态进行保护。1990年，当局提出了以发展小区特色产业、繁荣地方经济为目标的"社区总体营造"文化政策，促进了地方文化与社会意识的结合。

第二阶段：丰富时期（1991—2001年：地方文化产业发展时期）

早期的台湾文化产业是以发展传统的农林渔业以及传统的手工艺品为主。随着时代的变迁、科技的进步，文化产业在推动社会经济发展方面发挥了很大的作用，人们对文化产业的理解也在不断地丰富与深化。1994 年，台湾"文化建设委员会"提出"社区总体营造"的概念，由此台湾进入政策引导下的文化产业化阶段。经过了十多年的发展，台湾的地方文化产业有了更加丰富的发展，逐渐形成了整个台湾文化产业发展的丰富时期。丰富的文化资源与多彩的文化，经过整合包装形成了极具特色的台湾本土文化产品。

第三阶段：创新时期（2002 年至今：地方文化创意产业时期）

文化创意产业作为一种新型产业，具有创新性、独特性以及高价值的鲜明特征。2002 年，台湾当局提出了《挑战 2008：台湾发展重点计划》，将"文化创意产业发展计划"列为十大重点投资项目之一，提出了"文化产业化，产业文化"的口号，将视觉艺术产业、音乐与表演艺术产业、文化展演设施产业、工艺产业、电影产业、广播电视产业、出版产业、广告产业、设计产业、数字休闲娱乐产业、设计品牌时尚产业、建筑设计产业、创意生活产业 13 项产业纳入了文化创意产业，用文化创意来衬托整个台湾制造业的发展。2003 年，台湾发布了《文化创意产业发展》三期计划，为文化创意产业的发展营造了良好的政治环境，极大地推动了产业发展，并取得了丰硕成果。2007 年，台湾文化创意产业经济组织高达 50667 家，较 2002 年增长了 13.32%，文化创意产业营业额由 2002 年的 4352.6 亿元新台币增至 2007 年的 6329.4 亿元新台币。2002 年台湾当局开始实施"文化创意产业发展计划"。[①]2007 年该计划结束后，又于 2009 年提出了"创意台湾：文化创意发展方案"，从发展优势、产业需求、潜力、困境等方面对台湾 2009—2013 年文化创意产业发展提出了新的要求，加强了政府在文化产业发展方面的宏观指导，进一步完善布局。2010 年，台湾《文化创意产业发展法》正式施行，从协助投资文化创意产业、设立财团法人文化创意产业发展研究院等方面对

① 陈伯礼、高长思、徐信贵：《台湾的文化创意产业营造及其启示》，《华东经济管理》2011 年第 11 期。

文化创意产业的发展提供了法律依据和政策遵循。2014 年台湾文化创意产业增加了视觉传达设计产品、流行音乐及文化内容产业，从政策和市场两个方面来努力，着重推动和激发投融资的活力，以解决台湾文化创意产业发展资金动力不足的问题。

2. 文化产业发展机制的创新：跨部门协作

台湾文化创意产业主要由"经济部"、"新闻局"等部会营造与推动，各部会间的分工十分清晰。"经济部"主要负责培育与发展广告产业、设计品牌时尚产业、创意生活产业等相关产业；"新闻局"则主要负责电影产业、广播电视产业的发展；"文建会"负责视觉艺术产业、音乐与表演艺术产业；"内政部"只负责建筑设计产业的推动。各部会间分工明确，有效地促进了新兴文化产业的发展。这样一方面加速了文化创意产业方案的实施，另一方面整合了管理体制，提高了政策执行的效率。

3. 文化产业人才培育方式建设

产业的成长与竞争归根结底是该领域人才的成长与竞争。在发展文化创意产业的过程中，台湾当局整合各种教学资源，实施产学合作研究及培训计划，十分重视对人才的培育。一方面积极协助大专院校充实人才及设备，并鼓励大专院校规划、开设文化创意产业的课程或进行创意开发、创作实验，对与文化创意产业相关的各种人员进行培训，并为其提供进修机会。2003 年，台湾"教育部"为了整合校际资源，建立人才、媒介、产学合作整合平台，在北中南成立了 5 所教学资源中心，分别由台北科技大学、台北艺术大学、云林科技大学、成功大学和台南艺术学院担任主办学校。[①]另一方面，大力引进具有文化创意的高素质人才，同时资助文化创意产业精英出国进修。通过一系列政府的人才培养政策及措施，一大批文化创意产业人才在短时间内在台湾会聚，成为台湾文化创意产业快速发展的中坚力量。

---

① 参见史可：《台湾发展文化创意产业的经验与启示》，《发展论坛》2013 年第 3 期。

4. 政府行政协助功能的有效执行

在文化产业发展的初级阶段，政府应为文化产业的发展保驾护航，不但应该出台相关的优惠政策，而且还应引导大量的资金进入该产业。台湾当局在文化产业发展过程中所起的作用，最为显著的就是对文化创意产业的发展实施扶植政策。2010 年，台湾当局颁布了"文化创意产业补助作业要点"①，鼓励科研机构设立专门的产业创新育成中心进行产业孵化，加速与市场机制的有效衔接。② 另外，在税收方面，台湾当局在政策上对文化创意企业也给予了很大的优惠。

5. 为文化产业的发展提供法律保障

法律是一项新兴产业产生与发展的重要保障。2003 年 11 月 5 日颁行的《促进产业研究发展贷款办法》为了促进产业升级，规定对文化创意产业的研究发展计划提供贷款。为促进文化创意产业的发展，为其营造良好的经营环境，积极与国际接轨，提升竞争力，在全社会形成具有丰富文化与创意内涵的产业结构。台湾文化创意产业发展很大程度上得益于法律的保障机制。

（二）恩施土家族苗族自治州文化资源产业化

恩施土家族苗族自治州位于湖北省的西南面，是湖北省唯一的少数民族自治州，享有"鄂西林海"、"华中药库"、"烟草王国"、"世界硒都"之称，有土家族、苗族等 29 个民族。恩施州是世界优秀民歌《龙船调》的故乡，保存有 200 多万年前"建始直立人"留下的"古人类文化"，滥觞于此并与楚渝文化交相辉映的"巴文化"也处于恩施地区。除此之外，还有亚洲第一洞"腾龙洞"，有可与美国科罗拉多大峡谷相媲美的"恩施大峡谷"。

---

① "文建会"向研发生产组、品牌行销组、市场拓展组，每年分别提供新台币 150 万元、200 万元、500 万元的资金补助，对正处于创业或起步阶段的个人、工作室或小微企业，每年通过比赛、选秀等遴选方式，直接提供 500 万元新台币以下的种子基金。

② 参见孙东方：《台湾地区文化创意产业发展的政策模式》，《中国党政干部论坛》2012 年第 8 期。

可见，恩施州自然资源与民族文化资源十分丰富，当地政府依托于丰富的民族文化资源以及自然资源科学地发展文化经济。2008 年，恩施接待国内外游客 110 万人，旅游综合收入达 5.5 亿元。[①]2017 年，接待人数 5132.89 万人次，比上年增长 17.6%；旅游综合收入 367.46 亿元，增长 22.3%。[②] 发展文化旅游不仅有助于当地人民生活水平的提升，而且对于生态环境的建设提供了新的途径。恩施州文化资源产业化主要有以下特点。

第一，重点发展乡村旅游。恩施州政府以乡村旅游扶贫为行动指南，致力于打造乡村文化经济，将乡村传统文化与现代文化对接，着力提升乡村形象，培育乡村经济内生动力。以"公司＋居民"的形式，将旅游公司引进民族乡村，招募本地居民从事管理工作。营上村党支部书记、村主任向明富说，过去太穷，干堰塘、倒灌水一带青壮年中光棍汉占 20% 以上，后来 80% 的青壮年靠外出打工挣钱。2008 年恩施大峡谷景区开发后，村里 50% 以上的青壮年就地从事旅游工作，过去的穷乡僻壤发生了翻天覆地的变化，如今，外来的媳妇们十分乐意在这里扎下根来。2014 年，恩施大峡谷景区现有旅游从业人员 1700 多人，其中 80% 是当地村民，主要从事旅游交通运输、旅游商品销售、景区游览服务、演艺等工作。[③] 恩施州乡村文化游将文化产业与旅游良好对接，不仅提升了民族文化竞争力，同时还带动了本地经济水平的稳步提升，促进乡村人员回流。

第二，建立多主体协同机制。文化产业涉及旅游、交通、文化、餐饮等多个方面，要想发展文化产业光靠单一主体是不能完成的，必须多主体协同发展。特别是对于民族乡村地区，民族文化资源产业化更需要文化保护主体、旅游规划主体、营销宣传主体等多方面的配合。为此，恩施州为预防政

---

① 参见葛大中、颜英、周潜甫：《恩施市去年旅游综合收入 5.5 亿》，《恩施日报》2008 年 1 月 7 日。

② 参见朱杨：《放眼尽是春消息——恩施州生态文化旅游产业集群建设侧记》，《恩施日报》2018 年 3 月 22 日。

③ 参见《创新业谋产业有业才能脱贫》，《中国政协新闻网》2014 年 1 月 26 日，http://cppcc.people.com.cn/n/2014/1219/c34948-26238941.html。

府内部出现政策打架彼此矛盾，或没有部门管理边缘事务，相互推诿现象。恩施州创设了多主体协同机制，对"吃住行游购娱"六个旅游要素，分别由一名州级领导牵头、一个工作专班组织实施，提高跨部门合作的效率。如在修建"千里绿色旅游公路环线"项目中，由州委书记担任建设领导小组组长，统筹协调旅游委、交通局等多个部门。同时，为了解决旅游扶贫的各笔资金分布在多个部门的困境，恩施州成立"旅游扶贫产业引导资金"，把相关的政府资金都统一到账户上，对资金进行统一管理，提高使用效率。[①]2014年，恩施市联合"新浪湖北"，启动2014"中国旅游新发现·恩施洗肺之旅"系列主题旅游营销活动，开启"恩施洗肺之旅"。参与的网友范围涵盖北京、上海、天津、重庆4个直辖市，19个省以及新疆和广西两个自治区。"恩施洗肺之旅"和"带着微博去恩施"话题曝光1400万次，恩施市旅游局官方微博有效粉丝从3000人直线增长到80000人，百度新闻搜索结果达227000个。通过网友口碑与微博树立了恩施旅游文化特色品牌，有效提升了恩施旅游形象。[②]

第三，制定科学的发展规划。恩施州政府，在制定本地文化产业发展规划时充分向社会征求意见，在恩施市枫香坡侗族村寨建设中，充分考虑到新农村建设与侗族风情寨景区的协调，进行统一规划、统一建设；由两委统一管理，分工负责；村寨的建设与经营统分结合、相互配合。这样，既兼顾了各方利益，降低了建设成本，又避免了重复建设与无序竞争，推动了村寨整体形象与整体实力的快速提升。[③]

恩施市政府指出，要围绕"丰富产品、提升功能、拓展市场、规范管理"四大重点，打造"全国休闲养生第一市"。积极出台《关于促进全域旅游的实

---

① 参见《"恩施经验"获点赞 旅游扶贫让资本造富乡村》，《中国投资咨询网》2015年3月12日，http://www.ocn.com.cn/hongguan/201503/enshi121545.shtml。

② 《恩施市主题营销打响品牌 乡村旅游惠民富民》，《欣欣旅游网》2015年1月26日，http://news.cncn.com/206398.html。

③ 参见邓辉：《旅游统筹、产业整合驱动：特色民族村寨发展新模式——基于恩施市枫香坡侗族村寨的调查与思考（下）》，《珞珈管理评论》2011年2月。

施意见》，将年度任务层层分解，强化目标考核；按照《旅游法》的要求，启动建立旅游投诉统一受理机制、旅游安全综合监管机制、旅游高峰应对机制以及旅游联席会议制度。同时，修订完善《促进旅游产业发展的十条意见》，扶持本地企业做大做强，吸引外地旅行商组团进入；大力争取上级政策支持，进一步加粗加长产业链。科学编制"十三五"规划，谋划一批大项目；加快景区景点建设，启动一批重点旅游项目；强化乡村旅游，拓展特色项目；推进产业融合，建成一批综合体。同时积极运用以互联网为代表的信息技术，完善旅游城市功能，全面启动"智慧旅游"，加强线上线下的营销与服务。[1]

（三）江苏省昆山市周庄镇乡村特色旅游文化产业化

1. 简介

周庄古镇面积 39 平方公里，人口 2.2 万，距今已有九百多年的历史，是国家历史文化名镇、国家首批 5A 级景区，被称为"中国第一水乡"。该镇以水乡古镇为依托，不断挖掘文化内涵，丰富旅游内容，率先开拓保护与开发并重的古镇旅游发展之路，被誉为"周庄模式"。现今的周庄，是乡村环境美、镇民素质高、产业发展快的魅力古镇，有效地把古镇保护与旅游发展相结合，相互促进、协调发展。

2. 主要做法及经验启示

（1）加大招商力度，扩大旅游规模，推动旅游经济不断向更高层次发展。周庄把静态景点与动态旅游完美结合，围绕吃、住、行、游、购、娱六大旅游要素，合理规划旅游项目，调整旅游经济发展格局，创新旅游文化发展形式，努力让游客领略周庄的多元美。近些年，周庄一方面注重保护原有的旅游景点，另一方面根据市场需要不断扩展，增添了民俗文化街、江南水乡文化博物馆等旅游点。

---

[1]　参见《2015 年旅游产业发展展望（县市篇）》，《恩施新闻网》2015 年 4 月 9 日，http://www.enshi.gov.cn/2015/0409/141642.shtml。

（2）挖掘地域特色文化。周庄及附近村落具有典型的江南水乡特色。在人文旅游资源方面有极具特色的水乡文化、明清建筑、桥文化、美食文化等文化内容，周庄在开发过程中充分挖掘其地域特色文化，把昆曲、苏绣、船文化、家常菜等融入到乡村旅游中，不断创新地域文化发展形式。

（3）旅游产品多样化发展。周庄地域面积虽小，但其旅游产品较多，既有通过服饰内容、美食等发展起来的旅游产品，也有通过建筑、桥梁等历史文化旅游线路展示。目前，周庄还推出乡村骑行、自驾游等休闲旅游线路，通过挖掘周庄的水乡特色，发展水上文化产品。另外，采用真空包装等形式将地方特色美食带出周庄，流向世界各地，周庄还出售苏绣、周庄竹编、茶壶等传统工艺产品。周庄旅游业的发展已从单一的观光型旅游转变为综合型休闲乡村旅游。

（4）开发利用与资源保护并举。周庄作为特色水乡，对乡镇的整体环境具有极高的要求，但由于过多的游客在观光旅游过程中容易产生大量的生活垃圾，严重影响了周庄的环境，因此，对周庄的保护性开发是其可持续发展的关键。周庄在发展旅游业的过程中注重对水环境的整治，合理保护周庄及其周边水系、湿地，确保它的可持续发展。

第二节　国内外文化产业化经验对仫佬族的启示

通过分析国内外文化产业的发展现状及政府行为在文化资源产业化过程中的角色，我们可以看出，在文化产业发展中政府在加大立法力度、培养人才广度、政府主导、社会力量广泛参与方面都有着相似的地方，对仫佬族特色文化资源产业化有以下几点启示。

第一，应注重对文化产业相关领域进行立法，为文化产业的发展提供法制保障。1965年，美国国家基金会出台《人文艺术法令》，美国政府开始以间接方式加大对文化产业的经费支持；1996 年，美国颁布《电子通讯法令》，为积极扩展海外市场打下基础。2001 年，日本颁布《日本文化政策基本法》，推动了影片、漫画、动画产业的发展。2002 年，日本颁布《知识财产基本法》和《关于促进创造、保护及应用文化产业的法律案》。2006 年，日本颁布《观光立国基本法》，这些法规推动了日本文化产业的快速发展。1992 年，韩国颁布《文化产业振兴基本法》，为文化产业的持续发展提供了有效的规范性规则，为后续文化产业政策的制定提供了依据。这些立法行为在文化产业的发展过程中是十分必要的，对于矫正文化产业发展过程中市场行为的不足提供了依据，同时也规范了政府在文化产业发展中的行为，为市场与政府二者关系的和谐发展奠定了基础。

第二，应关注对文化产业的人才培育，为文化产业的发展注入新鲜活力。人才是文化产业发展的关键，科技是文化产业发展的条件，日本、韩国和我国台湾地区十分重视在人才培育及科技研发方面的投入。台湾在文化产业人才培育方面，鼓励高校设立文化产业专业，培养专业的文化产业管理与创意人才。日本、韩国同样也是在高校设立专门的游戏开发、新闻传播等文化产业专业，培养大量的文化产业人才。并且美国、日本、韩国都注重高校与企业的联合，注重产学研的结合，鼓励支持高校与相关的文化产业企业进行合作。这些文化产业人才的培育模式为仫佬族文化产业人才的培育提供了宝贵的经验。

第三，应注重政府在文化产业发展中的作用，为文化产业的发展提供坚实的主力军。无论是美国、日本、韩国，还是台湾地区、恩施、周庄，文化产业的建设之所以取得突出成绩，政府日益扮演着搭台的角色，社会组织自身的力量在文化产业的发展中发挥着不可替代的作用。而在文化产业发展的初期，政府的主导作用是十分必要的，政府必须在前期的发展中发挥决定性的作用，指导社会各界在文化产业发展中的行为。

第四，应建设政社协同机制。韩国和我国台湾地区的社会组织都积极地参与文化产业的发展，政府与社会组织的协同机制建设得较为完善。目前，随着社会事务的增加，社会组织在社会管理中所起的作用日益凸显。在产业发展的过程中各种行会组织对于产业的发展与创新也起着重要的作用，在文化产业领域更是如此，文化产业是生产文化产品的特殊产业组织，与人们的文化需求密切相关，社会组织与人们之间的紧密联系及其灵活性注定了其在文化产业发展中扮演重要角色。日本、韩国与台湾地区、周庄镇都重视行会及公民组织在文化产业发展中的参与，并且注重政府同社会组织关系的协调与维护，这些都为文化产业的发展提供了保证。

第五，在文化产业发展组织机制构建上寻求创新，成立专门的文化产业发展委员会及跨部会的文化产业发展领导小组。众所周知，文化产业是一个覆盖面极为广泛的产业类型，它不仅涉及新闻传播、软件开发、电影电视等行业，还涉及文化创意意识的培育、文化人才的培养等。这就使得在文化产业的发展中政府单一部门是难以管理文化产业发展中的问题的，必须形成大部门的管理模式，即多部门联合的管理模式类型。

第六，文化产业政策注重经济性与非经济性双轨发展。文化产业与其他的产业类型一样，都是以经济效益为目的，但文化产业有其独特的一面，即文化产业是一种与文化意识十分相关的产业组织，其生产的产品极易影响人们的思想倾向及人们的文化意识态度，这就又使得文化产业组织在生产文化产品的过程中不但要注重文化产业的经济效益还应该注重其社会效益。在这方面，政府作为文化产业发展中的主力军，在制定相关文化产业的政策方针时更是如此，应把握好文化产业的经济效益和社会效益的并重，同时也应正确地看待文化产业与GDP（地区生产总值）之间的关系，地方政府不应唯利是图，破坏文化生态的良性发展。

第十三章　仫佬族特色文化产业化的指导思想、基本原则与总体思路

第一节　仫佬族特色文化资源开发的指导思想和基本原则

一、指导思想

以习近平新时代中国特色社会主义思想为指导，坚持各民族共同团结奋斗、共同繁荣发展的主题，以全面建设社会主义现代化国家和实现中华民族伟大复兴为目标，以仫佬族聚居行政村为基本扶持单元，以切实改善民生为核心，以增强自我发展能力为主线，进一步加强基础设施建设，着力提升发展保障能力；进一步培育壮大特色优势产业，着力提高人民生活水平；进一步发展社会事业，着力提升基本公共服务水平；进一步加强民族文化建设，着力促进民族文化大发展大繁荣；进一步加强人力资源开发，着力培养造就各类人才；进一步增强民族团结，着力构建和谐家园，促进仫佬族聚居区经济社会跨越式发展和长治久安，为全面建设社会主义现代化国家打下良好基础。

二、基本原则

（一）保护第一，开发第二

保护是对仫佬族文化资源进行抢救、维护弘扬和传承，防止其消亡或被

同化，包括对仫佬族文化本身及其生存环境与空间的保护。开发是将仫佬族文化资源产品化、市场化，为弘扬、传承仫佬族文化，发展经济，改善人民生活服务。仫佬族文化资源大多是不可再生资源，是仫佬族的精髓和象征，如遭受破坏，必将导致仫佬族地区旅游业丧失吸引力和生命力。相反，如果得到很好保护，不但会提升资源的内在价值，而且可长期利用，惠及千秋万代。因此，对待仫佬族民族文化资源，必须坚持"保护第一"的原则，在保护的基础上开发利用，挖掘其潜在价值，实现社会效益和经济效益的协调统一。

（二）依法保护，社会参与

依法保护是指按照有关法律法规开展保护工作，其前提是建立健全民族文化旅游资源保护和开发的法律法规。目前，我国尚无这方面的专门立法，只有相关的国际公约和国内法律条文。因此，仫佬族民族文化旅游资源的保护和开发，一方面应遵守现有的法律法规，另一方面应从实际出发，深入调研，总结经验，积极推动专门立法和地方立法。群策群力，社会参与。以民族文化旅游资源的保护主体为核心，以政府为主导，动员全社会力量共同参与。仫佬族特色文化既是当地居民的生活方式，又是重要的文化遗产，也是文化旅游的资源基础，对其保护利用，惠及方方面面。因此，不仅应发挥各级政府、旅游企业在保护工作中的主体作用，还应组织当地居民，引导游客、传媒乃至全社会力量，共同参与。

（三）突出特色，整体保护

突出特色是指根据仫佬族特色文化旅游资源的不同特点，采取相应的有效保护措施。仫佬族特色文化具有原始性、神秘性与朴实性，对其保护不宜采用模仿、复制或凭空捏造的办法，应保持原生态性，同时还应深入挖掘其文化内涵，注重因地制宜与分类指导。整体保护是指不仅应保护民族文化旅游资源本身，还应保护其产生和发展的自然与社会环境，营造完整的本土文化意境与文化空间，吸引旅游者。仫佬族特色文化与当地独特的自然、社会环境息息相关，坚持整体保护原则尤为重要。

第二节　仫佬族特色文化资源开发
与产业化的总体思路

一、明确一个基本理念

仫佬族特色文化资源开发与产业化发展要确立和秉持"国际性、唯一性、稀缺性、共享性"的基本理念。"国际性"就是要站在世界的视野上审视和定位仫佬族特色文化资源及其产业化，而不是局限于国内、区（广西壮族自治区）内甚至县内；"唯一性"就是主要强调其文化资源的特异性，在世界上是独一无二的；"稀缺性"既是指其文化资源的经济价值，更是强调对其保护的重要意义；"共享性"就是仫佬族人民共同建设自己的民族文化，共同享受民族文化的成果。

二、建立三个重要机制

针对仫佬族特色文化资源开发与产业化发展中的一些薄弱环节，目前，亟需建立三个重要机制[1]。

（一）文化管理协调机制
由于文化资源开发及产业化涉及方方面面，在这个过程中，要建立起

---

[1]　参见杜建国、周艺平等：《湖北特色文化资源开发利用的思路与对策》，《江汉论坛》2007年第8期。

"大文化"的整体管理机构，以沟通、协调各机构、各方面的条块分割问题。可成立仫佬族特色文化协调委员会，由党委宣传部牵头，文体、民族、宗教、旅游、工商、教育等相关部门组成，通过联席会议制度，解决仫佬族特色文化资源及产业发展中的重大问题，推进产业化过程中的统筹规划与统一管理。

（二）市场主体培育机制

从企业方面看，要着力推进规模化和集约化发展，强化"专、精、特、新"的开发方向，加强仫佬族特色文化创意和深度开发。对政府来说，要通过政策的制定和服务体系建设，加大对企业的支持和引导，完善市场功能，改善服务质量。

（三）文化传承人保护机制

由县党委宣传部指导和文体局牵头负责，在普查的基础上，命名和表彰一批仫佬族特色文化传承人，并给予传承人一定的资金补助，鼓励他们的文化传承活动，积极为各类传承人提供各种传承活动平台。

三、抓好五个核心项目

（一）三大特色中心建设。仫佬族特色文化产业研究中心、仫佬族特色文化产业集群中心、仫佬族特色文化产业展示体验中心。

（二）仫佬族饮食文化建设。其饮食文化具有本民族特征，狗舌糍粑、金樱酒、九层糕、腊肉夹猪肝、茨菇肉等传统美食，工艺特别，富有民族风味，是仫佬族人民饮食文化的结晶。应利用市场的灵活性，把具有仫佬族文化特色的饮食产品投入到食品生产加工业，创造出具有"名优特"的具有仫佬族风情的特色食品。

（三）以"依饭节"为代表的仫佬族节庆文化建设。依饭节是仫佬族最重要的节日，体现了仫佬族人们对祖先和神灵的感恩与崇拜。将传统的宗教世俗化及与现代性的庆典结合，既传承了民族文化，又发展了节庆经济。

（四）仫佬族长寿与山乡旅游文化建设。该民族山乡所在地罗城，山清水秀，自然风景得天独厚，素有"小桂林"之称。罗城不仅是壮乡歌仙刘三姐的第一故乡，也是"一代廉吏"于成龙的初仕之地。同时，罗城还处于巴马长寿带区域，具有丰富的长寿文化资源。整合各种自然景观与人文历史景观文化资源，打造具有民族风情的仫佬族长寿与山乡旅游产业。

（五）凤凰文化城市建设。凤凰是仫佬族的图腾，罗城的城市经营不能仅仅停留在城市的硬件设施建设上，还应该以"凤凰文化"为基调来设计城市规划，提升城市品位。城市形象雕塑、城市经营理念、城市发展规划、城市主题宣传口号都必须具有浓郁的"凤凰文化"气息，让游客一进入罗城就感受到这种凤凰文化氛围。

第十四章 仫佬族特色文化资源产业化的构建策略

第一节 仫佬族特色文化资源产业化的资本经营策略

深入开展仫佬族特色文化资源开发与利用工作，创造特色文化发展的永续动力机制，就必须实施"仫佬族特色文化资本经营"战略，将该族多种优质资源进行优化配置，进一步实现其潜在的资源价值转换，使特色文化资源具有更多的增值功能。

一、仫佬族特色文化资本产业链经营策略

仫佬族特色文化资本产业链经营就是要在品牌化、规模化的思想指导下，以长寿养生与山乡旅游为核心，通过产业链整合资源，优化仫佬族特色文化产业环境，带动以长寿绿色食品生产为主导的新型特色农业、以天然矿泉水生产为核心的特色工业和特色服务业的发展，有效地提升特色文化地位与竞争力。

（一）长寿养生与山乡旅游——民俗、探险旅游链

将仫佬族等民族风情游、攀岩等自然探险游、生态观光游中赋予长寿养

生元素，与民俗旅游结合起来，延长旅游链，加快构建以长寿养生、民俗体验为主打品牌的旅游业发展体系。

（二）长寿养生与山乡旅游——服务产业链

围绕仫佬族长寿养生与山乡旅游发展，完善相应基本及配套服务设施体系，建立起拥有当地特色的旅游餐饮街区、商务宾馆、农家旅馆、旅游咨询服务中心和游客集散服务中心，大力发展长寿养生与山乡特色旅游产业，带动全县商贸流通、房地产、金融保险、信息服务、文化创意等新型服务业发展。

（三）长寿养生与山乡旅游——绿色农产品产业链

以长寿养生与山乡旅游为核心，大力发展有机农业、生态农业、观光农业，加强珍珠糯玉米、金玉柚、红香蒜薹、甘蔗等特色农产品种植，加强香猪、黑山羊、肉牛、生态土猪、七彩山鸡等特色肉食品养殖及油茶等特色林副产品种植，以生态有机农业为导向促进仫佬族特色农业集约化发展，打造以技术密集型为主要特征的生态农业科技园。

（四）长寿养生与山乡旅游——特色工业与加工业链

将仫佬族长寿养生与山乡旅游文化融入罗城的绿色食品加工业和天然矿泉水产业，培植一批蕴含仁寿、凤凰文化元素的旅游纪念品加工业，加快构建长寿健康产业品牌体系，形成产业深度集聚，凝聚产业资源。

二、仫佬族特色文化资本个性化经营策略

仫佬族特色文化资本个性化经营是指针对典型的、富有特色的单体个性文化资源进行直接开发和资本转化，充分利用"独特性、稀缺性"，制造垄断性，从而产生巨大的垄断收益。

（一）以体验式为主的特色文化旅游

依托仫佬族山绿水清、空气宜人的自然环境，融入生态、绿色、休闲等理念，打造惊险刺激的山乡自行车运动项目，建设集乡村观光、休闲放松、身心锻炼的民族风情园，给游客一个令人向往的人间仙境。旅游区除了提供住宿、餐饮、停车等服务功能外，还给游客提供装备租赁、保养与安全保障。要建设仫佬族特色文化风情园，依托"依饭节"，主要设置抢粽粑、抢凳子、凤凰护蛋、舞草龙、舞狮、斗鸡和唱山歌表演等项目，让游客参与体验仫佬族风情与习俗文化。

（二）个性化的民族文化旅游产品

以仫佬族特色文化为元素，设计生产系列具有仫佬族特色的民族文化与民族风情旅游产品，包括书画、布艺、刺绣、手帕、根雕、特色家具、筷子、木碗、保健食品、小苗圃与盆景、背包、手袋、旅行鞋、太阳帽、文化衫、矿泉水、雨伞、玩具、草鞋、挂物、提蓝、果盒、土特及野生绿色食品等（见附录）。

（三）独特的仫佬族风情建筑

文化旅游设施（园区、度假别墅、酒店、广场、服务中心、景点标识、农家乐等）的建筑风格、命名等要体现仫佬族的自然、人文景观特色，成为文化旅游景物之一，店内装修、灯光、背景音乐，客房内的床、座椅，餐厅的餐桌、餐具、食品，服务员的服饰等都应体现所在区域的自然与人文特色，与当地的自然和人文环境相融合。

三、仫佬族特色文化资本项目化经营策略

通过整合和重组民族文化资源，在科学规划的基础上，推出仫佬族民族文化项目或经典项目，实现仫佬族特色文化资源的产业化与价值增殖。

（一）建立仫佬族特色文化产品研发中心

以特色食品生产为主，研发生产仫佬族工业品、工艺品等文化产品，打造多元化特色文化产品生产局面。创新特色文化产品生产企业发展技术，进一步增强产品生产企业的自主研发能力。与有关科研院所和高校进行合作，推进文化产业的技术革新和工艺改进。定期举办全国性及国际性仫佬族特色文化产品研发研讨会，开展技术交流。

（二）建设仫佬族特色文化产业园区

产业园区建于仫佬族县城，包括生产制作、文化娱乐、餐饮美食三个功能区。特色文化产品制作销售区，主要是仿制具有民族特色的产品，并推广到人们的日常生活领域。文化娱乐区，以民族文化艺术展演为主，突出观赏性、趣味性和通俗性，吸引旅客的体验式参与。风味餐饮区，主要是经营与销售特色食品，向游客宣扬养生、健康的饮食文化，并以歌舞、体育表演等助兴，让游客尽情领略仫佬族风韵。

（三）实施四大"山乡养生旅游"产品开发工程

1.仫佬族特色饮食产品开发工程

一要通过提高当地居民种植特色食物的补贴标准，鼓励社区居民种植玉米、蔬菜、谷物、油茶、中草药等作物，生产原生态的农业产品，保障旅游者能品味具有特色的仫佬族饮食。二要鼓励当地居民继续从事香猪、黑山羊、肉牛、生态土猪、七彩山鸡等特色肉食品养殖，在实行传统家庭化养殖的同时，采取"公司＋基地＋农户"的符合现代化发展的生产模式，实现养殖、加工、销售一条龙。三要在政策上对农产品加工企业进行倾斜。鼓励养生饮食产品等工厂的建设与发展，尤其是玉米、油茶、香猪、黑山羊、肉牛、生态土猪、七彩山鸡等精、深加工，发展小米、红薯、南瓜等农产品精加工。

2.养生与山乡旅游度假产品开发工程

（1）乡村旅游产品开发：一是结合国家实施乡村振兴战略和"美丽罗城，

清洁乡村"计划，改善村容村貌，配套供水和排水系统，适度开辟农家餐馆和饭店、农场旅游、仫佬族特色的乡村度假。二是依托农村特色乡村休闲旅游，发展仫佬族农村田园风光，引导旅游者参加耕地、采摘，亲身体验仫佬族传统的生产生活方式。

（2）生态观光旅游产品开发：一是完善罗城地区的小长安、怀群、剑江风光等诸多旅游景区的配套设施。二是加强对旅游景区的深度开发，有效整合文化资源，提供利用效率，从而保障了观光、旅游、服务的连贯性。

3.养生与山乡旅游购物商品开发工程

养生与山乡旅游购物商品的开发，既要加大力度挖掘可开发的仫佬族特色旅游商品，通过整理、研究，从而推出更丰富的特色食品与文化艺术产品等系列具有仫佬族特色的旅游商品，还要加强仫佬族旅游商品的整体推进开发。

4.养生与山乡旅游娱乐产品开发工程

（1）依托小长安、水上相思林、剑江风光等水河流域，适当开展游船观光、刺激漂流、竹排划行、钓鱼、水上运动等休闲游乐活动。

（2）积极举办"攀岩比赛"、"自行车比赛"等健康活动，本着健身康体的目标，引导身体健康的旅游者积极参与比赛，丰富业余生活。

（3）继续积极举办"依饭节"，邀请国内外相关专家、企业家和旅游者共同参与，开展仫佬族特色文化产业发展论坛、各种文化艺术娱乐活动等，丰富仫佬山乡的文化产品，活跃罗城的娱乐气氛。

（四）建设三大"山乡养生旅游"配套设施工程

1.养生与山乡旅游居住设施建设工程

罗城仫佬族自治县要构建"国际仫佬族养生与山乡旅游"社区，在进行居住设施设计的过程中，要紧紧围绕"清新自然、养生休闲"的主题，体现生态文明内涵。首先，建设新的环保建筑，采用世界领先的环保型材料，采用便于装配和去除的主要结构，做不直接占用土地的现代的设计，结合仫佬族特色文化资源，彰显仫佬族建筑风格。其次，以养生和健康休闲旅游为主题，发展高、中、低混合旅游公寓，度假山庄，健康旅游设施，以吸引国内外游客到仫佬族自治县休闲度假。再次，打造"国际养生与山乡旅游社区"的绿化环境，增加绿化覆盖率，为游客创造舒适的生活空间。最后，严格保护周围的自然环境、水环境和森林资源，特别是确保罗城"国际仫佬族养生与山乡旅游社区"的高质量建设。

2.养生与山乡旅游康体疗养服务设施建设工程

首先，结合现代发达的医学水平与高科技产品，充分挖掘仫佬族的医药作物，并结合这些作物的生态特点培育仫佬族医药产业园区。其次，加大力度建设室内或户外休闲和健身设施。最后，进行保健食品的开发，提供合理健康的饮食文化服务。另外，还应注重对现代健康旅游产品的开发、提升卫生保健的功能与服务，使仫佬族的康体疗养形成一条极具特色、功能显著的产业发展链条。

3.山乡旅游生活服务设施建设工程

一是在景区适当的位置添加自动存取款服务，方便旅游者的存取款需求。同时，适当增加特色产品销售点，满足旅游者的购物需求。二是在小长安等主要景观点，增设特色旅游商品的购买点，销售各式各样的仫佬族特色产品、为游客提供旅游购物服务。强化环境友好型旅游，保持景区的持续健康运作，努力建设全覆盖的无线网络通信系统。三是增加从城里到旅游目的地的班次，延长营业时间，建立出租车呼叫系统。

四、仫佬族特色文化资本品牌化经营策略

（一）提高品牌定位的认知度

罗城仫佬族自治县必须把仫佬族特色文化产品转化为"世界仫佬族特色文化之乡"的品牌，要从实际出发，提炼特色，并充分运用多种传播工具，积极宣传仫佬族特色文化精品，不断加深其"世界"的地位，不断提高品牌定位的认知度。

（二）完善品牌传播体系

品牌传播是一种工具，通过将信息传递给游客，起到品牌形象与旅游之间的桥梁作用。所以，罗城仫佬族自治县应重视完善其品牌传播体系，通过多元化的传播工具，将其品牌的最好形象展现给游客，一方面要针对不同的人群采用不同的传播工具，另一方面要特别注重口碑效应。

（三）提升品牌体验效果

品牌体验是旅游者对仫佬族民族文化的真切经验和感受。这种经验和感受，很大程度上直接影响品牌忠诚度的形成。所以，品牌建设显得尤为关键，不仅要有准确的定位、独具特色的识别以及完善的体系，而且也要使参观者有更好的品牌体验。不仅要宣传好自身的品牌，当把游客吸引来之后，还要注重其体验的方式与效果，不断促进品牌的优化与发展。提升品牌体验效果，一方面要深入挖掘独特的仫佬族旅游产品；另一方面还应科学开发规划，完善相关配套设施。

（四）努力提高品牌忠诚度

品牌忠诚度会影响罗城仫佬族自治县的口碑以及宣传成本，较高的品牌忠诚度是罗城占据市场的有效手段。为此，一要深入了解群众的真实需求，提供与群众需求相适应的产品与服务，并积极开展各种营销宣传；二要不断开发新的文化旅游产品，或者在产品设计上考虑重复性需求的功能；三要提高服务水平。

五、仫佬族特色文化资本节庆式经营策略

仫佬族特色文化的节庆式经营是以节庆活动为载体，通过对仫佬族山水、民俗等文化资源的挖掘和整合，赋予仫佬族特色文化资源全新的内涵来实现对仫佬族地域所有文化资源的资本转化。

仫佬族特色文化体验旅游活动要以互动式的大型旅游节庆为主，除了要继续办好"依饭节"、"走坡节"等节庆活动外，还可设计罗城仫佬族美食文化节、仫佬族服饰工艺论坛与展销会、仫佬族特色文化大型实景演出、生态旅游发展论坛、自然文化主题采风活动、山地主题科考活动、主题线路自驾旅游、自驾游摄影作品展等。通过这些节庆活动，让游客有更多的特色文化元素可以带走，成为集"探研、交流、体验、分享、展示、提升、推介"于一体的旅游盛会，同时也起到保护仫佬族特色文化的重要作用。

第二节　仫佬族特色文化资源产业化的资本转型策略

仫佬族特色文化在学校场域、家庭场域、社会场域中发展不均衡，传承综合效应有待提升，如何突破上述发展困境，需要实现从资源型文化向资本型文化转化。受旧有观念的影响，仫佬族特色文化更多地表现为文化资源而不是类型多样的文化资本、社会资本、经济资本、象征性资本。它往往以一种无序的状态盲目缓慢地催生着文化资源向文化资本转换，迫切需要构建文化再生产机制来调节。

一、构建文化资源向文化资本转化的文化再生产机制

仫佬族有丰富的医药、宗教、祭祀、婚俗、建筑、服饰、体育、歌谣、舞蹈、饮食、工艺、节庆、地理文化等资源，目前它们大多数没有被很好地发掘利用，从文化资源向文化资本转化的道路还很艰辛。文化资本是赋予权力和地位的累积文化知识的一种社会关系。当政府、教育行政管理部门、经济管理部门、社会文化管理部门制定激励仫佬族特色文化传承的扶持性政策并形成相互衔接的文化管理机制时，人们为了获得相应的赠予性权力和社会

竞争优势，就会把学习传承、经营、开发仫佬族特色文化当作资本投资，顺利实现文化资源向文化资本转化。例如，人们发现学习仫佬族特色文化、拥有精湛的仫佬族传统工艺技能、开发形式多样的仫佬族特色文化产品、经营高附加值的文化企业或产业，将会获得升学加分、就业优先、税收减免、贷款贴息等利益时，在学校场域、家庭场域中学校、教师、学生、家长、族群都会目标一致地采取措施支持学习仫佬族特色文化，关注学习效果，使仫佬族特色文化成为具有升学、就业竞争优势，内含于学习者个体的文化资本；在社会场域中，无论是个体经营者还是中小型企业、当地仫佬族群众，在推动文化产品开发经营、文化产业链构建、文化管理制度创新等方面都将呈现积极主动的态度，以利于实现文化资源向具体文化资本和制度文化资本转化的再生产机制。

仫佬族特色文化资本的再生产有两个关键阶段。一是学前的家庭教育阶段。这一阶段既有仫佬族家长有意识地对孩子进行包括语言、宗教信仰、道德品质、传统习俗等的言传身教，也包括幼儿对父母的有意识或无意识模仿，是一种家庭场域中对仫佬族特色文化惯习的潜移默化的教育。二是学校教育阶段。它既需要小学、初中、高中、大学四个不同教育层次紧密配合以传承仫佬族特色文化，又需要普通教育类学校和职业教育类学校各自明晰地传承仫佬族特色文化的不同侧重点。不同阶段、不同类型的教育都是传承仫佬族特色文化，实现文化资本功效的重要阶段和形式。例如，在民族文化传承内容与知识体系、课程设置与教学大纲设计、理论化知识与技能性实践知识、师资培训、考核与奖励规定、升学与就业扶持方面，它们都需要统一规划、精密衔接，互为依托，并有制度体系予以保障，以更好地实现仫佬族特色文化在不同家庭背景、不同受教育经历者间的文化资本积累的合法化、正当性。

二、推动文化资本向社会资本、经济资本、象征性资本转型

仫佬族特色文化从文化资源向文化资本转化不能不说是文化传承创新中

的关键一环。它的成功转化对培育学校、家庭、社会传承民族文化的自信心、认同感极有价值，也同时使传承、创新仫佬族特色文化成为提升传习者个体或群体知识涵养，凸显竞争优势的有效途径。尽管文化资本泛指任何与文化及文化活动有关的有形和无形资产，但作为一种非实体性概念，它虽然具有和经济资本基本相同的功能，却无法直接换算成具体的货币价值。为了发挥仫佬族特色文化在增加当地居民收入，促进就业，优化区域经济与产业结构，提高文化经营者、传习者社会地位，有利于文化型企业在创新创业方面作出更大的贡献，仫佬族特色文化资本面临着如何向经济资本、社会资本、象征性资本转化的迫切要求。这一难题解决好了，将大大提高仫佬族特色文化传承的社会效益、经济效益、知名度、美誉度，也有利于减少仫佬族特色文化在学校场域、家庭场域、社会场域中所遇到的各种障碍因素，早日实现均衡协调发展。

文化资本内涵丰富、形式多样，这为它向多类型资本转化提供了可能。例如，在仫佬族特色文化成绩优异者具有升学加分、就业优先的政策激励下，人们可以把掌握的仫佬族特色文化知识、技能等内在性文化资本，转化为帮助他们获得更高级学历文凭的象征性资本；工资收入更多的经济资本，更受人尊崇、社会地位更高的社会资本。文化产品和制度文化作为文化资本的重要表现形式，一旦与市场交易结合，减去投资成本后产生可观的剩余价值，文化资本就成功实现了向经济资本转型。近几年，仫佬族根雕、刺绣、木雕、煤砂罐、民族医药品、民族食品等文化产品经营销售利润丰厚；民族文化旅游、民族工艺品加工业、民族食品加工业已经形成规模化、产业化；当地政府的经济、文化、教育、就业管理部门也正在考虑与职业教育类学校协同制定培养"传承仫佬族传统技艺的职业型人才"，并对他们就业、创业给予一系列优惠政策，在实现文化效益与经济效益协同发展的同时，也将实现文化资本向经济资本的有效转型。云南大理的周城村依靠经营白族传统扎染工艺品，产品远销多个国家，早在20世纪90年代末就成为"亿元村"，是仫佬族特色文化资本向经济资本转型过程中可以借鉴的典型范例。文化资本向社会资本转化，则需要文化传统与活生生的社会生活实践结合才能实现。仫佬族的社会资本存在于仫佬族个体、群体、各类社会组织的关系网络中，其表现形式有信息网络、社会规范、信任、期望、权威、行动的共识及社会道德等方面。因此，仫佬族特色文化资本向社会资本转型需要以维护、提升大多数仫佬族人的公共利益、社会声誉、社会地位作为前提条件和基础。当仫佬族特色文化的传承创新活动与具体的仫佬族社会生产经营活动紧密结合；有利于保持仫佬族人的家庭、族群关系、民族认同感，呈现出较高水平的社会生产价值、社会管理效率；最大限度维持、促进仫佬族利益共同体的共享收益时，仫佬族特色文化的社会资本功能才得以真正发挥。

第三节　仫佬族特色文化资源产业化的对外交流合作策略

文化交流合作是文化群体间的散布和互动过程，以促进文化积累、文化发展和文化协调与繁荣为基本目标。文化交流合作是次区域经济社会一体化的一个基础性工程。通过文化交流合作，罗城仫佬族自治县可以与国内外各省市、各个国家加强文化的交流与沟通，相互借鉴、取长补短，创造出一大批具有民族特色的著名文化产品品牌，并通过资金、技术、信息、人才等要素的交流与合作，获得一个较大的发展空间，积极拓展仫佬族特色文化产品和服务，赢得更大的市场，从而实现仫佬族文化发展的战略目标。

一、仫佬族文化产业发展模式创新

文化产业是文化交流合作的一个最重要的领域。仫佬族文化发展模式创新是罗城仫佬族自治县与国内外文化交流合作的基础。

我们依照文化产业包含的产业内容将其分为：资源型文化产业，即以文化资源为基础的产业，包括文化旅游业、文博业、民俗文化产业等；创意型文化产业，即以知识创造为基础的产业，包括演艺业、音像业、游戏业、广播电视业、报刊业、广告业等；制造型文化产业，即以生产技术和产品制造为基础的产业，包括各类文化产品的制造及经营部门。以次分类为基础，罗城仫佬族自治县文化产业模式有如下三种创新模式。

（一）资源型文化产业发展模式

资源型文化产业以文化资源为基础，包括文化旅游业、博览业、民俗文化产业等。这些文化资源的特点是地域性强，特色明显，具有很强的垄断性和不可模仿性，因而具有明显的资源竞争优势。罗城仫佬族自治县具有独特、丰富的自然风光和民族风情文化资源，具有发展资源型文化产业的基础条件。罗城仫佬族自治县近几年来在这一文化产业领域取得了很大发展。对于罗城仫佬族自治县资源型文化产业的发展，建议构建如下发展模式（见图14-1）。

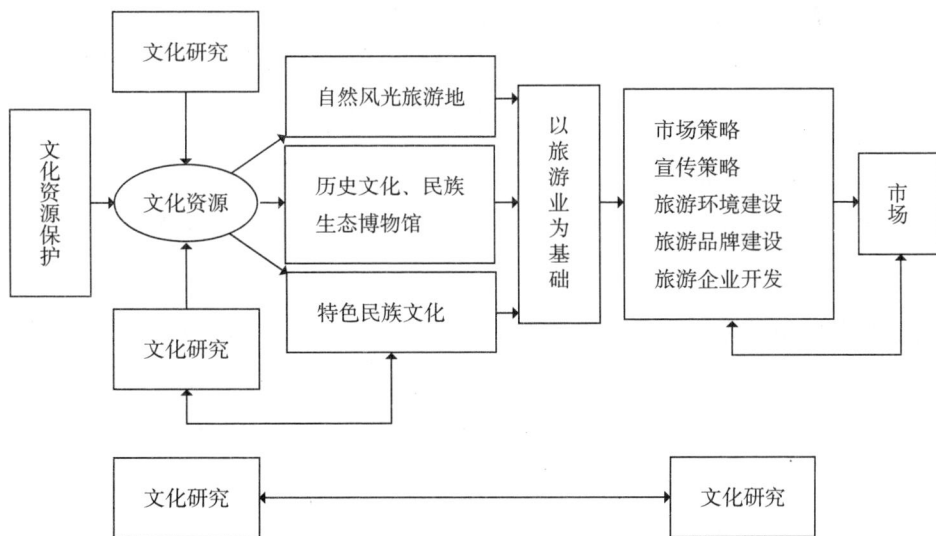

图 14-1　罗城仫佬族自治县资源型文化产业发展模式示意图

罗城仫佬族自治县资源型文化产业发展模式的内涵包括：第一，以罗城仫佬族自治县特有的民族文化资源为基础，辅之于挖掘整理和研究开发，不断丰富罗城仫佬族自治县特色文化资源的内涵和价值，在此基础上形成文化旅游业、文博业、民族民俗文化业三个文化行业。第二，以旅游业为基础，形成旅游（游览观光、历史文化、民俗风情、健身疗养、生态田园、文化娱乐、休闲度假）带动文博业（民族生态博物馆、历史文化博物馆）和民族民俗文化业的产业化发展。第三，面向市场，以企业和文物博览馆、仫佬族人民的利益联合，发展罗城仫佬族自治县资源型文化产业，打造特色文化旅游内容和旅游线路，引导消费者的文化消费倾向。第四，实施文化资源开发的品牌战略。以民俗文化、生态文化为品牌，实施文化品牌战略，形成品牌链，提高文化资源开发效益。第五，政府和企业联动，共同打造罗城仫佬族自治县资源型文化产业。政府以做好文化资源开发的基础为主导，企业以开发文化资源的价值为主体。

（二）创意型文化产业发展模式

创意型文化产业以知识创造为基础，包括动漫业、音像业、游戏业、广告业等。这一类型文化产业的典型特征是以知识创造为基础，这种特征决定了人才和人力资本在创意型文化产业的发展中起着决定性作用。创意型文化产业的特色化和产品差异化与文化资源有关，但它的消费有的具有地域消费特征，有的则不具有地域消费特征，这是发展创意型文化产业必须关注的方面。对于罗城仫佬族自治县创意型文化产业的发展，结合其具体特征，建议构建如下的发展模式（见图14-2）。

从本质上看，创意型文化产业发展模式不具有典型的地域特色，但其文化内容可以有地域文化特征。因而，这一模式不具有罗城仫佬族自治县的典型特征，它具有一般性，相对于罗城仫佬族自治县创意型文化产业发展，这一模式要求结合罗城仫佬族自治县浓厚的区域特性和知识型人才现状来理解其特色。

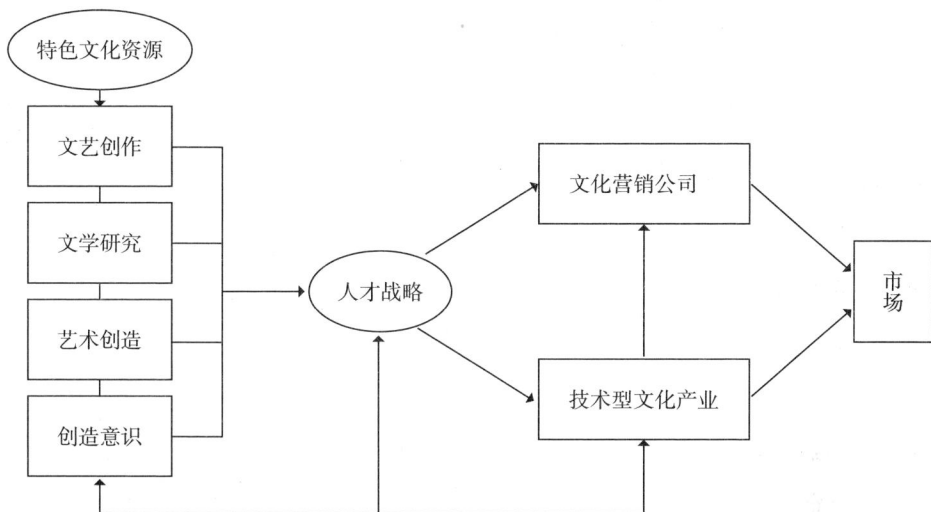

图 14-2　罗城仫佬族自治县创意型文化产业发展模式示意图

罗城仫佬族自治县创意型文化产业发展模式的内涵包括：第一，本发展模式要求罗城仫佬族自治县的创意型文化产业要以知识创造为基础。结合罗城仫佬族自治县特色文化资源和已有的文化知识型人才为背景，形成以文艺创作、文学研究、民俗民风研究、艺术创造和创意理念互动的知识基础，县内外人才资源互补，为罗城仫佬族自治县技术文化产业发展奠定基础。第二，构建文化企业和文化营销公司为罗城仫佬族自治县技术文化产业发展的主体和中心，以文化企业和文化营销公司与创作人才的市场联系为手段，以市场导向为目标，一体化联合发展罗城仫佬族自治县的创意文化产业。以文化企业和文化营销公司为发展广西创意型文化产业的中心，可以促进企业、公司之间的竞争，不仅可以直接面对市场，同时也可以市场机制打破罗城仫佬族自治县体制机制藩篱，为创意型文化产业的发展塑造主力军。第三，文化营销公司是联系文化产品生产企业和市场的桥梁。一般来说，文化营销公司与市场联系广泛，市场目标明确，市场信息丰富，营销手段专业化，是文化企业走向市场的有力中介。第四，政府要为罗城仫佬族自治县创意文化产业的发展创造良好的发展环境。创意型文化产业发展的关键是人才。为此，政府必须在建设文化罗城的战略目标下，为创意型文化产业的知识型人才的成长和知识创造提供良好的发展环境。

（三）制造型文化产业发展模式

制造型文化产业是以生产技术和产品制造为基础的产业，包括各类文化产品的制造与经营部门，如旅游纪念品制造业、文化用品制造业、娱乐用品制造业和工艺美术用品制造业等。

罗城仫佬族自治县本身的文化产品制造业不发达，相关的企业多是以小作坊的形式存在，基础薄弱。另外，目前文化产业的发展重点也不在制造型文化产业上。因此，此类文化产业的发展不应该是罗城仫佬族自治县文化产业发展的重心所在。

罗城仫佬族自治县文化产品制造业如果要有一个比较大的发展，在其发展模式上，应该采用产业开发的"产业循环式发展模式"或"雁行形态发展模式"。因为这一类文化产业属于制造业，不具有所谓的罗城仫佬族自治县特色文化特征，因而遵循制造业发展的一般模式（见图14-3）。

引进生产技术 → 合资生产 → 面向国际国内市场 → 国际化制造

图 14-3　罗城仫佬族自治县制造型文化产业发展模式示意图

罗城仫佬族自治县在发展这类文化产业时，在发展方向上可以以民族特色文化资源为基础，优先发展旅游纪念品、工艺美术品等。同时，加强生产企业的技术创新和市场开拓。

二、仫佬族文化资源产业化对外交流合作的思路与工作重点

（一）仫佬族文化资源产业化对外交流合作的思路

大力推进罗城仫佬族自治县与国内外的文化产业交流合作，既要审时度势，从更高更远的视点把握全局，谋划发展，又要从具体的细节做起，打好基础，一步一个脚印地推动发展。由此，制定如下文化交流合作的工作思路。

1. 制定罗城仫佬族自治县与国内外文化产业交流合作的规划。包括指导思想、主要内容、目标任务、重点项目和推进步骤，作为指导罗城仫佬族自治县与国内外文化产业交流合作的纲领性文件，以前瞻性规划和可行性框架，规划未来罗城仫佬族自治县与国内外文化产业互动发展的前景。

2. 建立对话机制，创造良好的合作环境，开展良性的分工协作。罗城仫佬族自治县应当利用中国—东盟博览会、泛珠三角区域（"9+2"）合作与发展论坛等平台，建立起政府层面的常态性交流合作对话机制，引导企业协作互补、共同发展。

3. 加强文化信息与资源共享。罗城仫佬族自治县和国内外许多省市、国家有着许多相似的文化价值认同，同时又都拥有独具特色、丰富多彩的民族文化，应当建立起文化产业的联系网络，发布各省市、国家文化产业的重要信息，使各省市、国家企业能即时了解各自的自然和文化资源、投资环境、政策导向、项目策划投资等信息，分享彼此信息的产业资源，促成项目投资与合作。

4. 充分发挥文化企业的市场主体作用，加强文化项目合作。罗城仫佬族自治县与国内外文化产业交流合作的主体是文化企业。应当打造一批对外文化企业，建立有利的县域文化企业投融资机制，优化各省市、各国之间的文化要素市场建设，构建政府引导、企业推进的文化产业交流合作新格局。项目合作是文化产业的高层次合作，通过各省市、国家文化企业间的项目合

作，能够更好地发挥各自的比较优势，有效地整合文化、资金、人才和管理等各方面的资源，推动罗城仡佬族自治县与国内外文化产业合作向纵深方向发展。

5.以文化旅游为领头羊，带动罗城仡佬族自治县和国内外文化产业全方位、多层次的合作。旅游在罗城仡佬族自治县和各省市、国家都是比较成熟的产业，以文化旅游作为文化产业交流合作的领头羊和突破口，进一步探索罗城仡佬族自治县与各省市、国家的文化产业交流合作的环境建设、政策制定、投融资机制建设，以及项目合作的途径和模式。在此基础上，逐渐拓展其他的文化产品和服务贸易，形成罗城仡佬族自治县与国内外文化产业多领域、多层次的交流合作。

（二）仡佬族文化资源产业化对外交流合作的工作重点

在上述思路的基础上，我们认为，罗城仡佬族自治县对外文化交流合作应主要考虑如下工作重点。

1.打造文化行业与企业。建设一个产业链较完整、功能较齐全、设施较齐备的文化产业研究、开发、生产、销售的产业开放区，由文化产业园区、文化产业产品交易市场（中心）、文化产业示范基地、文化产业集群等内容组成，突出主打产业，扶持一批重点文化行业和企业。

2.完善政策体系与机制。制定一整套罗城仡佬族自治县与国内外的国际化、区域性文化交流和产业发展的优惠政策体系，对罗城仡佬族自治县与国内外文化交流和文化产业实施适度的推动和保护，形成文化与经济、生态的协调发展机制，以文化、科技带动县域经济发展的机制，文化知识产权保护机制。

3.加强学术研究及机构建设。整合学术力量，建设罗城仡佬族自治县对外文化研究中心，针对文化合作理论、政策制定、产业布局、人才战略等内容，设立一批专项课题，以项目资金带动深入调研和深度思考，建设罗城仡佬族自治县对外文化合作交流理论体系。

4.建立文化信息交流中心。设立包括罗城仫佬族自治县分管对外文化产业的政府文化主管部门、政府协调部门，各种行业商会协会、信息中心和传播中心，如罗城仫佬族自治县对外文化合作官方网站等，通过政府的主导、引导、协调、扶持，行业商会协会的专业化管理和规范化协调，扎扎实实地推进文化交流合作的发展。

5.推进项目库与合作平台建设。进一步利用好中国—东盟博览会和中国—东盟文化产业论坛、泛珠三角区域（"9+2"）合作与发展论坛等的平台功能，建立罗城仫佬族自治县对外文化交流合作的项目库，精选一批优先发展的项目重点推介发展。

6.构建文化人才体系。培养和造就一支熟悉各省市、国家文化，掌握文化产业专业知识，具有管理能力的高级管理人才和专业技术人才。

（三）加快罗城仫佬族自治县文化产业对外交流合作的对策思考

1.加强人才培养，促进罗城仫佬族自治县文化产业对外交流合作。发展文化事业和文化产业，人才是关键。罗城仫佬族自治县文化产业对外交流合作，必须努力造就一支高素质、结构合理的专业文化人才队伍。要通过发挥地缘和文化优势，引进和培养具有全球、全国，尤其是东盟和大西南区域眼光的高级复合型人才，培养了解本民族和合作交流对象、熟练掌握当地语言、熟悉当地商业习惯的人才。要在文化、体育、学术交流会上做文章，通过文化纽带加深对合作双方的了解，促进罗城仫佬族自治县与国内外各省市、国家之间的交往。以现有的"依饭节"为基础，举办仫佬族特色文化产业发展论坛暨仫佬族特色产品交流会，提升"文化搭台、经济唱戏"中的经济含量。要积极实施文化交流"走出去"战略，选派一批学者到相关省市、国家访问，收集各国的第一手材料，也为今后的经济合作与交流做好人员储备工作。

2.依托民族文化资源优势，打造文化特色品牌。罗城仫佬族自治县具有独特的民族文化资源。只有发挥民族文化资源优势，打造文化特色品牌，才能加快推进罗城仫佬族自治县文化产业融入全国和世界。近几年，罗城仫佬族自治县通过积极的探索，走出了一条"通过品牌建设整合资源，提升文化产业整体实力"的新路子，培育了一批文化产业品牌，建设了一批文化产业项目、一些文化产业特色品牌和重点项目。除已有的"依饭节"、于成龙公园等一批重大文化产业项目外，今后要重点策划仫佬族特色文化产业研究中心、仫佬族特色文化产业集群中心、仫佬族特色文化产业展示体验中心等一批重点文化产业项目，全力做大做强以《玉笛情缘》《妹，要去》为代表的仫佬族剧和风情歌舞品牌，以"依饭节"为代表的节庆文化品牌，以仫佬族博物馆为代表的文博品牌，以怀群风光、天门景区、红豆相思林、崖宜夜色等为代表的文化旅游品牌，以竹编、草编、银饰品、刺绣等为代表的民间工艺品牌，等等。

3. 积极探索，加大文化产业创新力度。面临国内外文化产业的竞争，罗城仫佬族自治县要致力于推动文化创新，增强文化产业发展活力。要把文化创新贯穿到文化产业发展的全过程，运用现代科技改造、提升文化产业，实现文化产品的推陈出新，体现现代风格和现代审美情趣，促进以科技为先导的文化产业可持续发展。第一，实行政企分开。把经营性的机构从行政构架中剥离出来，给予市场主体地位，让市场引导企业的生产、产品结构调整，充分释放企业文化创新的潜能。第二，创造促进民营文化企业成长的良好环境。近几年，罗城仫佬族自治县民营文化企业数量增加较快，特别是娱乐、演出、休闲等行业发展迅速，文化产业呈现项目投资多元化、企业组织形式多样化的趋势。今后，除了国家和广西壮族自治区明令禁止社会力量进入的文化领域外，罗城仫佬族自治县应打破所有制限制，全面向社会资本开放，鼓励、支持社会资本以股份制、民营等形式，兴办影视制作、印刷、发行、会展、中介服务等文化企业。第三，创新文化产业思路，更加注重文化原创潜力，探索以资源整合、强强联姻的合作方式；注重发挥地域特色优势，探索以项目开发建设为中心的运作模式；注重发挥典型示范作用，探索推动特色品牌走出去的突破口。

4.抓住机遇，加快调整文化产业结构。第一，着力调整文化产业结构。目前罗城仫佬族自治县文化产业发展水平不高、结构不合理，必须加强规划，加快调整，着力发展文化娱乐业、信息服务业、旅游业、工艺美术业、会展业等重点文化产业。要继续整合丰富的历史文化资源、山水文化资源、革命传统文化资源、优秀民族民间文化资源，培育一批名镇、名村、名园、名品，使文化成为旅游的灵魂，通过项目和品牌带动，把资源优势转化为产业优势，实现文化产业和旅游产业互动发展。第二，着力培育大型文化产业集团。文化产业要实现有效参与，应在政府主导下，借助市场机制，广泛吸纳民间资本和外资进入；组建实力雄厚、运行灵活的文化产业集团；以产业方式与跨国文化集团合作，积极开拓国内、国际文化市场。

第十五章　仫佬族特色文化资源产业化的政策执行 [①]

第一节　仫佬族现有文化资源产业化政策

民族文化建设是建设文化大县的基础。近年来，在党的政策以及各级政府和广大群众的共同努力下，罗城仫佬族自治县民族文化产业取得了一定的成绩，全县紧紧围绕县委"1661" [②] 的工作思路，进一步解放思想，贯彻好各项文化产业发展政策，把政策转化为现实生产力，使仫佬族饮食文化、建筑文化、服饰文化、家庭文化、节日文化、礼仪文化、依饭文化、非遗文化、走坡文化等仫佬族特色文化得到发展，同时也为打造仫佬族特色文化品牌、将仫佬族特色文化发扬光大奠定基础。

一、规划引导文化产业发展的政策

为促进仫佬族特色文化产业的快速发展，依据仫佬族特色文化资源及产

[①]　参见课题组成员苏慧:《广西罗城仫佬族自治县文化产业政策执行研究》，广西师范学院硕士学位论文，2014年。

[②]　"1661":坚持以加快罗城科学发展为主题，提升工业化、城镇化、农业产业化、基础设施保障、优势资源科学利用和社会管理创新六个方面的水平，打造仫佬族特色文化、于成龙廉政文化品牌、特色生态旅游、民族体育、优质天然山泉水和特色酒业六大品牌，实现创建全国模范民族自治县的目标。

业化的实际情况，罗城县出台了一系列相关政策用以规划引导文化产业的发展。2006 年 1 月，罗城县第六届人民代表大会第五次会议通过了《罗城仫佬族自治县国民经济和社会发展第十一个五年规划纲要》，纲要第九项明确指出，发展社会先进文化，加快罗城文化事业的发展，加强文化基础设施建设。2012 年，罗城政府出台了《罗城仫佬族自治县 2012—2015 年文化产业发展行动计划》，该计划分析了罗城文化产业发展的基础和发展形势、罗城文化工作情况、明确文化产业发展目标和基本思路，并就文化产业的长远发展提出了请求事项：请求文化部扶持建设罗城民族博物馆、罗城非物质文化遗产传承展示中心、罗城于成龙廉政文化博物馆，扶持罗城排演风情歌舞剧《依饭神曲》。2013 年，罗城县政府为进一步推动文化产业大发展大繁荣，决定颁布《传承发展十大文化，打造仫佬族特色文化品牌工作方案》，该文件提出到 2015 年文化产业具体要实现的目标任务，为提升罗城文化产业整体品质和形象埋下伏笔。此外，2013 年罗城县政府还出台了《罗城文化名城打造工作行动纲领》，在推动、规划和引导罗城文化产业发展的过程中起到了十分重要的作用。2017 年，罗城县政府制定《罗城仫佬族自治县基本公共文化服务目录》，该目录在一定程度上能够保障好、实现好群众的基本文化权益，规范基本公共文化服务行为，提升文化产业基础服务工作水平。2017 年，罗城县政府发布《罗城仫佬族自治县"十三五"产业精准扶贫规划（2016—2019）》，规划指出要大力发展特色优势产业，推行一村一品、一乡一业、重点推进、发展主导产业的原则，还特别强调要重点发展乡村旅游业，这无疑为文化产业的发展打了一剂强心针。2018 年，罗城县政府贯彻《罗城仫佬族自治县促进文化产业发展若干政策措施》，主要工作思路在于依托特色文化资源，综合运用文化经济政策，实施项目带动战略，完善现代文化市场体系和现代文化产业体系，促进文化产业发展由资源优势向产业优势转变，建设文化强县。

二、培育和规范文化市场的政策

罗城仫佬族自治县的文化市场始于 20 世纪 80 年代中期，由电影、音像、书刊、演出、舞厅、桌球、电子游戏室等种类较少的文化产业逐渐向现在的多样化的文化市场体系发展。1985 年经县委宣传部批准，成立了罗城仫佬族自治县社会文化管理办公室。1996 年 2 月，县编委办发文成立了罗城仫佬族自治县文化市场管理办公室和罗城仫佬族自治县文化稽查大队（隶属于县文化局，属于事业单位），其主要职能是依法对文化经营活动进行监督、管理。罗城仫佬族特色文化产业经营项目有演出经营活动、电影放映、音像制品出租和零售、录像放映、歌舞厅、桌球室、电子游戏室、艺术摄影经营、美术品装裱等种类。为依法对文化经营单位和文化产业经营活动进行监督和检查，罗城县政府先后出台了《关于进一步加强社会文化市场管理工作的通知》（罗社文管发〔1995〕01 号）、《关于开展全县音像市场检查的通知》（罗文发〔1995〕04 号）、《关于加强全县文化市场管理的规定》《加强文化市场管理的若干意见》（罗发〔2001〕12 号）等相关政策文件，保护合法文化产业经营，制止和查处文化经营中的违法行为，为文化产业的发展提供一个健康、稳定的发展环境。2017 年罗城政府办公室贯彻落实《关于加快县域特色旅游发展的实施意见》（罗政办发〔2017〕141 号），旨在做强仫佬族特色旅游，加快旅游业转型升级，意见重点指出要规范旅游市场秩序，充分利用政策、标准和法规等管理手段，依法落实旅游市场监管责任，同时要与相关安全生产监督管理部门合作，深入组织开展旅游安全大检查，坚决防范特大旅游安全事故发生。

三、鼓励文化产业发展的经济政策

为鼓励文化产业发展，罗城仫佬族自治县人民政府在经济政策方面下了一番功夫。首先，积极发挥财政资金的引导作用，设立罗城文化产业发展的专项资金，采取项目补助、贴息、鼓励等方式重点扶持文化产业龙头企业、重点文化产业基地、文化产业园区、具有民族特性的文化产品生产等，并积极争取国家文化产业发展等专项资金的支持。例如，2009年罗城文化体育局向自治区文化厅上报了《关于请求给以罗城文化产业项目补助经费的请示》（罗文体报〔2009〕28号）文件，要求自治区文化厅就罗城体育健身业、工艺美术业、演出娱乐业、文化旅游业这四个项目进行经费补助。在近年的扶贫年中，罗城仫佬族自治县人民政府更是加大力度支持文化产业的发展。2018年，罗城仫佬族自治县发展和改革局批复了《关于罗城仫佬族自治县2018年少数民族发展资金项目建议书》，项目预计总投资3456万元，其中涉及的文化项目多达10项。其次，注重发挥税收政策的促进作用，认真贯彻执行国家对文化体制改革和支持文化产业发展出台的各项税收政策，优化纳税服务，为推动文化体制改革和支持文化产业发展营造良好的税收环境。再次，鼓励非公有资本进入文化产业，根据文化产业的不同类别，通过独资、合资、合作等多种途径，吸收各类社会资本，例如2012年罗城政府发布的《关于文化产业引进外资的若干意见》（罗发〔2012〕18号），允许和鼓励外资进入文化产业领域。2018年，罗城仫佬族自治县人民政府贯彻实施《罗城仫佬族自治县促进文化产业发展若干政策措施》，措施要求加大财税扶持力度，要求财政税务部门要认真贯彻落实上级促进文化产业发展的各项财政税收政策，采用多种形式加大税收优惠政策宣传力度，帮助文化产业企业享受税收优惠，增强自我发展内生动力。

四、加强文化产业人才培养和提高文化产业服务水平的政策

近年来，罗城从事文化产业的人员呈上升趋势，罗城也越来越重视对文化人才的培养。罗城是一个极具民族特色的地方，必须加大力度对民间传统文化接班人的培养，加强基层文化人才队伍建设。例如，在《罗城贯彻落实广西壮族自治区民族民间传统文化保护条例情况汇报》中指出，为培养民间

传统文化艺人，一是采取对重点项目的传承人给以经济补助的形式；二是通过组织举办民间歌手培训班、仫佬族刺绣培训班等方式，从中发掘人才承担民间文化接班重任。2012 年，罗城仫佬族自治县党委办公室、人民政府办公室发布了《关于成立自治县仫佬族民族元素挖掘小组的通知》（罗办发〔2012〕83 号），以此组建专业的人才队伍提升仫佬族特色文化产业发展的水平。此外，2013 年，罗城文化体育局还发布了《关于成立文化志愿者罗城支中心的通知》（罗文体字〔2013〕11 号），通知指出文化志愿者是为文化产业服务的重要力量，通过招募优秀的志愿者人才做好文化遗产保护工作，参与传承和弘扬优秀民族文化等工作。为提高文化产业的服务水平，罗城创建了国家级的公共文化服务体系，全县 11 个乡镇全部建成了乡镇文化站，并配备了一定数量的公共文化设施；全县 141 个行政村中已建有农村文化活动室 28 个，35 个自然屯办有农家书屋，基本形成了县乡村屯四级文化网络服务阵地。2011 年，罗城仫佬族自治县人民政府办公室发布了《罗城仫佬族自治县创建国家公共文化服务体系示范项目实施方案》（罗办发〔2011〕20 号），更进一步完善了文化产业服务体系。2018 年，罗城仫佬族自治县人民政府为壮大文化队伍、优化人才结构、提升文化产业服务水平、打造仫佬族文化品牌，发布了《罗城仫佬族自治县"三区"人才支持计划文化工作者专项文化志愿者服务工作实施方案的通知》，为文化产业的发展保证人才的输送。

五、加大特色文化产业扶持的政策

政府在扶持特色文化产业的发展中发挥主导作用。罗城仫佬族自治县人民政府利用一代廉吏于成龙的影响力，修建了于成龙公园，组织创办了"中国罗城廉政文化节"，创建了"全国廉政教育示范基地"，打造特有的于成龙廉政文化品牌。2008 年，在罗城县委第七届四次全会上，发布了《中共罗城仫佬族自治县委员会关于实施科学发展三年计划的决定》（罗发〔2008〕24 号），决定指出：要紧紧抓住罗城特色文化，依托浓郁的民族风情，把历史人文与山清、水秀、洞奇、石美、物丰融为一体，发展罗城文化产业，打造仫佬族特色文化城。罗城第十一个五年规划纲要的第五大点"大力发展服务业"中提到要发展特色旅游业，规划建设四大旅游景区，分别为：城区旅游线、武阳江风光旅游线、怀群剑江山水旅游线、宝坛原始森林旅游线。不仅如此，罗城还主打"特色文化节"品牌，通过举办中国罗城依饭节、2010年广西罗城攀岩旅游节等独具一格的节庆宣传罗城文化。2008年，罗城文化体育局还特定颁布了《国家级非物质文化遗产——仫佬族"依饭节"保护方案》，该方案就"依饭节"的保护计划、保护措施提出了详细而有力的规定。2013年，罗城仫佬族自治县政府更是出台了《创建罗城民族品牌实施方案》，规定由旅游局牵头，文体局、民族局配合，精心包装早已声名在外的菜包、依饭重阳酒等餐饮系列、牛肉条系列，开发一批民族文化商品，如仫佬族刺绣、根雕，以及茶叶、野生毛葡萄酒等独具特色、散发浓浓民族文化味的民族民间工艺和土特产，以期把罗城文化产业品牌化、系列化、规模化。2017年，罗城仫佬族自治县人民政府贯彻落实《关于加快县域特色旅游发展的实施意见》（罗政办发〔2017〕141号），大力推进做强仫佬族特色旅游，到"十三五"时期，县域旅游综合实力明显增强，区域旅游合作不断深化，旅游品牌竞争力不断增强。2018年，贯彻落实《罗城仫佬族自治县天河镇"谐乐岛"休闲农业示范区创建实施方案》，旨在提升仫佬族特色农业产业化水平，并将农业产业化和文化产业化糅合在一起。

第二节　仫佬族特色文化资源产业化政策执行情况概述

一、政策执行主体方面

　　狭义上的政策执行主体是由政府及官员等具体推行政策的人员构成，在罗城仫佬族自治县负责文化产业政策执行的主体最主要的是文体局。文体局下辖文化馆、艺术团、图书馆、博物馆、体校、文虎市场执行等二级单位，同时还负责指导各乡镇的文化广播站，罗城仫佬族自治县人民政府颁布的许多文化产业政策可以说绝大部分都是经由文体局贯彻执行的。他们以把罗城仫佬族自治县打造成文化先进县为目标，把文化产业政策的制定和执行放到全县发展的战略高度，先后获得广西"文化先进县"、"第一批创建国家公共文化服务体系示范项目"等荣誉称号，协助县委、县政府很好地贯彻执行文化产业政策，完成了一批仫佬族品牌文化场馆的建设和改造，排练了一批优秀的文化精品，挖掘、保护文化遗产，加大文化市场管理。到目前为止，全县建有农村、社区业余文艺队和舞狮队 67 支。此外，罗城县委宣传部、民族局、旅游局、新闻出版局等机构也负责协助文化产业政策的执行，在文化产业政策的宣传、推介、交流、改进等方面起到了不可忽视的作用，他们以文化产业政策为依据，加快罗城文化产业集群建设、培育文化产业骨干、培育新兴文化业态，加快文化产业集约化、专业化、规模化发展。

二、政策目标群体方面

仫佬族的政策目标群体可以说是非常庞大的。罗城有汉族、仫佬族、壮族、苗族、瑶族、侗族六个民族，风俗习惯、饮食习惯、思维习惯各有各的差异，这无疑会给政策执行带来或多或少的影响。此外，由于罗城经济条件比较落后，人们接受新鲜事物的速度也相应比较慢，这里的人总的来说比较注重传统，因循守旧，害怕变革，同时宗法观念比较强，这种特点决定了他们在执行政策的过程中会比较迟疑。但是，罗城仫佬族的人民也是善良淳朴的人民，他们具有勤劳致富、互帮互助、开拓创新等优良品质，在涌现了一批批优秀人才的同时也为罗城的文化产业作出了巨大的贡献，他们配合执行政府制定出来的文化产业政策、主动学习掌握各种政策，为夯实罗城文化产业发展、提高罗城文化软实力作出了重要贡献。例如，积极参与举办"依饭节""走坡节"等传统节日，把罗城传统文化节日的精髓更好地展示在外人面前。再比如，积极投身到民族文化广场、民族商业街、民族剧院、仫佬族博物馆、青少年活动中心等文化场所的建设中。

三、政策执行环境方面

在政策执行过程中很容易出现象征性执行、替换性执行、敷衍性执行、机械性执行等不良执行情况，为使政策执行有效全面，必须在塑造良好的政策执行环境上下功夫。影响罗城政策执行的环境因素，在自然环境方面有罗城的丘陵地形、亚热带气候、交通状况等，社会因素中的风俗习惯、人文气息、文化历史、文化产业中介组织等因素也影响着政策执行，但主要的环境因素表现在现有的文化政策执行体制上。罗城仫佬族自治县的文化政策执行体制实行的是传统的统管与分管相结合的多部门及多层次的政策执行体制，这种文化政策执行体制在某种程度上来说是不利于集中执行政策以及不利于部门之间相互调整的，也容易造成政策执行的混乱，在罗城仫佬族自治县，通常一项文化政策的通行需要经过层层把关，本来严格审查每一项政策的施行是好事，但是也有时间成本在里面。另外，罗城的部分政策执行机构功能交叉，很多时候出现一个政策多个部门重叠执行的情况，这不仅浪费人力成本，也不利于资源的有效利用，同时还会造成多头指挥。

四、政策执行工具方面

近年来，随着文化产业的发展，罗城仫佬族自治县注重文化产业政策的执行，其中政策执行工具的采用更是成为一大焦点。首先，是法律工具的运用。为了鼓励、保护罗城的文化产业，政府颁布了《文化市场法律法规》《文物保护法》《非物质遗产保护法》《图书出版产业法》《电视电影产业法》等有关政策法规，可以说，法律工具的运用是罗城仫佬族自治县文化产业政策执行工具当中的一大利器。其次，是经济工具的运用，罗城仫佬族自治县把税收、价格、工资等经济政策杠杆结合使用，通过减免税收引进外资、为文化产业集团注入资金、为文化产业提供价格补贴等手段扶持文化产业的发展。例如，罗城仫佬族自治县把民族民间传统文化专项保护经费纳入县财政预算，使全县民族民间传统文化保护工作有了经费保障。在 2018 年实施的《罗城仫佬族自治县促进文化产业发展若干政策措施》中，明确规定每年从县财政预算中安排 200 万元经费设立文化产业发展专项扶持资金，并根据产业发展情况逐年增加，由县委宣传部会同县财政局、县文化广电新闻出版体育局使用管理和监督，对挖掘罗城历史文化资源，发展文化旅游产业的项目予以重点扶持。

第三节　仫佬族特色文化资源产业化政策执行过程中面临的挑战

一、政策本身没有形成系统的文化产业政策执行体系

文化产业是一个具有特殊意义的、战略性很强的产业，它的发展往往要以政策的协调性和统一性作为基础，没有统一规划发展的文化产业政策，文化产业发展必然是盲目和无序的。在我国，许多地方为发展各自的文化产业都出台了完整的文化产业政策。但是到目前为止，罗城仫佬族自治县还没有出台一部完整的、系统的指导整个文化资源保护及产业发展的文化产业政策，没有引领文化产业发展的总体规划、指导思想、方针原则、工作重点等具体规定，没有站在高度进行思考的文化产业结构政策、组织政策、法律政策等规定。就拿罗城仫佬族自治县文化产业的管理来说，文化产业的管理分属组织部、宣传部、民族局、旅游局、文体局等多个部门，但对这些部门的管理并没有一个统一的规定，而各个单位之间也缺乏联系和协调，造成管理

混乱、重复指挥，严重影响了文化产业的健康发展。

二、政策执行过程相对滞后并且缺乏创新

执行文化产业政策需对文化产业的发展具有前瞻性和指导性作用，优质、创新的文化产业政策能够推动文化产业的健康快速发展。罗城仫佬族自治县在文化产业政策执行方面相对滞后且缺乏创新，主要表现在：第一，对文化资源的开发简单粗劣。罗城仫佬族自治县文化资源非常丰富，但是针对文化资源开发的政策总是更多地停留在传统文化资源上，对特色文化资源的开发少之又少，例如，针对罗城仫佬族自治县的仫佬戏、仫佬服装、仫佬医药这些产业开发的政策相当少，有的政策即使出台了也只是简单陈述，并没有具体的执行政策。就拿 2017 年罗城仫佬族自治县人民政府颁布实施的《罗城仫佬族自治县进一步加强项目谋划和促进项目建设工作实施方案》（罗政办发〔2017〕176 号）来说，里面只是简单阐述了要强化的文化产业，但是具体如何发展、由谁来负责牵头以及具体的实施细节都未涉及。第二，大多数文化产业政策执行仅处于行政性规定层面，过于原则化，政策的实施毫无新意且缺乏可操作性。罗城仫佬族自治县出台了一系列文化产业政策，但是很多都是条例、规定、通知、办法等行政政策，而对于如何落实、执行具体政策缺乏解释。比如，2008 年，罗城文体局出台了《国家级非物质文化遗产——仫佬族"依饭节"保护方案》，提出要设立"保护工程基金会"和相应的领导机构，但是并没有就何时成立、怎样成立、谁来负责提出完整的方案。

三、政策执行针对性不强

文化产业是一个复杂而又庞大的产业体系，由许许多多产业组成，包括新闻出版发行服务业、广播电视电影服务业、文化艺术服务业、文化信息传

输服务业、文化创意和设计服务业、文化休闲娱乐业等，为了提高这些文化产业发展的效率和质量，针对不同的文化产业特点应该执行不同的文化产业政策。就目前情况来看，罗城仫佬族自治县目前文化产业政策的制定随意性比较大，缺乏对文化产业结构、组织、布局等具有针对性的规划，很多产业政策的执行无非是从财政政策、税收政策、土地政策、人才政策这几个方面入手，而这些政策文本更多的是优惠政策的汇总，从很大程度上来说就是国家层面上的发展文化产业的经济政策措施，并不能真正从罗城文化产业发展的角度出发，更不能发挥罗城文化产业固有的竞争优势。此外，很多文化产业政策对政策制定要达到什么样的效果、政策如何执行、政策由谁执行也没有一个明确清晰的说明。

四、政策执行机构混杂致使政策执行协调性差

由于文化产业涉及的内容方方面面，有时对文化产业政策的执行不仅需要一个部门的努力，还需要其他政府部门进行配合。但是，在罗城仫佬族自治县当前的文化产业政策执行中，实行的是政策分割管理，也就是说，按照行政区域来对政策执行划分范围，不同部门各自为政，相互之间很少有沟通协调。例如，关于旅游业的都属于旅游局管理，电影电视业的则都属于文体局管理，但无论是旅游业还是电影电视业，都不可能完全在一个行政部门管辖内，其政策的执行必然要求其他部门进行配合。再者，文化产业政策执行是一项系统工程，具有综合性强的特点，任何一个部门都无法独立完成。罗城仫佬族自治县的文化产业工作实行的是地方政府和上级文化部门双重领导体制，下级文化部门还要受到当地政府和上级主管部门的制约，当出现上级文化部门和当地政府之间不协调的情况时，就很可能出现下级文化部门左右为难的现象，严重影响政策的执行。而且部门内部对政策执行的分工不明确时，也会出现职责交叉错位的现象。政策执行出现多头管理，当出现问题时，很容易致使相互推诿的情况出现。

五、目标群众参与不足

目标群众既包括单个个体也包括由公众组成的非政府组织，他们都是文化产业政策执行的重要力量。近年来，随着罗城仫佬族自治县文化产业发展的突飞猛进，人们对文化产业的参与意识不断高涨，但与其他文化大县相比还存在诸多不足，可以说罗城仫佬族自治县参与文化产业政策执行的目标群众缺失。首先，在罗城仫佬族自治县，参与文化产业政策具体执行的仍然是以政府为主要力量，民众的热情没有被很好地调动起来，群众对政策执行的参与态度还是比较淡然的，大部分人觉得那是政府的事情，与他们本人并没有太大的关联。其次，由于群众对文化政策不了解，很难做到从自身开始，在他们看来，如果要改变一些生活习惯和增加开支、占用时间的话，还不如不参与政策执行。例如，在 2013 年举办的"走坡节"上，本来政府是想借助这一仫佬族传统节日打响罗城文化品牌，让更多的人了解仫佬族，政府也积极组织群众参与进来，但是最后参与其中的群众还是寥寥无几，这不能不说是一件让政府"尴尬"的事。再如，为更好地传承仫佬族山歌文化，罗城仫佬族自治县人民政府曾颁布实施《仫佬族山歌文化保护政策》，其中一项政策是要求定期举行民间山歌文化培训，在 2012 年首次举办的山歌文化传承培训班上，来自全县各乡镇的接受培训人员仅有 20 多名。以上情况说明罗城文化政策执行的目标群众参与不足。

六、政策执行工具方面存在投融资方式执行不足

长期以来，罗城仫佬族自治县对文化产业政策的执行工具一直存在诸多不足，尤其是在投融资政策执行工具上。虽然罗城仫佬族自治县加大了对文化产业发展的资金支持力度，但是尚未建立专门的文化产业发展基金用以鼓励文化产业的投融资，仅仅是简单地规定将资金放在哪个产业上，并没有就具体如何安排资金，资金来源渠道等进行详细说明，投融资政策的缺失造成

很多文化产业设备落后，甚至造成某些传统文化逐步消失。2010 年，罗城仫佬族自治县把民族民间传统文化专项保护经费纳入财政预算，在基础设施建设方面，投入 196 万元建设了东门、黄金、宝坛、乔善、纳翁、兼爱 6 个乡镇文化站，但是并没有说明这 6 个乡镇资金如何划分，要达成什么效果，资金安排弹性过大。此外，罗城仫佬族自治县在投融资渠道上过于单一，很多产业的融资来源都是来自本级政府和上级政府。例如，《关于请求给予罗城文化产业项目补助经费的请示》《政协罗城仫佬族自治县委员会党组关于成立罗城仫佬书画院的请示》《罗城仫佬族自治县崖宜仫佬族民俗旅游区发展规划》等，这些文化项目的融资渠道都是要求上级政府给以拨款，并没有就民间融资渠道提出建议。

第四节　改善仫佬族特色文化资源产业化政策执行的建议

文化产业政策执行对文化资源的保护及产业化的发展起到引导、保护、扶持的重大作用。近年来，仫佬族在完善文化资源保护及产业化政策执行方面做出了不少努力，也取得了一定的成绩，然而，这些政策还有很多不尽如人意的地方，现阶段仫佬族已经迈入发展文化产业的关键时期，完善仫佬族特色文化资源保护及产业政策执行已到了刻不容缓的时候，仫佬族可以从以下几个方面努力。

一、提升政策本身的质量

（一）确保文化资源保护及产业化政策制定过程中的科学化和民主化

政策科学化和民主化是政府科学执政、民主执政的现实需要，文化产业政策制定过程中的科学化和民主化有助于改善文化产业的整体水平，推进文化产业的发展迈向更高的层次。我们认为要实现文化产业政策制定过程中的科学化和民主化，首先，政策制定者要对文化产业进行深入、细致、周密的调研，深化对行业规律的认识，了解国内外文化产业发展的现状。其次，建立政府与公民之间的良性互动，强化公民的政治参与意识。罗城仫佬族自治县人民政府可以通过建立"文化政策民意直通车"、"文化政策网上调查"等渠道，让人们能够对文化产业政策的实行提出新的意见和看法，真正做到了解民情、顺从民意。最后，可以建立文化产业政策公开制度，把要施行的文化产业政策的目标、具体措施、制定单位作详细说明，接受社会的监督，保证政策的质量。不仅如此，罗城仫佬族自治县人民政府还可以成立"文化产业政策研究室"、"文化产业政策调研室"等类型的咨询机构，主动向专家学者咨询，听取他们对罗城文化产业建设的意见，以确保政策的科学性。

（二）提高文化产业政策制定的针对性和创新性

仫佬族近年来实行的部分文化产业政策存在着流于概念、过于宏观等针对性不强的问题，在创新性方面也远远不够，这些造成文化产业发展空间过于狭小。在未来，罗城仫佬族自治县必须在文化产业政策的针对性和创新性上有所突破。提高文化产业政策的针对性要把重点放在文化产业结构的调整上，分清哪些是新兴行业，哪些是主导行业，哪些又是支柱行业和夕阳产业，针对不同的行业采取不同的产业政策，并且还要结合仫佬族的文化资源优势，深入东门镇、四把镇、小长安镇、黄金镇、龙岸镇、天河镇等地区考察文化资源的现状，制定出具有仫佬族特色的文化产业政策。例如，针对小长安镇秀美的风光制定旅游休闲业发展中长期规划。另外，提高文化产业政策的创新性意味着文化产业政策制定者需要根据社会和经济发展的进步和变化对文化产业政策做出系统的调整，敢于打破常规，制定出具有前瞻性、创造性的产业政策，无论是在财政政策、土地政策、人才引进政策以及投融资政策方面都要拓宽思路，提出新的政策思路，营造良好的政策环境，引导全社会参与文化产业政策创新，加大宣传力度，加强对文化技术领域的政策扶持以及对文化产业创新基地建设的支持。

二、提高政策执行主体的素质水平

（一）扶持文化产业人力资源的发展

人才是文化产业发展的第一资源，罗城仫佬族自治县要想在文化产业上有大作为，要想在文化产业政策执行上大做文章，要想提高政策执行主体的素质水平，就必须要努力解决文化人才队伍总量不足、人才结构不合理、复合型人才短缺的现状，把罗城仫佬族自治县努力塑造成文化人才政策洼地，为人力资源的开发、培训提供足够的政策保证。罗城仫佬族自治县可以根据实际情况灵活地制定人才培养机制，建立全县文化人才信息档案，设立文化产业人才工程、仫佬族戏剧人才培养工程、仫佬族服饰人才培养工程、仫佬族文学艺术人才培养工程，加强对民间文化人才的发掘。此外，要重视对政府领导干部文化产业管理职能的培训，努力培养一批文化水平高、年轻有为的文化领导群体，围绕文化产业领域的商业能力和管理能力对这些领导群体进行培训，还可以通过双向交流和定向培养的方式到其他文化名省、文化研究机构参观学习，不断提高领导干部的文化专业水平。罗城仫佬族自治县还应该利用高校雄厚的师资力量，培养更多科班出身的专业文化产业人才，例如，可以与桂西北唯一的高校——河池学院合作，设置文化产业相关专业和相关研究机构，培养一批具有文化产业发展趋势分析能力、文化资本运营能力、文化产业策划能力的高层次、高素质人才队伍，定期组织他们深入到罗城仫佬族自治县各乡镇实地调研，真正做到理论联系实际，保证他们一上岗就能胜任工作。最后，还需加大人才机制的创新力度，创造人才进得来、留得住的人力资源机制，对民营文化优秀人才也要实行相应的政策倾斜，不拘一格降人才，为罗城文化产业的长远发展提供充沛的人才保证。

（二）政策制定者应紧跟时代脉搏和加强自身综合素质

文化产业具有很强的政策性，可以说它是一项智力密集型产业，它本身的特性决定了对政策制定者的素质水平要求比较高，无论是在政治素质、文化素质还是道德素质上，都要求其比普通百姓的素质修养高。要使政策制定者紧跟时代脉搏、具有较高的综合素质，可以从以下几个方面进行努力：第一，要严格筛选公务员，建立严格的公务员考试、录用制度，专门针对文化产业设立岗位，被录用的公务员必须熟悉文化产业政策的基本知识，最好从事过这方面的工作，这就从根源上提高了文化产业政策制定者的整体水平。第二，建立公务员监督机制，保障政策制定者公正廉洁，能真正从百姓、从产业发展需要方面制定政策，而不是从自身的利益出发。第三，定期组织政策制定者学习、考察，这样做的目的是保证政策制定者能够紧跟时代的要求，不故步自封、不做井底之蛙，能够从别的地方、别的政策制定者那里学习到新的方法和新的技术手段。总而言之，就是要求政策制定者在"德"和"才"两方面同时提高。

（三）提高目标群体对政策执行的认同

1.加强对目标群体的政策宣传

对目标群体进行政策宣传是政策执行过程中的一项重要功能活动，目标群体只有在了解政策、理解政策的情况下才有可能执行政策。所谓对目标群体的政策宣传，是指就政策的实施背景、内容、目标、功能、意义等对目标群体进行解释。群众在面对一项新政策时，往往不能够全面客观地对政策进行认识，所以，通过对目标群体进行大量的宣传才能促使群众更快、更全面、更客观地了解政策，才能缩短政府执行政策的进程。在对目标群体进行政策宣传的过程中要注重宣传方法的通俗化，也就是说，要采用通俗易懂的方法、接近群众生活的方式进行宣传，在宣传渠道上不仅可以通过报纸、广播、电视，还可以通过举办政策宣传会、聘请专家讲授等方式进行宣传。此外，还可以通过开展民族政策宣传周活动，利用座谈宣传的方式，制作各种标语横幅挂于主要街道，让宣传车队上街宣传，向广大群众印发文化产业政策宣传资料。最后，还可以把政策文本编成罗城人民喜闻乐见的山歌形式，在县民族文化广场进行宣传。通过以上种种宣传方式，使广大目标群体不同程度地受到文化产业政策的教育，从而增加他们自觉执行政策的观念和责任感，提高对政策执行的认同，形成积极执行政策的良好风气。

2.维护目标群体的利益

布坎南在他的公共选择理论中提到，公共政策的目标群体在一定程度上看也是"经济人"，这决定了他们在政策执行过程中会有自己的利益诉求。因此，在政策执行过程中，必须要考虑目标群体的利益问题，因为一旦执行的政策危及目标群体的利益，政策执行就会遭到阻滞。维护目标群体的利益首先要完善目标群体的利益表达机制，也就是说，提供给目标群体一个表达利益诉求的平台。例如，利用县长热线、网络论坛、听证会等方式让他们把对政策的看法、要求提出来，并得到回应。倘若，目标群体的利益得不到表达，政策执行也没有得到目标群体的反馈，那么，可以说政策的执行是一种盲目状态，这样的政策执行效率是低下的。此外，要关注弱势目标群体的利益，弱势群体在利益表达中的声音较小，但是他们往往规模较大，如果处理不好这部分人的利益，就很可能影响全局目标的实现。因此，需要着重关注弱势目标群体，如果已经或不可避免地损害到一部分目标群体的利益时，一定要及时给他们补偿，争取做到让他们的损失最小化，获得他们对政策的理解。

（四）完善政策执行环境

1.建立有效的文化产业宏观管理体制

建立有效的文化产业宏观管理体制最首要、最紧迫的问题就是理顺政府、党委、企事业单位、市场这四者之间的关系，它们的关系问题可以说是宏观管理体制改革的核心。首先，理顺政党关系，意味着在文化产业方面要建立党委领导、政府管理的模式，党委部门主要负责的是宏观领导、意识形态审查等方面的问题，负责对文化产品的监督；而政府则主要负责管理文化产业与协调相关工作，保证相关文化产业的质量问题，不让问题产品流向市场。其次，理顺政府与企事业单位的关系，政府要把权力下放，不该管的坚决不管，让企事业单位拥有充分的自由空间，不干涉他们的具体工作，建立现代化的文化企事业制度，完善相关产业政策，通过政策引导、扶持企事业单位，真正做到政企分开、政事分开。最后，要理顺市场与企事业单位之间的关系，建立公平、公正、开放、竞争有序的文化产业市场，加快文化市场的净化，保证企事业单位之间合理有序的竞争，实现优胜劣汰。

此外，建立有效的文化产业宏观管理体制，罗城仫佬族自治县政府还需致力于解决政府文化管理部门职能交叉、政策来源多门等弊端，在市场经济这个大环境下，罗城仫佬族自治县文化产业管理不到位、分工存在较多交叉，因此必须建立一个强有力的机构负责统筹规划，让各个部门既相互分工又相互配合，以此达到提升罗城仫佬族自治县整体文化产业宏观管理的水平。

2.落实文化产业中介组织的发展

罗城仫佬族自治县虽然拥有丰富的民族文化资源，但不可否认的是该县经济发展水平比较低，信息和人才等基础条件也不是很理想，尤其是在面临政府体制改革、政府职能由"管制文化"向"辅助文化"转变的过程中，文化产业中介组织可以很好地弥补管理中出现的"真空"，最大限度地发掘罗城仫佬族自治县文化资源蕴含的经济价值，为文化交易的各方提供信息，因此，有必要对文化产业中介组织的发展政策进行深入的探讨。一方面，根据现阶段罗城仫佬族自治县文化产业中介组织的实际情况，制定有效的法律措施，这样一来，可以通过法律的形式确定文化产业中介组织的权利和义务，明确文化产业中介组织的特性、管理范围，也可以阻止文化产业中介组织之间的不正当竞争、恶性竞争。另一方面，要大力支持和鼓励文化产业成立中介组织，强化中介组织的功能，使中介组织和政府、社会、企业之间建立良好的沟通渠道，例如，创立"罗城文艺创作协会"，让罗城有名的作家参与到其中来，邀请其他地区的优秀作家一起交流学习，这样一来不仅可以把罗城优秀的文学艺术作品推广出去，而且也可以达到广告的效应，减轻政府的管理职责。此外，可以通过采取税收优惠、投融资优惠等多种鼓励政策加大对文化产业中介组织的扶持，扩大文化中介组织在企业中的影响，让更多的文化企业了解中介组织，可以颁布《罗城文化产业中介组织管理方案》进一步明确文化中介组织的地位、职责，真正把文化中介组织带入罗城，发挥其应有的作用。

（五）提升政策执行工具的运用

1.健全文化产业政策执行法律体系

法制环境是文化产业政策执行的动力和保障，在罗城仫佬族自治县，文化产业政策执行方式更多的是采取"试错法"，也就是政府择一方案而行，如果担心这个不可行再重新另作他选，这种方式易导致政策多变，缺乏民主化、法制化和程序化。文化产业政策执行的法制化具有一定的强制性，它能够把科学、合理的政策用法令的形式固定下来。文化产业政策执行法令涉及方方面面，如，文化产业的转制、文化产业的发展模式、文化产业的安全管理等。健全文化产业政策执行法令体系，一是健全专门针对文化产业行业的法令，比如，我国"十一五"期间抓紧研究的非物质文化遗产保护法、图书馆法、广播电视传输保障法、电影促进法、广播电视管理条例，再比如，文物保护法、著作权法、音像制品管理条例等专门针对文化产业的法令。二是与文化产业紧密相关的法令，在文化产业政策的制定过程当中，很多政策条件不是与文化产业本身直接相关而是间接相关，在制定文化产业政策法律时也是如此，很多的法律尽管与文化产业本身没有直接关联，但却是不可或缺的，例如，消费者权益保护法、反垄断法、公司法、税法、知识产权保护法等法律。总而言之，健全文化产业政策执行法律体系应包括主体法、经营行为法、消费者权益保障法等内容，切实保障公民的文化权利，把文化产业政策纳入法治化轨道，制定出符合我国实际和与罗城发展前景匹配的文化产业政策执行法律体系。

2.组建多元化的文化投融资体制

罗城仫佬族自治县的文化产业起步较晚，文化企业也不是很多，文化投融资体制也有诸多欠缺。罗城仫佬族自治县人民政府应根据实际情况，借鉴国内外的先进经验，组建和完善多元化的文化投融资体制。第一，放宽非公有资本进入文化产业的权限，打破国家统管文化领域的单一模式，形成以公有制为主体，社会、企业、外资、个人都可以参与的多种所有制形式，鼓励和支持非公有资本进入文化产品和文化服务领域，出台有关文件规定非公有资本可以进入艺术与培训、广告、新闻出版、电影院和电影院线、书报期刊分销、艺术品买卖、旅游休闲服务等行业。第二，成立罗城文化产业投资公司，可以把部分文化产业的国有资产纳入该公司，由该公司统一筹划资本运作，吸引风险投资机构进入文化产业，参与罗城文化基础设施的建设和重大文化项目的实施，同时该公司还可以利用罗城的文化品牌、文化项目搭建平台，以此吸纳各界资金。第三，设立罗城文化产业基金会，用以争取社会各界对文化产业的资金支持，扩宽融资渠道，在这个过程当中，政府对赞助者给予相应的优惠政策，这样一来可以有效地把民间分散的小股资本融合在一起，改变以往大部分文化经营单位和企业几乎都是由政府财政拨款的状况，有助于形成规模化的投资，同时还有利于帮助罗城建立大企业、大集团等龙头企业。此外，企业团体可以资产抵押的方式获得基金会的资金支持，用以发展壮大企业。

第十六章 仫佬族特色文化资源产业化的对策措施

第一节 加强仫佬族特色文化资源普查和整合工作

一、普查工作是民族文化保护与利用的基础

要做好仫佬族特色文化资源的保护与传承工作，就必须通过全面、认真的普查，对仫佬族特色文化资源的种类、数量、分布状况、生存环境、保护和开发现状及存在的问题等情况进行全面了解，并进行登记、立档、命名。在此基础上，建立仫佬族特色文化资源档案和数据库，实现特色文化数据的动态管理和资源共享。要科学保护好文化资源关键在于要做好相应的发展规划。在对仫佬族特色文化资源做好全面普查的基础上，制定出台《仫佬族特色文化保护发展规划》，确定仫佬族特色文化挖掘、保护、开发利用的中长期发展目标，并根据轻重缓急建立分类保护开发的机制，对其中的濒危民族文化遗产进行抢救性保护，重点抢救和保护民族民间文学、民俗文化、民族音乐舞蹈、民族戏曲、民族医药等非物质文化遗产。

二、建立资源整合机制，加大资源整合力度

仫佬族特色文化资源丰富，对文化资源进行开发及产业化应当建立在调

研、评估、规划和整合重组的基础上。重点是组织相关领域的专家学者、政府部门工作人员深入民间，加大对仫佬族自然风光、人文历史、文学艺术和民间工艺等资源的收集整合力度，这种整合可以起到两方面的作用。第一，发掘出仫佬族特色文化资源的差异性。如果一个民族的文化资源没有独特性，没有区别于其他文化的异质性，那么这个民族的文化资源就缺乏竞争力，也就无法实现文化资本的转化，无法得到别人的认同。第二，政府可以对整合了的文化资源建立相应的文化资源数据库，对文化资源进行一次地毯式的普查、登记，并分类、整理、出版，建立以照片和光盘为主的影像档案及资源数据库。建立文化资源数据库的好处在于不仅可以对资源进行统计，它还具备存贮、检索、应用、管理、发布技术和跨平台应用的功能，可以快速、准确、有效地把文化资源的内在价值发掘出来，形成一系列有价值的文化成果，包括各类影视系列、宣传片、文学作品和画册等。如此一来，便能很好地实现仫佬族特色文化资源资本化，满足人民群众日益增长的文化需求。

第二节 引进市场机制，加强文化市场监管力度

一、引进市场机制，加大资本投入，形成产业链

市场机制是一切经济活动最突出的要素，文化资本属于文化经济活动的范畴，文化资源要想得以充分开发和实现产业化是离不开市场的，在这当中要特别注重两点。首先，在文化资源的转化过程中，尤为重要的是资本的投入。仫佬族在实现文化资源资本化的过程中必须加大经济资本的投入，拓宽融资渠道，加强商业资本和文化资本的联合，扩大社会资本，逐渐改变以政府参与投资为主体的模式，使投资渠道转向社会化和民间化，形成全方位、多元化、多形式的融资渠道。其次，形成产业链。一般来说，产业链越

长，产业的抗风险能力越强，产业的生命周期就越长，产业的利益效应就越大。仫佬族在找准主打产品后，应多角度、宽领域、深层次地挖掘、打造相关的衍生产品，形成上游挖掘、中游拓展、下游延伸的独具特色的产业链。例如，可以利用举办"依饭节"（依饭节为仫佬族特有的节日，活动以祭祀为核心，通过祭祀仪式祈求风调雨顺、五谷丰登）把仫佬族服饰、舞蹈、音乐、手工艺品、书画、摄影和美食等方面的项目形成产业链，一起推向市场。再如，在仫佬族旅游业的发展上，可以把名人文化、建筑文化、民族风情文化和自然风光等自然文化资源结合起来，提高旅游业的经济效益。一条特色强、效益好、有影响力的产业链能很好地促进仫佬族特色文化资源的资本化，达到"1+1>2"的效果。

二、进一步落实政府的文化市场监管职能

文化市场监管是推进社会主义文化实现科学管理与健康发展的重要举措，同时又可以促进文化产业的快速发展，确保文化市场的社会主义方向，满足人民群众多方面的文化生活需要。首先，要创新文化管理体制。深化文化行政管理体制改革，加快政府职能转变，强化政策调节、市场监管、公共服务职能，进一步理顺政府和文化企事业单位间的关系。在制定发展规划或总体布局时应当根据本地区经济社会发展水平以及文化市场发展和管理的实际情况，向社会公示并充分听取行业和社会公众意见。同时，逐步加强国有文化资产监管，确保国有资产保值增值，坚持社会效益优先，努力实现社会效益和经济效益的统一。其次，推进文化市场的一体化进程，鼓励支持建立艺术品、演出、娱乐、音像、网络文化等行业性组织，并努力建设良好的文化市场投资环境和公开、公正、公平的文化市场竞争环境。最后，深入开展"扫黄打非"行动，完善文化市场管理，坚决扫除毒害人们心灵的腐朽文化，切实营造健康的文化氛围，确保国家文化安全的市场秩序。净化社会文化环境，促进未成年人以及全体社会成员的健康成长。

政府在鼓励引导文化市场健康发展的同时，应不断总结文化市场监管的经验，探索文化市场监管的新方法，切实加强以建章立法为重点的监管制度建设。一方面，要逐步建立具有中国特色的文化市场监督管理法律制度，使文化市场监督管理基本上做到有章可循，有法可依。同时，面向全社会，面向消费者，建立举报投诉、执法监督、责任追究等行之有效的监管制度，并在不断完善的同时，积极推进各项制度的落实。另一方面，文化市场是特殊的商品市场，监督管理往往比一般的商品市场更复杂、更艰巨，单一的部门不能有效地解决所有问题，市场经营单位面广量大、门类繁杂，涉及的监管部门比较多，为此要充分调动各部门的积极性，实行各部门分工协作、齐抓共管的监管体制。努力为文化市场的依法管理和科学管理，创造良好的组织条件，提供全新的制度保障。

第三节　积极推进建立传承人保护机制，
加强队伍建设

传承人是文化遗产的重要承载者和传递者，培养文化传承人对非物质文化资源的传承尤为重要，因为非物质文化资源不像物质文化资源那样有所依据，非物质文化资源通常只有通过口传心授的方式得以传承。仫佬族当地政府机关应制定相关政策和措施，树立人才机制，切实加强对文化传承人的培养，组织相关部门在年青一代或者学生当中举办手工技艺培训班，进行手工刺绣、编织和煤砂罐制作等方面的培训。实行杰出人才评选制度，通过表彰、给予一定物质奖励的方式肯定和鼓励优秀传承人才，最大限度地调动被传承人学习、了解传统文化的积极性。此外，还要有计划地选拔、培育新一代年轻传承人，通过让老一代传承人以老带新、言传身教的方式把所掌握的精华传给下一代，以保证仫佬族特色文化的传承永不停歇。

由党委宣传部指导、文体局牵头负责，在罗城县范围内开展仫佬族特色文化传人的排查与申报工作。在自荐与他荐的基础上，通过对候选艺人的调查，获取图文影像资料，建立艺人档案，再组织专家评审委员会的专业评审，对候选艺人进行科学、合理的评价，并评出不同等级的仫佬族特色文化传承者。政府要在上述基础上，对评出的艺人进行命名和表彰，如"仫佬族民间艺术师"、"仫佬族民间文化杰出传承人"、"仫佬族十大民间歌王"等。所有获得命名的传承人都能获取程度不同的固定经济补贴，以改善艺人们的生活条件，并鼓励艺人们积极带徒授艺，加强对仫佬族中青年艺术骨干的培养，使仫佬族民间艺术绝技后继有人、代代相传；要给艺人们提供展示技能才艺的平台，通过开展歌王大赛、绝艺绝技表演等各项民间艺术大赛和仫佬族艺术展示等，扩大仫佬族特色文化的社会影响；组织仫佬族文学研讨会、仫佬族特色文化研究会、仫佬族医药讨论会等，设置仫佬族特色文化研究专项基金，组织全国专家学者积极参与到仫佬族特色文化的研究中，并挖掘、整理仫佬族特色文化艺术，以利于传承；大力举办各类仫佬族非物质文化遗产培训班，鼓励青少年积极学习民族文化与艺术，使优秀的非物质文化遗产得以保护和传承。同时要培训一大批有关文化资源保护方面的专业人士，建立一支专兼结合的仫佬族特色文化保护队伍，实行民族文化保护管理人员持证上岗制度，吸引一批具有专业化水准的经营管理人员，加强对景点企业的监管。

第四节　建立文化创新机制，打造文化品牌

一、建立文化创新机制，打造文化品牌

随着生活水平的提高，人们对文化消费品的需求量越来越大，对物质产品文化含量的要求越来越高，消费不再是解决温饱问题的手段，而是逐渐成为某种文化宣言，一种能够表达个人价值观、彰显个性的方法。因此，仫佬

族要想成功地实现文化资源保护和产业化发展就必须重视创新，找准传统文化与现代文化的契合点，通过将古建筑遗址、文化习俗、宗教礼仪、历史名人和文学艺术等因素创新组合，利用现代多媒体技术翻新和重现仫佬族特色文化资源，以此打造特有的文化品牌。民族文化艺术精品往往是走向全国、走向世界的通行证。由于注重推出仫佬族特色文化精品，一批民族文化、民族体育项目脱颖而出。如仫佬族传统体育项目"抢粽粑"、"仫佬竹球"荣获全国少数民族运动会表演一等奖，"夺龙珠"获第十二届全区少数民族传统体育运动会表演项目银奖，仫佬戏《红背带》荣获全国第十一届"群星奖"银奖，《仫佬族古歌》荣获中国民间文艺文学作品最高奖"山花奖"，仫佬族民歌《好玩好耍好地方》获第十届"中国民歌精品金奖"。这些文化精品的建设，为仫佬族特色文化产业的发展起到了示范作用。不仅激发了当地人民群众的文化创作热情，而且也为仫佬族民族文化资源产业化提供了示范效应。为此，罗城应继续加大力度建设仫佬族民族文化精品，加强文化精品在文化产业化中的辐射力以及对外的影响力。

二、实施宣传与推介工程，提高仫佬族特色文化资源的认知度和美誉度

要组织文艺工作者以历史人文资源为素材创作高规格、高水平、大视野的文艺作品，策划组织具有仫佬族特色的历史文化艺术节，组织编写通俗的、有故事性的乡土教材，介绍广西的历史人文资源。要充分发挥报刊、杂志、电台、电视台、出版、网络等传媒机构的作用，创新思维，善于策划，以多种形式、多种渠道把历史文化资源的宣传工作引向深入，如可以通过电视片的形式将仫佬族的山水和民族文化进行推介。要在罗城仫佬族自治县中小学中广泛开展仫佬族非物质文化遗产的教育传承活动，培养青少年热爱、传承、研究本民族的非物质文化遗产，科学地对待这些宝贵遗产，做到去其糟粕、取其精华，去伪存真、去粗存精，以丰富人们的精神

文化生活，凝聚民族感情。政府建立面向大众的有民族特色的公共文化服务体系，如建立仏佬族生态博物馆、仏佬族风情园等，并实行免费开放，延长开放时间。

第五节　组建多元化的文化投融资体制

加大财政投入力度。罗城仏佬族自治县要根据自身财政收入的实际情况，逐年增加对仏佬族特色文化保护投入力度，将文化保护和建设资金纳入经常性财政预算，建立专项资金，用于对仏佬族特色文化的普查、整理、研究和出版资助；对重要非物质文化遗产的传人及其研习保有者提供必要的生活补助和奖励基金；建立仏佬族特色文化资源及产业发展的各类专项基金，加大特色文化发展的扶持力度。此外，吸引和鼓励社会力量投资建设仏佬族生态博物馆、仏佬族风情文化园等公共文化设施；制定土地、税收等政策，鼓励一些文化企业资助仏佬族特色文化传承人的研习基地建设以及开展的各项文化传承活动，鼓励企业和个人资助仏佬族特色文化资源的保护研究工作等。总之，要建立政府投入为主、社会力量与私人积极参与的仏佬族特色文化保护的投入机制，以促进仏佬族特色文化的保护与传承。

此外，仏佬族的文化产业起步较晚，文化企业也不是很多，文化投融资体制也不够完善，仏佬族应根据实际情况，借鉴国内外的先进经验，组建和完善多元化的文化投融资体制。第一，放宽非公有资本进入文化产业的权限，形成公有制为主体，社会、企业、外资、个人参与的多种所有制形式，鼓励和支持非公有资本进入文化产品和文化服务领域，出台有关文件规定非公有资本可以进入艺术与培训、广告、新闻出版、电影院和电影院线、书报期刊分销、艺术品买卖、旅游休闲服务等行业。第二，成立仏佬族特色文化产业投资公司，可以把部分文化产业的国有资产投入该公司，由该公司统一筹划资本运作，吸引风险投资机构进入文化产业，参与罗城文化基础设施和重大文化项目建设，同时该公司还可以利用罗城的文化品牌、文化项目搭建平台，以此吸纳各界资金。第三，设立仫佬族特色文化产业基金会，用以争取社会各界对文化产业的资金支持，扩宽融资渠道。在这个过程当中，政府对赞助者可以给以相应的优惠政策，这样一来可以有效地把民间分散的小股资本融合在一起，改变以往大部分文化经营单位和企业几乎都是由政府财政拨款的状况，有助于形成规模化的投资，同时还有利于帮助仫佬族建立大企业、大集团等龙头企业。此外，企业团体可以资产抵押的方式获得基金会的资金支持，用以发展壮大企业。

第六节 注重文化保护意识及文化产业意识的培育

一、加强公民自身的文化参与意识

目前，制约仫佬族民族文化资源开发的重要因素除了政府组织建设、政策制定、职能转变等方面以外，公民的参与意识也是重要的方面。罗城仫佬族自治县地处大石山区，经济发展水平落后，人们的生产生活方式和思想观念仍然处在相对保守的状态。在仫佬族民族文化资源产业化进程中，政府首先要解决的是公民的文化参与意识问题，政府应呼吁社会各界及人民群众树立民族文化产业意识与民族文化安全意识。

第一，在民族文化产业意识方面，主要是要正确看待民族文化的产业化问题。这里所指的民族文化产业化并不是指任何的民族文化都可以进行产业化开发，如宗教文化就不可以对其进行产业化开发。同时，在有选择地对民族文化进行产业化开发的进程中，不能只顾及文化的经济效益而忽视文化的社会效益，政府应把握好文化产业发展的本质，不能被经济利益所把持，应在科学合理的范围内对民族文化资源进行产业化开发。与此同时，应在不损害其自身的文化价值的前提下，对可以进行产业化开发的文化资源进行充分的产业化。因此，政府应培育理性的公民文化参与意识及文化资源开发意识，尽可能地减少公民盲目的对民族文化的开发，应使公民认识到文化资源的不可再生性，应合理地对其进行开发和利用，也应提高公民的民族文化产业意识，鼓励公民参与文化产业，鼓励公民自办文化产业。

第二，在民族文化安全意识方面，当前一些西方国家通过信息技术宣传自己的文化和价值观念，使得大量的西方思想及生活方式渗透到我国人民的生活中去，特别是在少数民族地区这种现象更是普遍，对于年轻人而言，西方的文化思想对其更具有吸引力，这对少数民族地区传统民族文化的继承产生了十分消极的影响。另外，由于少数民族地区的许多民族文化濒临消失，而有些民族文化资源又属于不可再生资源，仫佬族民族文化资源大多数的已经很少流传。因此，只有树立民族文化安全意识，才能保护、传承和发展仫佬族特色文化。

二、培育政府的文化资源保护意识及文化产业意识

目前，罗城仫佬族自治县人民政府在文化资源保护意识及文化产业意识方面还很薄弱，作为文化资源产业化的主力军，这严重地制约了仫佬族民族文化资源的产业化开发与利用。由于政府作为文化资源开发的主体，主导着当地文化资源的保护和文化产业的发展，单靠公民自觉的文化产业意识及文化创新能力是不够的，要想更好地保护、开发和利用仫佬族民族文化资源并对其进行科学的产业化开发，大力发展仫佬族民族文化产业，政府必须培养其自身的文化产业意识，培育文化资源的保护意识，正确地对待文化资源的产业化，不应该以提高 GDP 为政府工作的目标，应树立文化产业发展全局意识，不应该只片面地看到文化资源的经济效益，还应该树立文化资源的保护意识，应将重点放在文化资源的整合与研究方面，并且注重人民对文化内容生产的主导作用，政府在文化生产方面应起指导作用。

第七节　加强民族文化理论研究，
创新发展民族文化

一、建设民族文化精品，发挥精品文化带头作用

民族文化艺术精品往往是走向全国、走向世界的通行证。罗城仫佬族自治县注重推出仫佬族特色文化精品，一批民族文化、民族体育项目脱颖而出。如仫佬族传统体育项目"抢粽粑"、"仫佬竹球"荣获全国少数民族运动会表演一等奖，"夺龙珠"荣获第十二届全区少数民族传统体育运动会表演项目银奖，仫佬戏《红背带》荣获全国第十一届"群星奖"银奖，《仫佬族古歌》荣获中国民间文艺文学作品最高奖"山花奖"，仫佬族民歌《好玩好耍好地方》荣获第十届"中国民歌精品金奖"。这些文化精品的建设，为仫佬族特色文化产业的发展起到了积极的带头作用。不仅激发了当地人民群众的文化创作激情，而且也为仫佬族民族文化资源产业化提供了示范效应。为此，仫佬族应继续加大力度建设仫佬族民族文化精品，加强文化精品在文化产业化中的辐射力以及对外的影响力。

二、加大力度整合文化资源，优化文化资源配置

将文化资源整合在一起是对民族文化资源进行产业化开发的目标之一。通过整合文化资源可以形成合理的文化产业链，并且可以产生规模效应。目前，罗城仫佬族自治县的文化产业链尚未形成，且大多企业还处在自给自足的状态，各个企业之间缺乏联系，它们之间还没有形成合作关系。如罗城仫佬族自治县在传统手工艺煤砂罐制作方面，制作人员大多集中在罗城四把镇、黄金镇等，该工艺流传地带较为分散。另外，由于当代生活方式的变迁，人们在使用煤砂罐方面日益减少，并且已很少有人懂得这种制

作工艺。为此，政府应加强整合文化资源的力度，大力建设民族文化培训基地，为民族文化资源的交流搭建平台，将民间传统文化资源集中在一起，这不仅可以促进民间艺人的交流，而且可以节约资源，为产业链的形成奠定基础。

结　语

仫佬族作为我国人口较少的一个南方山地民族，有着丰富多彩、特色鲜明的民族文化。近年来，随着文化体制改革的稳步推进，文化基础设施建设力度加大，文化事业不断繁荣，该民族文化产业化与保护初见成效。本书旨在全面阐述仫佬族特色文化资源产业化及其真实状貌，分析仫佬族特色文化资源产业化与保护中存在的问题及其原因，提出仫佬族特色文化资源产业化与保护的总体思路与对策措施，以催热仫佬族地区文化产业和文化经济的发展，推进仫佬族地区迈向全面建设社会主义现代化国家新征程。

一、研究内容

一是对仫佬族特色文化资源的内涵、特点及类型进行了界定与分类。将仫佬族丰富多彩的特色文化资源分为山水文化资源、民族民间文化资源和历史文化资源三种类型。

二是对仫佬族特色文化资源的产业化及其保护的现状进行描述与梳理。分析了仫佬族特色文化资源的产业化及其保护所取得的成绩，客观指出其存在的问题，剖析了问题存在的原因。

三是对国内外特色文化产业及其保护的实践与探索进行了归纳与总结。分析了美国、日本、韩国及我国台湾地区、湖北恩施、江苏周庄、山东杨家埠等地在文化产业及其保护方面的做法，总结了有借鉴意义的经验。

四是提出了仫佬族特色文化资源产业化的路径，包括总体思路、经营策略和政策建议。

五是从机制、教育、资本策略及政策措施等方面提出了仫佬族特色文化资源保护与传承的机制与策略。

二、基本观点

1.仫佬族特色文化资源是仫佬族在长期的历史发展进程中，经过适应当地的自然人文环境所形成的具有鲜明的仫佬族特色的文化形态，它是仫佬族人民辛勤劳动创造的成果，反映了仫佬族人民的智慧、经验、情感及认识。仫佬族特色文化资源涵盖了多方面的内容，品种多样。从表现形态上来看，可以分为三种类型的文化资源，即山水文化资源、民族民间文化资源和历史文化资源。

2.目前仫佬族特色文化资源产业化与保护的态势不尽如人意，主要是受人才、资金、观念、体制等约束，存在资源整合不够、深度开发不够、县域特色文化企业发展不够、文化人才短缺、开发和保护的关系处理得不够协调等问题，需要认真分析、解决。

3.纵观国内外特色文化资源产业化及其保护的经验，仫佬族在其特色文化资源产业化及其保护过程中，应注重对文化产业相关领域进行立法，为文化产业的发展提供法制保障；应关注对文化产业的人才培养，为文化产业的发展提供新鲜血液；应注重政府在文化产业发展中的作用，为文化产业的发展提供坚实的主力军；应建设政社协同机制，在文化产业发展组织机制构建上寻求创新，建立专门的文化产业发展委员会以及跨部会的文化产业发展领导小组；文化产业政策注重经济性与非经济性双规发展。

4.大力促进仫佬族特色文化资源转化，加快发展仫佬族特色文化产业，必须确立和秉持"国际性、唯一性、稀缺性、共享性"的基本理念。

5.要深入开展仫佬族特色文化资源开发与利用工作，创造特色文化发展的永续动力机制，就必须实施"仫佬族特色文化资本经营"战略，包括产业链经营策略、创意化经营策略、个性化经营策略、项目化经营策略、品牌化经营策略和节庆式经营策略，将仫佬族各种有效资源进行最佳优化配置，从而实现其潜在的资源价值转换，使特色文化资源具有更多的增值功能。

6.罗城仫佬族自治县人民政府在仫佬族特色文化资源产业化过程中，要加强政策制定的科学性、系统性及政策的执行力度；规范与市场的关系，加强对文化市场监管力度；加强与社会组织之间的协作关系；加强人才与设施建设力度，完善文化产业发展环境；建立科学有效的政府机构间协调机制；加强民族文化理论研究，创新发展民族文化。

7.民族文化保护关键在于作为文化主体的当地人的参与，要从当地人的文化传统、固有思维及行为习惯中形成民族文化的"内生"机制，才能形成最适合的民族文化保护路径。因此，要明确仫佬族人民是文化保护的主体，体现以群众受益为主的人本化取向，而不是为了政府的形象工程或政绩，更不是为少数人得益。这样，才能激发当地群众保护自己文化的意识，增强保护的能力和信心，并最终创造出充满文化特色、文化经营活力、文化和谐发展的多赢格局。

8.仫佬族特色文化具有很强的包容性，它一直受汉族文化、壮族文化等文化的影响，常常在容纳与选择他族文化中不断反思与超越自己。因此，在仫佬族特色文化的保护与传承中，必须考虑其多元文化背景及多元文化教育，找到仫佬族特色文化传承和多元文化教育彼此共生的路径，从而实现仫佬族特色文化与他族文化共同发展、协同创新。

9.非物质文化遗产的保护依赖于传承。仫佬族特色文化的传承主要有三个方面，即学校场域、家庭场域和社会场域。这三个场域的资本与惯习都不一样，传承的方式也就不同。如何让优秀的仫佬族特色文化在学校场域、家庭场域、社会场域中，扬弃传统惯习，实现文化资源向文化资本、经济资本、社会资本、象征性资本转型，则是促进仫佬族特色文化与当地经济、社会协同发展的关键。

10.罗城仫佬族自治县人民政府是仫佬族特色文化保护与传承的第一责任者、主导者，要按照"保护为主，抢救第一，合理利用，加强管理"的原则，提高全民的文化保护认识水平，加强对仫佬族特色文化资源的保护和管理，包括加强仫佬族特色文化资源普查工作和内涵研究；实施宣传与推介工程，提高仫佬族特色文化的认知度和美誉度；建立保护资金的多元投入机制；充分发挥特色文化作用，加强文化设施建设，推进公共文化服务体系完善；加强特色资源的制度化保护，强调落实保护制度；积极推进建立文化传承人保护机制，加强文化保护队伍建设。

三、问题与展望

本书是在国家社会科学基金《仫佬族特色文化资源产业化及其保护》的实证研究基础上写作而成的。通过对仫佬族特色文化产业化及其保护的实证分析，一定程度上丰富了文化产业、文化资本理论；同时，使人们全面认识仫佬族社会文化状貌，对于传承、创新和发展仫佬族传统文化，实现仫佬族经济社会文化协调发展，促进仫佬族地区社会建设，有积极的现实意义和广泛的理论意义。

但研究还存在许多的不足，如调研还不是特别深入，而且只研究了占仫佬族人口80%的广西罗城仫佬族自治县特色文化产业及其保护的状况，没有更进一步了解贵州等地的仫佬族状况；没有将仫佬族与周边的苗族、瑶族、壮族、侗族等民族进行比较；在对仫佬族特色文化内涵的把握上也有所欠缺等。这些将在今后的持续研究中加以深化或补充。

仫佬族只是我国28个人口较少的民族之一，本项目的研究希望通过如何做好仫佬族的特色文化资源产业化及其保护工作，对其他人口较少民族的特色文化产业化及其保护有所启发与借鉴，因为民族文化及其产业化与保护既具有个性，也有许多的共性，总结一个民族的产业化及其保护规律往往对其他民族也起作用。

附 录　仫佬族旅游产品开发与设计

一、产品开发创新思路

为了更好地满足旅游市场的需要，伴随大众旅游和全民休闲的兴起，民族特色文化旅游受到国民的追捧和喜爱，特别对民族文化旅游产品提出了更高的要求。目前，仫佬族旅游产品还处在低级阶段和开发深度不够，无法满足人们的多样化需求和适应市场竞争。为此，我们根据仫佬族特色文化的特点，从以下几个方面设计符合仫佬族特色文化的旅游产品。

1.挖掘仫佬族特色文化内涵，塑造主题产品。本土文化内涵是主题产品的核心，也是整个文化旅游产品体系的精髓。抓住仫佬族特色文化内涵，以及民族元素的运用，是塑造主题产品的关键。对于民俗类的文化产品，了解当地的生活习俗和现存的生活状态是主题产品的根本内涵。同时，将"时尚文化"与"本土文化"有机结合，更充分地拓展市场。

2.推陈出新，打造支撑产品。鉴于主题产品往往偏离展示文化的核心，给人以静态的品位和思索。在此基础上，体验经济时代下体现体验性、参与性、娱乐性的支撑产品亦不可缺少。

3.多点立足，打造辅助产品。辅助产品是文化旅游产品的多元映射，为主题产品和文化内涵的显现提供了更为广阔的空间和氛围渲染，主要有旅游节庆系列、特色餐饮系列、旅游纪念品系列、旅游标识解说系列等。

4.网状铺设，发展关联产品。文化旅游产品需要多角度、全方位、网状式的铺设延伸，包括书籍、游戏、玩具、服饰、影视等，关乎人们生活的方方面面。

二、产品设计

根据产品开发的创新思路，我们举例做了以下部分产品设计。

仫佬族手工竹编系列产品

设计说明：仫佬族人民在长年与竹子的交往生活中，造就了灵巧的双手，高超的竹编工艺已成为一种传统。此款包包结合了竹编的精细与现代潮流的款式，通过细致的手工将花纹呈现出来，拎带采用麻绳编织既牢固又别具风味，此包包可手提可斜背，轻便时尚。

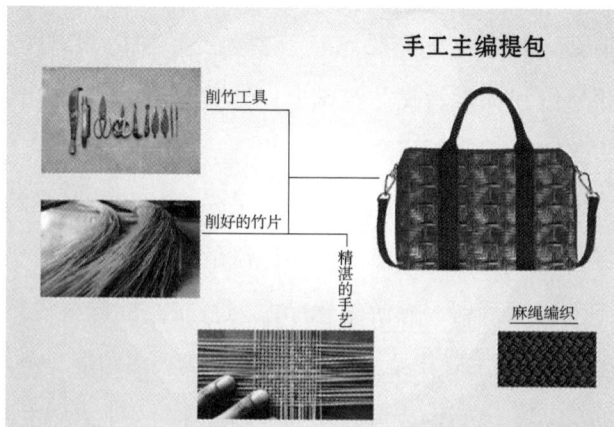

手工主编提包

削竹工具

削好的竹片

精湛的手艺

麻绳编织

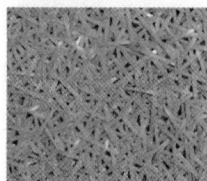

设计说明：仫佬族聚居在竹林里，竹编工艺品的手艺堪称一流。此款包包用传统编织手法编织出复杂的纹路，点缀的小竹球更是仫佬族依饭节必不可少的娱乐项目之一。手柄采用软麻缠绕坚硬的厚竹子，装饰感强且具有特色。

仫佬族民族特色系列旅游产品

设计说明：本产品结合仫佬族服饰的外观进行设计，用可爱的卡通形象来表现仫佬族的服装文化，时尚＋民族的元素有机结合。

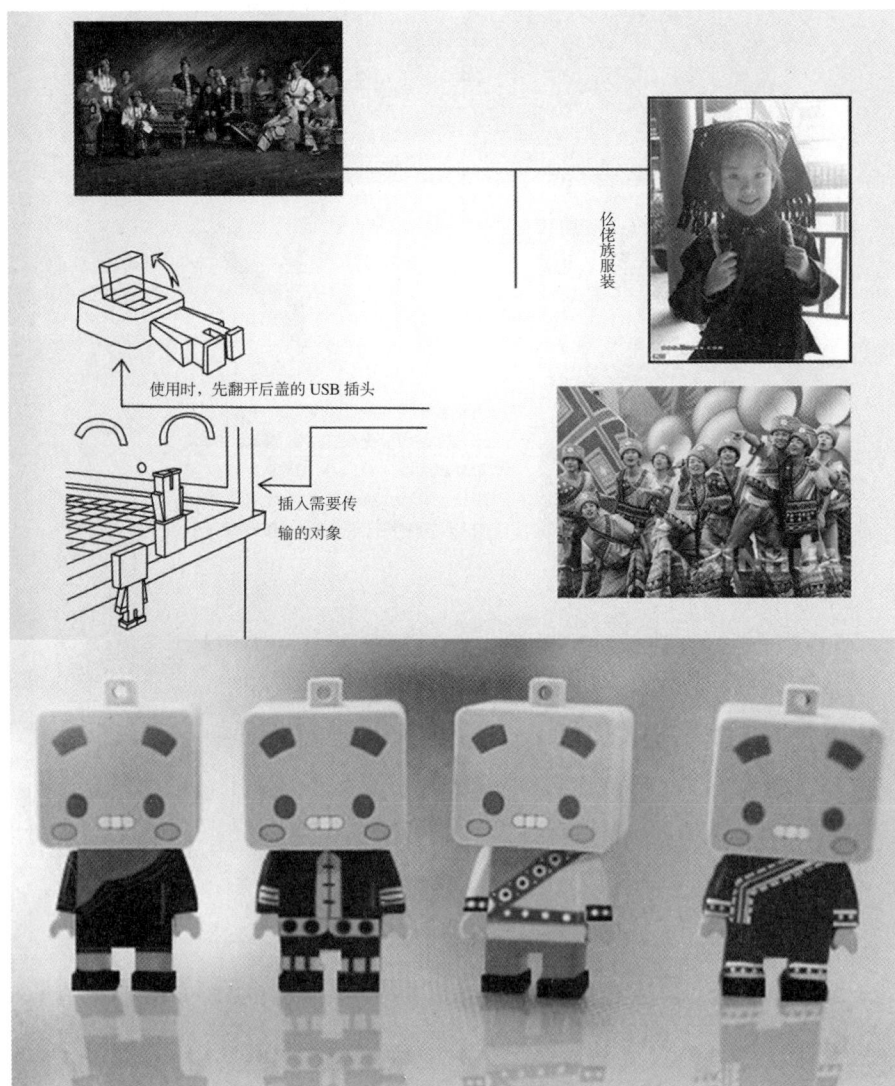

仫佬族服装

使用时，先翻开后盖的 USB 插头

插入需要传输的对象

充电宝

傩面表演

传统傩面

设计说明：傩面具的艺术风格虽浑厚、粗犷，但通过精雕细刻、讲究色彩，拙朴的民间造型手法赋予了面具以生命活力、形象地刻画出了民间神话中的神灵、鬼怪及创说中各类人物的喜、怒、哀、乐，表情丰富，性格鲜明，令人叹为观止。在多元文化不断发展的今天，我们应更加重视本民族的优秀艺术文化，本产品的外观就是按照傩面来设计的，一方面继承了传统，另一方面在色彩上显得简约又时尚。

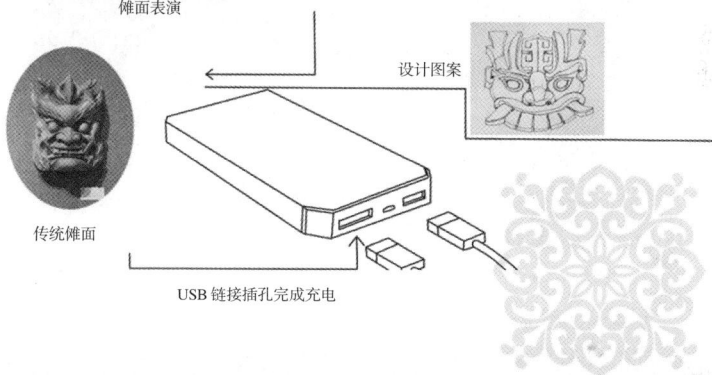

设计图案

USB 链接插孔完成充电

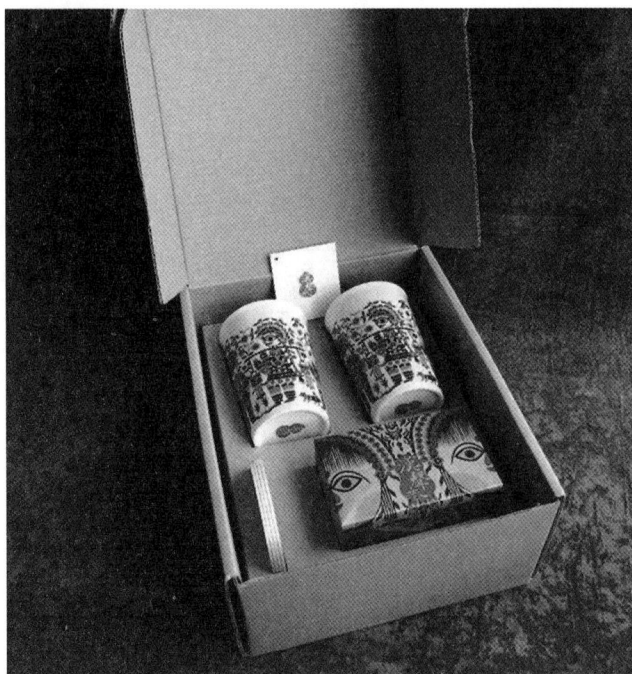

仫佬族民族特色系列旅游产品

设计说明：仫佬族女性衣服上最常出现的绣花图案便是鳞状花纹，而除了刺绣之外，剪纸也是体现仫佬族女性细腻手工的艺术品，此茶具两件套设计，便是将仫佬族男女定情的剪纸印在杯身上，杯底也印着仫佬族的代表植物竹子，杯垫则是由传统刺绣加工而成，整套设计新颖而不失特色。

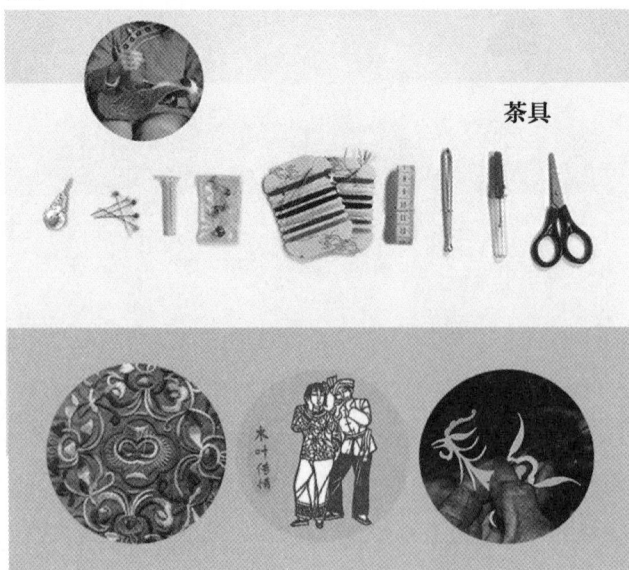

——— 仫佬族元素旅游产品设计系列 ———

仫佬族民族特色系列旅游产品

设计说明：仫佬族女性独特的剪纸以其精湛的技艺受到群众喜爱，剪纸的图多种多样，款式繁多，又不失美观，将剪纸文化融入到卡包设计中，增加其装饰性。

传统剪纸

传统剪纸图案

卡包

旅行多功能针线包

仫佬族蜡染+工具包

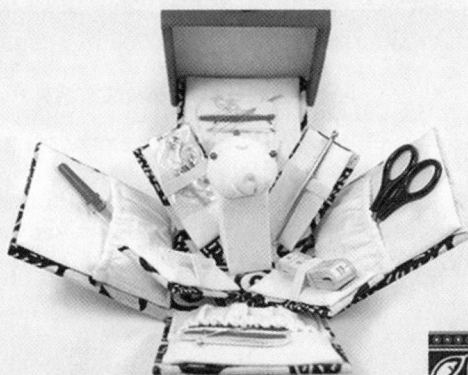

仫佬族元素旅游产品设计系列

仫佬族罗城绿茶系列产品

设计说明：广西罗城仫佬族自治县茶场所产的系列名优绿茶素细秀挺，色泽翠绿，白豪显露，香高持久，汤色翠绿清亮，叶底翠绿嫩匀，味醇甘爽，品质超群，且含硒等多种微量元素，具有良好的保健作用。通过民族装饰图案进行袋泡茶的包装设计，不仅给人以美的享受，而且能直接刺激消费者的购买欲望，从而达到促销的目的。

仫佬族木陀螺

设计说明： 在木陀螺的顶部加入仫佬族的刺绣花样，再在周围加上竹编的外套，使木陀螺看起来更加简约、绿色，也展现了仫佬族的竹编与刺绣技巧。

—— 仫佬族元素旅游产品设计系列 ——

参考文献

1. 著作类

[1] 潘琦主编：《仫佬族通史》，民族出版社 2011 年版。

[2] 何群：《文化生产及产品分析》，高等教育出版社 2006 年版。

[3] 叶取源、王永章、陈昕主编：《中国文化产业评论》，上海人民出版社 2003 年版。

[4] 程恩富主编：《文化经济学》，中国经济出版社 1993 年版。

[5] 包亚明主编：《文化资本与社会炼金术》，上海人民出版社 1997 年版。

[6] 于栗主编：《广西特色文化发展研究》，广西人民出版社 2011 年版。

[7] 吴保华、胡希琼主编：《仫佬族的历史与文化》，广西民族出版社 1993 年版。

[8] 苏东水主编：《产业经济学》（第二版），高等教育出版社 2006 年版。

[9] [古希腊] 亚里士多德：《范畴篇 解释篇》，商务印书馆 1986 年版。

[10] 严耕、林震、杨志华主编：《生态文明理论构建与文化资源》，中央编译出版社 2009 年版。

[11] 卢献匾主编：《广西民族工作和民族问题研究报告》，广西民族出版社 2012 年版。

[12] 申维振主编：《评价文化——文化资源评估与文化产业评价研究》，山西教育出版社 2004 年版。

[13] 程恩富主编：《文化经济学通论》，上海财经大学出版社 1999 年版。

[14] 胡惠林、李康化：《文化经济学》，书海出版社、山西人民出版社

2006 年版。

[16]《罗城仫佬族自治县概况》编写组、《罗城仫佬族自治县概况》修订本编写组编：《罗城仫佬族自治县概况》，民族出版社 2009 年版。

[17] 施惟达等：《文化与经济：民族文化与产业化发展》，云南大学出版社 2011 年版。

[19]［美］林南：《社会资本——关于社会结构与行动的理论》，张磊译，上海人民出版社 2005 年版。

[20] 吕庆华：《文化资源的产业开发》，经济日报出版社 2006 年版。

[22] 包亚明主编：《文化资本与社会炼金术——布尔迪厄访谈录》，上海人民出版社 1997 年版。

[23] 龙殿宝、吴盛枝、过伟：《仫佬族文学史》，广西教育出版社 1993 年版。

[24] 吴才珍：《仫佬族风情志》，广西民族出版社 1993 年版。

[25] 高和荣：《现代西方经济社会学理论述评》，社会科学文献出版社 2006 年版。

[26] 纪兰慰、邱久荣主编：《中国少数民族舞蹈史》，中央民族大学出版社 1998 年版。

[27]［法］皮埃尔·布迪厄、［美］华康德：《实践与反思——反思社会学导引》，中央编译出版社 2004 年版。

[28] 马翀炜、陈庆德：《民族文化资本化》，人民出版社 2004 年版。

[29]［美］B. 盖伊·彼得斯：《政治科学中的制度理论："新制度主义"（第二版）》，王向民、段红伟译，上海人民出版社 2011 年版。

[30] 何宜、唐克政：《仫佬族民间音乐》，罗城仫佬族自治县文化局编印 1988 年版。

[31] 罗雄岩：《中国民间舞蹈文化》，上海音乐出版社 2006 年版。

[32] 广西壮族自治区文化局戏剧研究室编：《师公戏音乐》，1982 年。

[33] 李干芬、胡希琼：《仫佬族》，民族出版社 2004 年版。

2. 论文类

[34] 黄新宇：《湖南特色文化发展模式研究》，湖南师范大学博士学位论文，2012 年。

[35] 赵莹：《广西罗城仫佬族自治县仫佬族传统教育研究》，中央民族大学硕士学位论文，2008 年。

[36] 吴国富：《仫佬族特殊需求研究报告》，广西壮族自治区民委委托结题报告，2012 年。

[37] 花建：《文化产业竞争力的内涵、结构和战略重点》，《北京大学学报（哲学社会科学版）》2005 年第 2 期。

[38] 吴圣刚：《文化资源及其特征》，《河南师范大学学报（哲学社会科学版)》2002 年第 4 期。

[39] 施惟达：《民族文化的价值及其经济化》，《思想战线》2004 年第 3 期。

[40] 康小明、向勇：《产业集群与文化产业竞争力的提升》，《北京大学学报（哲学社会科学版)》2005 年第 2 期。

[41] 郑俊义：《西部地区依托文化资源优势　发展文化产业问题探讨》，《兰州商学院学报》2001 年第 6 期。

[42] 王伟：《民俗艺术产业化的路径研究》，《学术论坛》2010 年第 8 期。

[43] 高波、张志鹏：《文化资本：经济增长源泉的一种解释》，《南京大学学报（哲学·人文科学·社会科学)》2004 年第 5 期。

[44] 陈蕴真：《北京市文化产业的发展》，《城市发展研究》2001 年第 5 期。

[45] 米子川：《文化资源的时间价值评价》，《开发研究》2004 年第 5 期。

[46] 陈炜、劳国炜：《广西融水苗族自治县芦笙踩堂开发式保护研究》，《广西社会科学》2012 年第 7 期。

[47] 张子凯：《列斐伏尔〈空间的生产〉述评》，《江苏大学学报（社会科学版)》2007 年第 5 期。

[48] 任彦申：《文化体制改革与我国文化产业竞争力》，《北京大学学报（哲学社会科学版)》2005 年第 2 期。

[49] 刘双、李伟:《论文化资源到文化资本的转化》,《知识经济》2008年第 1 期。

[50] 章立明、俸代瑜:《山水画廊中的仫佬族》,《今日民族》2006 年第 10 期。

[51] 胡惠林:《时间与空间文化经济学论纲》,《探索与争鸣》2013 年第 5 期。

[52] 鲁可荣、曹施龙、金菁:《文字留村与村落重振:乡村学校嬗变与村落发展探析》,《广西民族大学学报(哲学社会科学版)》2014 年第 5 期。

[53]《广西罗城民族文化绚丽多彩》,2012 年 9 月 13 日,http://www.mzb.com.cn/html/Home/report/329591-1.htm。

[54] 向云驹:《论"文化空间"》,《中央民族大学学报(哲学社会科学版)》2008 年第 3 期。

[55] 金相郁:《文化与经济的关系:第三种解释》,《经济学动态》2004 年第 3 期。

[56] 陈虹:《试谈文化空间的概念与内涵》,《文物世界》2006 年第 1 期。

[57] 郭涛、徐冲:《文化市场建设存在的问题与对策建议》,《中共山西省直机关党校学报》2012 年第 3 期。

[58] 秦红增、宋秀波:《由外源及内发:民族传统文化重构反观——以金龙布傣天琴文化的发展为例》,《吉首大学学报(社会科学版)》2012 年第 1 期。

[59] 金元浦:《文化生产力与文化经济》,《上海社会科学院学术季刊》2000 年第 1 期。

[60] 湖北省社会科学院课题组:《湖北特色文化资源开发利用的思路与对策》,《江汉论坛》2007 年第 8 期。

[61] 杨炳忠:《仫佬族文化与仫佬族文学》,《广西社会科学》2007 年第 6 期。

[62] 李燕宁:《仫佬族的宗教民俗》,《经济与社会发展》2003 年第 12 期。

[63] 孙庆忠：《社会记忆与村落的价值》，《广西民族大学学报（哲学社会科学版）》2014 年第 5 期。

[64] 银浩：《民族节日的传承与变迁——以仫佬族依饭节为例》，《社会科学家》2012 年第 3 期。

[65] 谢艳娟：《罗城仫佬族文化保护内生机制探析》，《广西民族大学学报（哲学社会科学版）》2015 年第 1 期。

[66] 熊春文、折曦：《乡村学校的演进及其社会文化价值探析》，《广西民族大学学报（哲学社会科学版）》2014 年第 5 期。

[67] 周大鸣、秦红增：《参与发展：当代人类学对"他者"的关怀》，《民族研究》2003 年第 5 期。

[68] 雷晓臻：《仫佬族依饭节文化的传承及其演变》，《广西民族大学学报（哲学社会科学版）》2009 年第 2 期。

[69] 万明钢、白亮：《西方多元文化教育与我国少数民族教育之比较》，《民族研究》2008 年第 6 期。

[70] 王山、周鸿：《仫佬族民族文化资源产业化分析与开发策略研究——以广西罗城仫佬族自治县为例》，《广西社会科学》2013 年第 7 期。

[71] 尹玉玲、唐小平：《论国家民族教育政策的理性选择——基于多元文化主义的视角》，《民族教育研究》2013 年第 1 期。

[72] 金生鈜：《学校场域与交往惯习（（一）——关于教育交往的对话)》，《福建论坛（社科教育版）》2007 年第 6 期。

[73] 秦红增：《全球化时代民族文化传播中的涵化、濡化与创新——从广西龙州布傣"天琴文化"谈起》，《思想战线》2012 年第 2 期。

[74] 张诗亚：《共生教育论：西部农村贫困地区教育发展的新思路》，《当代教育与文化》2009 年第 1 期。

[75] 邱仁富：《文化共生论纲》，《兰州学刊》2008 年第 12 期。

[76] 罗之勇、谢艳娟：《基于"多元文化教育三态说"的仫佬族民族文化传承系统的构建》，《湖南师范大学教育科学学报》2013 年第 3 期。

［77］罗之勇、谢艳娟：《教育学视域下的仫佬族民族文化传承》，《教育评论》2013 年第 1 期。

［78］［美］阿夫纳·格雷夫、［美］戴维·莱廷、孙涛、李增刚：《内生制度变迁理论》，《制度经济学研究》2005 年第 2 期。

［79］谢艳娟：《资本转型：仫佬族文化传承的困境与突破》，《吉首大学学报（社会科学版）》2014 年第 3 期。

［80］赖锐民：《广西仫佬族依饭节（傩愿戏）》，《中华艺术论丛》2009 年第 6 期。

［81］刘献君：《论文化育人》，《高等教育研究》2013 年第 2 期。

［82］Ralf Buckly, "The Effects of Word Heritage Listing on Tourism to Australian National Parks", *Journal of Sustainable Tourism*, 2004, Vol.12, No.1.

［83］Throsby, D, "Cultural Capital", *Journal of Cultural Economics*, 1999.

［84］Ted Silberberg, "Cultural Tourism and Business Opportunities for Museums and Heritage Sites", *Tourism Management*, 1995（16）.

［85］Joseph S. Nye, Jr. Soft Power, "Foreign Policy", *Issue 80*, Fall 1990.